高等教育教学与发展探索

马东东　岳俊彤　王立敏◎著

线装书局

图书在版编目（CIP）数据

高等教育教学与发展探索/马东东,岳俊彤,王立
敏著.--北京:线装书局,2023.9
ISBN 978-7-5120-5549-0

Ⅰ.①高… Ⅱ.①马… ②岳… ③王… Ⅲ.①高等教
育—教育研究—中国 Ⅳ.①G649.21

中国国家版本馆 CIP 数据核字(2023)第 134067 号

高等教育教学与发展探索
GAODENG JIAOYU JIAOXUE YU FAZHAN TANSUO

作　　者：马东东　岳俊彤　王立敏
责任编辑：林　菲
出版发行：线裝書局
　　　　　地　址：北京市丰台区方庄日月天地大厦 B 座 17 层（100078）
　　　　　电　话：010-58077126（发行部）010-58076938（总编室）
　　　　　网　址：www.zgxzsj.com
经　　销：新华书店
印　　制：北京四海锦诚印刷技术有限公司
开　　本：787mm×1092mm　1/16
印　　张：14.75
字　　数：283 千字
版　　次：2023年9月第1版第1次印刷
定　　价：78.00 元

线装书局官方微信

前　言

　　高等教育管理是国家教育体系中的重要组成部分，在保证高校人才质量、规范高校教育管理秩序、培养社会主义事业合格建设者和可靠接班人等方面发挥着重要的作用。当代高等教育管理与教学工作处在一个多元变革的环境。随着高等教育大众化趋势的发展，高等教育管理与教学工作也发生了深刻变化，教育事业的发展呈现出多元化的趋势。我国成人高等教育应遵循科学发展观和社会主义核心价值观，从社会整体出发，满足不同学员的个性化发展需要。在分析成人高等教育新形势的基础上，探讨"互联网+"时代成人高等教育教学的新理念，进而指出新形势下成人高等教育教学发展的具体路径，从而提升成人高等教育的教学质量，完善高校的教学体系。

　　一个国家高等教育发展的水平，决定着这个国家教育整体的发展高度。新时代高校继续教育迎来了大发展的新机遇，顺应国家发展战略，建设终身教育体系，转型发展成为高校继续教育的必然选择。本书是高等教育教学方向的著作，主要研究高等教育教学与高校继续教育改革研究方面的内容。本书从高等教育教学的基础理论出发，论述了高等教育的组织结构，并对我国高等教育教学创新和教育管理创新做了详细阐述，重点针对新时代高校继续教育的转型和发展进行了探讨。旨在摸索出一条适合现代高等教育教学改革和创新的科学道路，帮助高等教育工作者在应用中少走弯路，运用科学方法，提高效率。对高等教育教学的创新发展有一定的借鉴意义。

　　在本书的策划和写作过程中，参阅了国内外有关的大量文献和资料，从中得到启示；同时也得到了有关领导、同事、朋友及学生的大力支持与帮助。在此致以衷心的感谢！本书的选材和写作还有一些不尽如人意的地方，加上作者学识水平和时间所限，书中难免存在缺点和谬误，敬请同行专家及读者指正，以便进一步完善提高。

目 录

第一章 \ 高等教育教学相关理论

第一节 高等教育教学本质及其特征

一、高等教育教学的作用与功能

高等教育教学作用与功能就是教学活动的基本目标与任务，它主要源于三个方面：教师的需求目标、学生的需求目标、社会的需求目标。以前，受高等教育教学活动的社会本位思想影响，一些国家特别是实施集权式管理的国家，其高等教育教学活动的作用与功能被"国家化"甚至"政党化"，教师就是国家对学生实施教育驯化的工具，而学生则是被教育驯化的对象。但在高等教育逐步发展、受教育人群日益扩大的形势下，社会本位的教学功能不断弱化，"以人为本"的教育思想越来越占重要地位。所以，教学活动的目标必须同时考虑教学活动主体，即教师和学生的个人需求，教师通过教学传播知识，促进自我的进一步探究，同时引导学生获得专业技能的训练，从而获得满足与成就感。学生通过对社会愿望、个人兴趣以及基本能力的综合考虑，主动接受高等教育、参与教学活动，以达到身心和智力的全面发展。社会对教学活动的需求可能是具体而分层次的，教师和学生对教学活动的需求可能是抽象而含糊的。对这种矛盾冲突的认识和化解有利于教学方法创新。

二、高等教育教学的主体与环境

高等教育教学的主体与环境是教学活动赖以开展的基本条件。教学主体就是有目的、有意识地进行教学实践活动和认识活动，并在教学活动中确立和体现主体地位的现实的人。这里的人包括三层含义：现实的人、动态发展的人、个体与群体相统一的人。因此，学生也是教学活动的主体之一，教学环境是相对于教学主体而言的，它包括教学活动中除主体之外的一切物质的、时空的、媒介的关系等方面，尽管环境在教学活动中处于从属地位，但对其实现教学目标有极其重要的影响。

三、高等教育教学的形式与内容

高等教育教学的形式与内容往往表现得最为具体、生动，既反映内容与形式的对应关系，也反映形式与环境的协调关系，还反映教学活动直接主体（教师与学生）与间接主体（教学管理者）协商一致管理的特征。单从教学活动形式来看，就是内容、环境、主体的统一，如课堂教学、课外练习、社会实践就是三者关系的不同组合结果。如果从教学活动主体的作为来看，则有讲授活动、听课活动、师生研讨活动等，每一种活动，各自主体地位的表现是不同的。高等教育教学内容是与教学目标紧密相连的，尽管我国高等教育教学的计划性正在逐渐减弱，但总体上依然比较强，也就是说从国家或社会本位出发对专门人才的知识、技能体系有一个制度设计和进程安排，教学内容按照这些制度和进程逐步展开。现在，我国开始注意发挥教师和学生的主动性，对教学内容的选择权有所放开，但与教师自主裁量教学内容和学生在完全学分制下自由选择教学内容还有相当距离，至少学生的职业规划与学校的学业指导工作短时间内难以跟上。

四、高等教育教学的特点与过程

高等教育教学的特点与过程是联系在一起的，教育与教学是一个循序渐进的过程，世界上没有任何一种瞬时性的教学活动，过程性本身就是教学活动的普遍特点，因此很多学者用"教学过程"代替"教学活动"，专注于研究高等学校教学过程而不刻意研究高等教育教学活动也是可以理解的，只是过程性特点不为高等教育教学所特有。所以将两者混淆是不合理的，无论是对高等教育教学活动的瞬时考察还是从教学效果分析，高等教育教学活动的特点都是十分明显的，具体有如下一些特点。

其一，专业性教学与综合性认知相结合。高等教育与基础教育的最大不同就在于知识的专业系统性，属于建立在基础教育之上的专业教育：教学目标和内容按照不同学科专业领域的知识体系进行设计，教学组织形式也分专业进行。同时，高等教育教学活动的综合性认知也十分明显：在专业性教学内容与教学情景中，学生的知识、能力、素质得到全面地培育，即使是一门十分专业的课程，教学活动对学生的影响也是综合性的，在课程设置、活动设计中，安排有一定分量的基本素质和能力训练的内容和项目，对学生的培养是多方位的。其二，隐性教学与显性教学相结合。高等教育教学活动对人才培养的影响作用趋于多样化，传统课堂的直接影响、作业与练习的直观影响等属于显性活动部分，还有许多潜移默化的教学活动，比如一次学术报告会、一次参观学习、一次社会调查、教师对学生的一次得体的表扬或批评等，这些看似不像规范的教学活动属于隐性教学活动，它的教育意义和对学生的影响绝不只是现场表现出来的结果，而要比现场深远得多、广泛得多。教育中的所谓"启发""养成"，其实就是对这种隐性教学活动功能的表述。其三，教学活动与科研活动相结合。科学研究活动是人类有意识地探究世界的实践活动，我们说高等教育教学活动是一种接近于人类认识世界实践活动的有效组织方式，本意就在于表明高等教育的教学活动不是纯粹的知识传授活动，也不纯粹是师生交往与情景感悟活动，而是有目的地引导学生学会认知和探究世界的方法、训练基本的认知能力的活动。如果说本科生教学对这方面的要求只是初步的，那么研究生的教学则是典型的认识已知与探求未知的统一，就是教学活动与科研活动的统一，教师和学生在各自的教学活动任务中都可以实现认识已知与探索未知的结合。

五、高等教育教学的构成要素

高等教育教学是一个以动词为主的、内涵比较宽泛的偏正词组，它可以指由学校为实现人才培养目标所组织的任何行动。由于各校、各学科专业的人才培养目标、质量规格、层次要求不同，高等教育教学活动也表现出较大的差异性。但就每一个具体教学活动单元的结构来说，它们又有许多相似性，即都是由若干基本相同的要素所构成的开放性系统，不同教学情景就是由这个系统的要素的不同组合产生的。

关于高等教育教学活动构成要素的研究，历来有不同的争论。有的从共时性角度而有的从历时性角度分析，有的从关系角度而有的从表象角度分析，有的从深层结构而有的从表层结构分析，不同的分析角度决定了不同的分析结果，以至于出现从"三要素说"（教师、学生、教材）到"七要素说"（学生、教学目的、教学内容、教学方法、教学环境、教学反馈、教师）的巨大差异。客观地看，这种差异是正常的，特别是更加精细的结构要素划分，只要在逻辑上没有包含或遗漏，精细的分析应该得到提倡。联系高等教育教学活动的几个特点，我们认为一个比较完整的具体教学活动应该由教学主体、教学目的、教学信息、教学媒介、教学组织、教学环境六个要素构成。

关于教学主体。以前往往以机械认识论为理论基础从施教与被教角度考虑，认为教育参与者包括作为教育者的教师和受教育者的学生两个方面，即教学主体是教师，教学对象是学生。这实际上忽视了高等教育教学的特殊性，因为隐性的教学效果、探究性的教学活动都依赖于学生主体性作用的发挥，所以教师与学生是高等教育教学活动的共同主体。关于教学目的。这是任何教学活动的基本要素，只是不同目的有层次上的高低差别，即使是高等教育的教学活动，其目的也有层次之分，比如一个专业培养方案中的教学目的、一门课程的教学目的、一节课堂的教学目的等。就教学方法研究需要而言，这里的教育目的主要指一个课堂之类的教学活动的目的，其中有比较抽象的一般要求，也有比较具体的内容、技能目标。关于教学信息。以前通常用教材以及教学内容来表示。但实际上，教学内容有一部分应该包含在教学目的之中，作为目标性任务加以明确。同时，教材是教学内容的传统载体，而鉴于现在高等教育可供使用的教学材料日益丰富，来源途径远多于教材，故教材在高等教育教学活动中的地位越来越微不足道。关于教学媒介。教学媒介就是教学方法及实施方法的手段，由于现代教学技术在飞速发展，传统的方法归纳已经不能准确反映教学活动实际，很多现代教学设施、技术被应用到高等教育教学活动中，其究竟属于什么方法，尚未明确界定。因此，我们称其为教学媒介，既包含了传统意义上的教学方法，又包含了现代教学技术，它是传送教学知识、信息，增强教学信息刺激强度，提高教学影响效果的途径。关于教学组织。没有组织就没有活动，就一个教学活动来讲，教学组织不可缺少。在什么样的时间和空间、由哪些教师和学生参与、参与人员的规模以及教师或者学生在教学时间内的教学秩序维护等，都是教学组织的内容。还有教学评价，但它属于教学过程与质量管理范畴，不属于一个教学活动的内容。关于教学环境。高等教育教学环境对教学活动的影响越来越大，根据教学活动的需要，不断对教学环境进行必要的调节和控制，有利于教学活动的顺利进行。经过选择、净化、提炼和加工处理的教学环境有利于教学主体实现追求真理、掌握知识、发展身心等目标。

六、高等教育教学模式

（一）"集中式学习"的教学模式

相对来说，集中式学习是一种较为传统的教学模式。集中式学习是以教师为中心，即由教师根据教学计划中统一规定的课程内容和教学时数，把学生集中到一起按照学校的课程表进行分科教学的一种组织形式。该教学模式强调教师的主导作用。集中式学习是当教学规模不是很大时这种组织形式相对来说是比较经济、有效的。

教师的主导作用易于发挥，便于教师组织、监控整个教学活动的进程，这是其一；其二是有利于教学管理，使教学有目的、有计划、有组织地进行；其三是有利于自然学科的学习，自然学科中许多内容需要进行演示、分解和剖析，有些内容需学生亲自去感触等；其四是有利于学生之间以及师生之间的情感交流，充分体现情感因素在学习过程中的重要作用。尽管集中式学习有上述优点，但它在高等教育教学活动中存在的弊端又是十分明显的，首先，这种教学模式无法解决学生参加学习时存在的工作与学习的矛盾、家庭与学习的矛盾以及分散居住与集中学习的矛盾；其次，它忽视了成人学生不同于其他学生在学习活动中的自主性和独特性；再次，集中式学习方式过分强调标准化、同步化、模式化，整齐划一是这种学习方式的目标追求，对成人学生知识的扩展会产生不利的影响。针对学生在学习过程中凸显的矛盾和问题，要真正保证教学效果、提高教学质量就必须对现有的单一的教学模式进行改革。

（二）"分布式学习"的教学模式

随着经济形势和信息技术的不断发展，社会总体人力资源的需求形势也发生了巨大变化，对各类高素质、高学历的专业技术人员的需求提高到了一个新的层次，对各类高等教育提出了更高的要求，并使得传统的教学模式受到了极大的挑战。

新的信息技术在教学活动中的应用，计算机网络的发展能够使教学内容得到有效的远距离传递，学生可以不必像以往那样，全体集中到一个地点，由教师面对面地传授知识。电子邮件可以支持学生之间、师生之间的交流与合作，解决学习中的问题，开展各种讨论，教学模式不再单一，因此，"分布式学习"的教学模式便应运而生，并迅速以自上而下的政策推广形式，借助国家高等教育政策手段投入各地办学实践。"分布式学习"是远程教育的建构主义，采用建构主义的学习环境的设计思想，将传统的以教师为中心改变为以学习者为主体，着重于为学习者提供丰富的资源建立自己的认识和理解。我们将这种新的远程教育形式称之为分布式的学习。

"分布式学习"实际是一种教学模式，它强调的是"分布"，强调为学习者提供灵活的、突破时空限制的教育，适应社会经济发展以及对人才的需求。"分布式学习"教学模式的出现，使面对面教育和开放远程教育之间的边界逐渐消失而趋于融合；加强了以学习者为中心，更有效地促进学习者的学习；使我们认识到要根据时空分布方式的变化调整学习和教学策略；"分布式学习"强调的是学习环境，学习者分处在不同环境中，有着共同的任务，在"分布式学习"环境中共同合作完成学习任务，学习是不同环境的分布，不一定受限于正式的机构设置。

随着教育的全球化"分布式学习"环境也要具有国际化思维，适应来自不同文化背景的学习者。可以说"分布式学习"是未来学习方式发展的一个新趋势。也有人认为"分布式学习"模式可以结合传统课堂教学应用，结合远程教学应用或可用于创建有效的教学课堂。学生可能是身处远方，参加远程教育，也可能是集中式学习中的一员，但他们在索取资源、吸取知识时，所利用的资源不仅仅局限于教师或者某个机构，而是充分利用现代信息技术，利用分布在各个不同地方的资源，使学习资源远比以往的单纯的传统课堂授课方式要丰富得多，"分布式学习"所强调的是资源的非集中化。另外，"分布式学习"的教学模式除了可以使学习者获得丰富的资源外，还可以使传统课堂授课方式变得灵活，如可通过电子邮件交作业、答疑，通过网络与教师、学生，甚至专家进行交流和讨论等。这一教学模式在成人教育教学活动中的优势十分明显，首先它解决了成人学生在学习中存在的工作与学习、家庭与学习、分散居住与集中学习的诸多矛盾，同时丰富了学习资源，学生获取知识的渠道更加宽广，教与学的方式变得更加灵活，学生学习的自主性也得到了加强，对于学生的发现性学习和研究性学习能力的培养也起到了很好的促进作用。

（三）"双元制"教学模式

"双元制"的教学模式也可称为"双轨制"教学模式，"双元制"中的"一元"指职业学校：另"一元"则指企业，学交承担学习文化和基础技术理论，企业承担职业技能培训，两元结合完成教育任务，故称之为"双元制"。"双元制"是学校与企业分工协作，以企业为主；理论与实践紧密结合，以实践为主的一种成功的教育模式。学生在企业里接受职业技能培训的同时又在学校里接受专业理论和普通文化知识的教育。这样，既能够使学生具备毕业后立即上岗的能力，又通过学校教育使之基本素质得到提高，从而具备继续学习和终身学习的基础。

"双元制"教学模式具有以下特征。职业培训在两个完全不同的地点进行——企业和学校；受训者兼有双重身份——学生、学徒：培训者由两部分人承担——实训技师（师傅）、理论教师：教学内容原则上分两部分——企业培训按政府的培训条例和大纲进行，学校教育按国家和省级教育主管部门公布的教学大纲进行；教学管理——企业培训由政府管理，受政府法规、条例等约束，学校教学由教育主管部门管理，受教育类法规约束；经费来源的两个渠道——企业培训的费用由企业承担，学校教学的费用由政府和学生承担；以职业能力为本位的培训模式；以市场和社会需求为导向的运行机制。

"双元制"在20世纪90年代引入我国的高等教育，应用到成人高职教育和成人高等教育的教学实践中，成为一种特点鲜明同时富有成效的人才培养模式。经过多年的发展，已经取得了一些成就。已经有许多实践性较强的专业采取了这种教学模式，例如：汽车维修、炼钢和轧钢、保险、物业管理、机械制造和医疗等。"双元制"教学模式的应用在我国成人高等教育发展中提供了宝贵的案例资源，从中可以看到"双元制"教学模式的以下一些优势。

第一，改革专业课的课堂教学模式，促进学生技能的提高。"双元制"教学以职业能力为本位，各院校在实践中都突出了实践性的原则，使学生在学习的同时获得职业工作的经验，与传统的课堂型职业教育形式相比存在明显的优势。第二，加强了学校与社会和企业的联系。"双元制"教学模式打破了传统的封闭的办学方式，由学校和企业共同承担培养学生的责任。因此，办学中学校增强了与外界的沟通，更多地了解了社会和企业对人才的需求情况，克服了以往办学的盲目性。第三，加快了师资队伍的建设，教师的理论水平和实际水平都有所提高。在"双元制"办学过程中，提高了专业教师的实践能力，改变了以往的教师基本上是学科型的，实践能力不高，动手能力不强的状况。第四，各院校借鉴双元制教学模式，改革了课程结构，丰富了教学内容，使教学方法灵活多样，促进了教学模式的改革。

第二节　高等教育教学方法

一、高等学校教学方法

在已有研究成果中，对于高等教育教学方法的分析和认识有本质揭示型，也有特征或过程描述型，对于高等教育教学方法研究的风向转向了"模式"路径。无论是本质揭示还是特征或过程描述，都存在一个致命缺陷：教师本位思想。这样，几乎所有关于高等教育教学方法的本质定义和特征归纳，都陷入以教师为主导的"二元论"泥沼，从教师角度研究教授方法，从学生角度研究学习方法。教授方法加学习方法就构成教学方法。这种逻辑思路所分析得出的结果自然离高等学校教学活动真实情景距离较远，教师的教授方法可以在没有学生参与的环境下进行，学生的学习方法更无须教师的直接参与。这两种可以游离的方法不是简单相加就可以组合成新的方法。因此，对传统的教学方法研究成果提出了批评。但批评与建构是事物发展的两个不同阶段，但在建构尚无突破、也未引起足够重视的情况下，高等教育教学方法的研究却转向了"教学模式"研究，随着教学模式研究的兴起，教学方法研究则式微。

其实，教学模式研究代替不了教学方法研究，或者仅仅是教学方法研究特殊阶段的一个尝试。很多教学模式研究成果显示，它属于教学方法研究范畴，教学模式是多种教学方法的综合。至于说教学模式是稳定的、典型的教学程式或策略或样式，这种表述也背离了高等教育教学活动的本质，与高等教育教学活动特征不相容。因为高等教育的教学活动，尤其是教学方法，不存在可以照搬、套用的"方法组合"，试图设计或概括出一种模式加以推广也不符合高等教育的教师、学生、学科专业、学校类型等差别化的实际。高等教育教学，它的本质是一种整体性的有机"活动场域"，教学方法就是维系这种活动场域的或隐性或显性的"脉络"，即在教师的教授活动领域与学生的学习活动领域的交叉重叠部分发生的信息传达、消化、反馈的思维、路径、手段以及氛围环境等。在这个交叉重叠区域之外的教授方法、学习方法或者管理方法，他们虽然对教学活动、人才培养有重要影响，但不是严格意义上的教学方法。

在高等教育教学活动场域中，关于方法问题还不只教学方法一端，还有管理与教师活动交集场域的方法问题、管理与学生活动交集的方法问题。但教师和学生活动交集又与管理活动有一小块交集，问题的核心就在于此：教学方法的掌控权限。假如教师、学生、管理者在整个教学活动中的作用是均衡的，而且教学方法的选择与使用也是深度融合的，则三者对教学方法掌控权的共同认可范围大约是各自三分之一的"他控"组合区域，各自的三分之二都是自我控制的。也就是说，在教学方法的控制问题上，管理者、教师和学生都不可用全部的单方面意愿来衡量整体和他方的教学方法，真正可以达到三方共控的，是小于各自三分之一的共同空间。教学方法的自由是"教学自由"的实践根源。

二、高等教育教学方法的特点

认识教学方法的特点是认识高等教育教学方法的理性提升。仅从明确提出高等教育教学方法特点和分类来看，几乎都是循着"探寻模式"和"分析过程"两种思路在进行。我们通过分析大量教学成果奖获奖材料以及"教学名师"的实践经验发现，对于高等教育教学方法特点和分类的认识要首先回归教学活动本身。教学方法必须是在教学活动中充当"脉络"功能的东西，教学活动之外的、教学活动之中但不能充当活动"脉络"的，都不能归于高等教育教学方法考察范围。

在整个高等教育教学活动中，一切活动都是围绕"提高教学水平和教育质量、实现培养目标"这个中心的，而且任何活动都具有其方法、途径、手段。在专门人才培养过程中，课程是最基本的知识与能力体现单元，也是高等教育活动中学科与专业相互转化与结合的最小载体。学科是一个按照学术发展逻辑不断丰富起来的系统化的知识体系，专业是教育活动按照社会对专门人才要求所设计的一个相关学科知识体系群，开展这种学科知识体系群的知识传授和能力训练就是专业教育。可以说，专业是按照社会发展的逻辑变化的。课程是学科知识体系的分化单元，也是高等教育实施专业人才培养的最小的完整的知识与能力结构单元。高等教育的复杂性就体现在从课程这个知识逻辑体系到转化为接受教育的学生所获得知识与能力的微观过程之中，这就是教学活动。因此，研究高等教育教学方法必须把课程作为基点，超出课程范围的东西，如人才培养方案、教材建设与教学活动关联不大。确定了教学方法的基本范畴，尚需进一步对教学方法的内在特点和结构进行细化。

高等教育教学方法特点的研究近来比较沉寂。早前"二性论"（专业指向性、学术研究方法接近性），"五个培养论"（学生的自学能力培养、研究能力培养、实践能力培养、合作精神培养、创新精神培养），"七方式论"等，几乎都是对教学方法的实现功能考察得出的结论，到了"三性论"（学生主体性、探索性、学科专业性），关于高等教育教学方法特点的研究才逐步回归到高等教育教学方法本身。

循着这种思路，在全面考察高等教育教学方法涉及的各个方面之后，我们认为比较集中的、显然区别于其他层次教学方法或者高等教育教学活动中其他范畴的特点主要有：

第一是可感性。可感性与抽象性、不可感知相对。教学方法虽然具有工具性，但一味强调甚至放大它的工具性是不利于创新的，所以要把它看作维系教学活动场域的"脉络"，尽管"脉络"不都是可见的，但必须是活灵活现的。教学活动到了面对面的"方法"程度，感性色彩非常浓厚，不仅要使参与者都能够感知"方法"的存在，而且还要富有效果。可感性是对教学方法的具体化概括，无论是语言、工具、形象、仪态甚至思路、能量等，都能够让人感触、感知、感觉得到。这就可以避免原来那种"方法是对知识进行加工并呈现出来"说法的片面性。可感性越强，可接受程度越高。

第二是内隐性。内隐与外显、"直白"相对，近似于含蓄，教学方法的最终目的是教化学生，而无论是从理论上分析还是从教学实践经验总结，对于不同的人，或者对同一人的不同时段和处境，教化的方法是截然不同的，这就需要教学方法具有内隐性，不全是直白地指点、训斥。同时，一切社会认知都具有内隐性，根据学习心理学的研究，学习者对于社会性信息感知的内隐性要强于对非社会性信息的感知。这好比大厦结构中的钢筋和水泥，内隐性是"钢筋"，外显性是"水泥"，它们共同构成认知建构的基本结构。高等教育教学活动，虽然是专业性教育，但更多的是社会认知性学习，因此，内隐性是教学方法的普遍特点。

第三是双重性。双重性就是事务的两种相对独立甚至对立的特性集于一体。很多事务具有双重性，高等教育教学活动的双重性尤为突出，在教学方法层面，教师和学生的主体双重性、教师和学生参与教学活动动机的双重性、目标的双重性、价值标准的双重性等都集中在一起，交锋交汇。具体而言，突出表现在教学内容、方式方法、手段，甚至是目标与结果等教育内部体现上。这些关系有的是从属的、有的是背离的、有的是不确定竞争性的，还有的是客观性与主观性并存。总之，忽视高等教育教学方法的双重性，教学方法就会走向死胡同。

第四是微观性。微观是个相对概念，社会科学中，通常把从大的、整体方面去研究和把握的科学叫作宏观科学，从小的、局部方面去研究和把握的科学叫作微观科学。在高等教育教学活动体系中，教学方法显然不属于宏观层面的概念或范畴，微观性是教学方法的实际处境，只有认识到这一点，才能准确分析教学方法的各种内在问题。任何提升或夸大教学方法层级的认识、企图都会把教学方法研究引向歧途。

第五是复杂性。复杂性是一门认识论、方法论科学，它是对"还原论"的批判和超越、对"整体论"的追求，或者说是既重视分析也重视综合、既关注局部也关注整体的系统科学的新发展。事物的复杂性是指在环境、条件发生变化时，不同行为模式之间的转换能力及其表现比较弱，某些新增条件似乎消解了一些元素。因此，要用非线性关系去把握局部与整体的变化。认识事物的复杂性，必须把握复杂性事物内在的非线性、不确定性、自组织性和涌现性。高等学校的教学活动，完全符合复杂科学的这些特征，因此，教学方法相应地具有复杂性特点。

第六是丰富性。感性活动的基本特点就是无限的丰富性，教学活动尤其是教学方法方式，既是有组织的合理性和合规则的建制活动，更是一种师生互动的感性活动。一名教师教授同样的课程，两次的教学感受以及教学方法可能是完全不同的，学生的学习感受也是如此。教学方法的丰富性实际就是教学方法的感性、复杂性以及双重性等特点的衍生结果。因此，期望用教学模式来"类化"教学方法的研究路径是违背教学方法规律和忽视教学方法特点的。

三、高等教育教学方法的分类

我们高等教育教学方法的基本特点，对于高等教育教学方法分类这种表征性的概括就比较容易。高等教育教学方法的分类要从"种属"和"类别"两个方面分析，即按照种和类两个维度进行分解：第一个维度是"类"的角度，可以分为（1）教学方法总论；（2）理论课程教学；（3）实践课程教学；（4）学习方法。第二个维度是具体的方式与途径，即"种"的角度，可以分为（1）课程教学内容与体系创新；（2）教学方式方法创新；（3）教学手段与技术创新；（4）教学艺术与技巧创新；（5）教学方法模式创新与综合创新；（6）教学效果与质量检验方式创新；（7）教学组织方式方法创新；（8）教学方法创新理念与策略。建立这样一个二维方法结构表，基本可以反映高等教育教学方法的全貌，高等教育教学方法的所有特性也能够在其中找到相应的载体。

高等教育教学方法研究就是要从高等教育教学活动的整体系统入手，深刻分析教学方法的特点，认识教学方法的规律，并在教学实践中有效运用教学方法。在进行高等教育教学方法研究时，有三个基本着眼点不能忽视。

课程：教学方法研究的逻辑起点。教学方法研究从何入手，不同的路径产生不同的结论，比如以教学工具为基点，就会使教学方法研究偏重于实现教学的手段；以教师主体为基点，就会使教学方法研究走向"教师中心"的单边主义。教学方法研究的适用基点可以有很多种选择。我们所理解的教学方法应该以教学内容为出发点，因为教学方法所承载的主要功能就是知识的传递、接收、转化与学生修养、思维、能力的训练。没有教学内容，教学方法就无从谈起。但是，教学内容是一个复杂的体系，大到学科专业的系统化知识体系，小到一个基本概念和定律、规律性常数等，针对不同的教学内容可能会出现不同层次的教学方法。为此，教学方法研究必须核定一个教学内容层级，"课程"是我们确立的教学内容逻辑起点。

课程在发展演变中，曾被赋予过多种多样的含义，富有代表性的课程定义有如下几种：学习方案，学程内容，有计划的学习经验等。一般认为，课程就是系统的教学内容，是一系列教学科目的集合，具体而言，课程包括"教学计划"、"教学大纲"和"教科书"所规定和表述的内容。无论课程的定义表述如何，这里作为教学方法研究逻辑起点的课程特指高等教育课程。高等教育课程不同于基础教育课程，它具有自己的基本范畴和过程性特点。基本范畴就是高等教育课程一个系统性概念，最基本的是为达到某个教育目的而组织的一个单纯性教学内容。推而广之，还有教学科目、学科。过程性特点是高等教育课程的显著标志，无论哪个层次的"课程"都是为实现一定的教育目标而组织的教学内容，而且这些教学内容必须进入教学环节，参与教学活动。尽管从哲学、心理学、社会学以及交往论等不同视角对课程的过程性认识会有不同阐述，但"知识体系""教学资源""教育目的载体""组织模式"这几个核心概念是其灵魂所在。从起源讲，课程就是"课业进程"。

教学方法：是以某一门具体教学科目为基础的教学交往活动要素，不仅仅在孤立的一次教学组织活动或者在学科专业层面的全程教育活动中。在当前课程创新意义上，可以适当延伸到课程组群的教学活动，比如专业基础课程、专业课程或者理论性课程、实践性课程，还有从表现形态划分的显性课程、隐性课程等。因此，以课程为逻辑起点的教学方法研究，必然是丰富多彩的。

目标：教学方法研究的基本考量。这里的目标不全是高等教育人才培养规格目标，而是指具体课程的教学目标，但它又是整个高等教育人才培养目标的一个组成部分。这个课程教学目标既是课程体系的目标，同时又是教学活动的实现目标。按照课程论的观点，高等教育课程设计具有基础性、实践性和国际性的发展倾向，那么，具体的单门课程目标，既有与其他相关课程目标的分野又有相互的衔接，即使整体人才目标的组成部分各具自身的独特性。而要达到这个目标，则是教学环节亦即教学方法所必须回答的教学目标。一般来说，将课程的知识结构体系传达给学生不是难事，但这不一定需要教师的参与，更无须教师设计教学方法。课程目标的重要任务是以知识体系为载体，通过教学活动达到训练学生能力、提高学生认知水平，并在一定程度上转化为学生情感的效果。这不仅仅是教学活动的知识传授功能。一批高等教育教学名师对此有颇为深刻的认识。

因此，研究和分析高等教育教学方法，必须把实现课程以及教学目标作为考量依据，尽管课程与教学目标也是教学评价的重要依据，但如果在教学活动的方法选择上游离教学目标，那么在没有做到"教考分离"以及学生对教学评价主导地位难以落实的情况下，课程教学考核依然会在教师或管理者的单边主义主宰下进行，不能反映某门课程的目标是否实现。这也是长期以来，高等教育教学活动中教师教书本、学生学书本、考试考书本，最后学生除学了一堆知识之外，实践能力、创新思维以及情感培育等非常欠缺的后果。

教学方法为实现教学目标服务，在教学方法被"艺术化"的倾向下，尤其要防止"为艺术而艺术"的思潮蔓延，使教学方法创新走上一条"为方法而方法"道路。无论是实施教学组织还是运用教学方法，或是评价教学方法，都应该把课程及其教学目标放在首位，根据目标实现的程度和效果以及采取某种方法开展教学的效率来考量教学方法的好坏。在各种类别和层次的教学方法中，以一门课程的教学目标实现和其相应一个教学活动单元组织开展的教学方法就是本研究的基本使用域。

第三节　高等教育教学方法创新的理论基础

一、认识论的局限与工具理性的泛滥

教育与哲学有着千丝万缕的联系，很多教育问题归根结底还是哲学问题，也只有回归到哲学层面才能发现教育问题的症结所在。我国对于高等学校教学方法的本体性与实践性的认识与研究相对不足，其中最直接的表现在于对高等学校教学方法本质的理论探究相当薄弱，以"借"为标志的研究路径直接导致了当前的境况。这些被借的教学方法理论和教学模式与高等学校教学方法有本质的区别。无论是从高等学校教学方法自身发展角度还是从深化对高等学校教学方法认识角度，建立以价值论为基础，以价值实现为核心的高等学校教学方法是推进高等学校教学方法创新的理论原点。

综观我国建立以来的高等教育研究与实践成果，关于高等学校教学方法的本质与内涵少有符合学理的阐释，也就是说，没有从根本上回答高等学校教学方法"是什么"或"不是什么"。但并非说我国高等学校教师以及高等教育研究者就全然没有理会这个高等教育教学活动中至关重要的概念。这就是在"借"上做功太多，一方面是在理论建树上借用普通教育学一般规律及其理论研究成果，忽略了高等教育教学活动的特殊性；另一方面在教学实践中借鉴和模仿、移植其他教学方法，忽略了教学活动中最基本的文化差异性。新我国高等学校教学方法就这样在以"借"为本质特征的"理论—实践—理论—实践"循环中前进着，结果必然是"教学方法落后"的局面，其根源不在于教学方法改革实践，而在于高等学校教学方法理论落后。

（一）工具论教学方法的畅行

毫无疑问，教学方法就是用来实施教学的工具。这种通俗的认识在一般教育学和教学论文献中非常普遍，且影响深远。从最早学习借鉴苏联《教育学》：教学方法是教师和学生为完成教养任务而进行理论和实践认识活动的途径。教学方法是指教师的工作方式和由教师领导学生的工作方式，借助这些工作方式，可以使学生掌握知识、技能和技巧，还可以形成他们的共产主义世界观和发展他们的认识能力。教师和学生在教学过程中解决教养、教育和发展任务而展开有秩序的、相互联系的活动的办法，就称为教学方法。比如，教学方法是教师为达到教学目的而组织和使用教学技术、教材、教具和教学辅助材料以促成学生按照要求进行学习的方法。教学方法是指大多数教师能够充分加以运用并适合于多学科反复使用的教学步骤或程序。教学方法就是教师发出和学生接受学习刺激的程序。教学方法是促进学生的学习，教师组织班级，向学生提出意见及使用其教学手段的各种方法；等等。这些认识无论被引入我国时间的先后，都属于工具论的观点范畴。

（二）认识论教学方法的出现

作为现代哲学三大主干学科之一，以从根本上揭示人生、社会、世界、宇宙及其相互关系"可能面目"为旨归，构建相关认识论原则的认识论对教育，尤其是高等教育影响由来已久，但对教育教学活动中的影响是相对迟缓的。长期以来，人们对教育活动的认识就是传授知识，而缺乏对教育活动本身具有认识社会和世界、探究社会和自然规律的认识和理解，所以在教学方法问题上，就是"传授"，要传授就要使用"工具"，使用工具的主体就是教师。随着后现代主义、建构主义对传统教学观的发难，对本质主义教学方法定义方式的批评，引起了用描述特征的办法展示教学方法以及活动的无限复杂性的畅行。因为教育是复杂的社会实践活动，社会发展要求对教学方法本质和规律的认识也必须是一个不断深化、发展的过程。教学方法概念的表述应该反映教学目的、教学内容的内本质联系，以及师生双方相互联系和相互作用的关系。

这种基于教学活动复杂性和教学对象层次性的理论倡导开启了高等学校教学方法研究的新境界。首先是正视高等学校教学活动与基础教育教学活动存在明显差别，然后是按照建构主义所极力主张适应和体现高等学校教学活动特点，用描述特征的方法来揭示教学方法的内涵。

（三）工具论和认识论教学方法的局限

工具论教学方法是适应基础教育教学活动需要的。因为它的理论来源就在于从儿童心理学到人类文明知识沉淀状态。最简便高效的知识传授方式就是教师通过讲授方式，这种高效率、低成本的教育活动无疑是人类社会的重大进步。但是，它从一端走向了另一端，就是将教学活动彻底脱离了人类认识社会和自然的实践活动。

我国传统教学，无论是书院还是古代官学，几千年的教学方法应该是授课、辩难、游历相结合的。辩难应该就是现在的讨论式教学方法，游历应该就是现在的实践与观摩教学方法。辩难与游历教学方法在我国的逐渐消失，不能不说是工具主义教学思想在近代学校教育演变中的重要"功绩"，让"讲授法"一家独大，特别是一些实践性教学内容、实验科学性课程都可以被"讲授"。因此，工具主义教学方法观实际上是一种狭隘的、偏执的工具主义。高等学校教学方法从根本上讲不能适用工具论教学方法观，因为高等学校教育已经不再是纯粹接受既有人类文明知识，主要的任务是学会认识社会和自然规律，学会利用和改造社会和自然。这时，教师的角色、工具的价值、学生的地位完全不能用工具主义来支配。而实际上，工具主义教学方法在高等学校大行其道，结果便是导致高等学校没有沿着自身本来的轨迹培养人。

传统认识论在教学方法上的表现是时代发展进步的必然，尤其是现代学校教学方法经过工具论的片面引导之后的本质回归。但是，这种回归与一系列的工具论教学方法起源有本质的不同，我们姑且把工具论教学方法看作自下而上的发展路径，甚至以儿童心理学乃至动物实验心理学为发轫，从最低层次开始建树，进而向高等学校教学方法蔓延。而认识论教学方法与此相反，从人类教育活动的本源或高等学校教学特征出发，深刻揭示人类本源的教学活动以及高等教育阶段的"终极教学活动"都是为了认识、探究、利用开发社会和自然及其发展规律。以此为理论基础建构的教学方法更加适应和接近高等学校教育教学。

在基础教育领域，由于长期而浓厚的教学方法研究习惯，以及长期被工具主义隔膜了学校教育与教育本源的觉醒，以至于这种教学方法很快得到欢迎，但客观地说，认识论的教学方法观对基础教育教学方法改革创新仅仅是一点兴奋剂，难以畅行通达。因为，无论是哪个国家的基础教育，其现实使命已经远离认识的两端——不再需要所有人都从原始方式开始亲自尝试性认识社会和事物，这是人类社会进步的必然。所以说，各种认识论基础上的教学方法尽管在基础教育阶段很受宠，但归根结底只是一时的新鲜，不能也不应该成为主流的教学方法。

认识论基础上的教学方法被从基础教育领域转借到高等教育领域遭遇了两种尴尬局面：一种是不以为然、不置可否。由于高等学校教学活动要说认识或探究事物发展规律，比比皆是，并不像基础教育阶段的学校教学活动那样新鲜。同时，基础教育阶段的教师与学生同处于知识占有者（先占有的是教师、后占有的是学生），都不是面向事物的认识主体，仅是认识教学活动的主体，所以认识教学活动以及教学方法的比重被无限放大，甚至被称为"研究性教学""研究性学习"。但高等学校完全不一样，教师既是教学（面向学生）活动的主体，又是研究（面向事物）活动的主体，这就是高等学校教师一直面临的双重任务——教学、科研。

所以高等学校教师无时无刻不在努力探究，一部分人也许因此造成"以局部代整体"现象，忽略了对学生以及教学活动的研究热情，在教学活动中套用、承袭基础教育阶段所经历过的工具主义教学方法。另一部分人即使认识了自己的"双重任务"，接受并尝试过教学活动中的认识客体是学科只适合事物发展特点规律，但这种认识是无止境的人类社会活动，不是高等学校教育所能完成或实现的目标，操作难度大，不确定性因素多，难以就这种教学方法进行考量。总之，认识论基础上的教学方法非常适宜高等学校教学创新，但由于追求"短期功效"目标的教育体制，使其推广受阻。因此，针对认识论教学方法的应用缺陷，我们提出价值论教学方法。

二、价值论视角的高等教育教学方法

价值是一个具有普遍意义的概念，使用范围极其广泛，马克思在政治经济学领域讲的价值是指凝结在商品中能够满足人们需要的无差别的人类劳动或抽象的人类劳动成果，因此，哲学上讲的价值往往与人的需要联系在一起，价值首先体现外界事物与人们主观需要之间的关系。价值论就是关于人类生活中各种价值现象以及性质、构成、标准以及评价的哲学分支。它看似抽象，高深莫测，这主要在于100多年前的奠基者们把它描述为寻找普遍存在于伦理学、美学、法学、经济学等学科领域的"某种共同的东西"，因而使其显得

"玄乎"。实际上，价值论相对于本体论、认识论，有非常明确的人本指向，就是从客体满足主体的需要、如何满足主体的需要出发，建立一套设计、考察、评价客体是否满足主体需要的价值原则和基本行为准则等一般价值体系，并且延伸或应用于个人和社会生活的各个领域，形成适应不同领域的具体价值体系，同时以实践的方式用这种价值体系去评判、考量和重构人类生活现实，具有强烈的社会规范和导向作用。

（一）主体需要与客体能够满足主体需要的价值实现

价值论关于主体与客体关系的规定性超越了认识论的规定范畴，把人的幸福问题作为轴心，并派生出相关的个人与他人、个人与社会、社会之间、人类与自然之间关系等问题。所以，价值论的主体、客体是动态变化的、多元结构的。就主体和客体的基本特征来讲，无论其构成是人—人结构、人—事结构、人—物结构，都是围绕需要与满足展开的活动。作为客体，某事物对人或特定某人有用，能满足其某种需要，则这种事物相对人或特定某人就是有价值的。这里的人或特定某人就是主体。所谓价值，就是客体对主体需要的满足性。同时，主体必须需要并实际享受了客体所具备的效用才能使客体的有用性得以显示、得以发挥、得以实现。主体不需要或暂时不享受这种需要时，价值主体与价值客体没有发生实际关联，客体的价值只是潜在或可能的，没有得到实现。因此，从主体方面来看，价值是主体对客体的需要性。总之，价值反映的是事物的客观有用性与人的主观需要性之间特定的关系，它既与客体的有用性相关，又与主体的需要性相关。客体的有用性与主体的需要性的辩证统一，以及价值的个体性与社会性的统一、理想性与现实性的统一、手段性与目的性的统一就构成了价值实现。价值论的全部意义就在于价值实现，价值实现的核心内容是人的价值实现。

人是具有先天道德本性的，是有追求法则秩序及美好品德的本质和内在规定性的。人只有创造了文化，创造了文化世界，才能真正进行价值实现。文化创造作为价值思维肯定形式，既是人的价值实现，又是人的本质实现，它既创造了一个客观的有价值、有意义的文化世界，又创造了人，实现了人的本质。人的整个文化创造、实践、感受、认识活动都是积极主动的价值思维、判断与选择，表现为人的主体性的价值实现。因此，人的职业、地位不同，价值需要不同，其价值实现的内容、方式也各不相同的。同时，作为价值提供方的人，必须能够"意识到"自我及外部世界的价值存在和意义，否则就谈不上人的价值实现。而这种"意识到"以及努力达到的程度也与自我个体或群体的知识水准、理解和领悟能力、经历情境乃至精神意志密切相关。

（二）价值论的高等教育学意蕴

价值论是探寻人类生活理想目标的哲学分支，作为人类社会生存与发展重要组成内容的教育活动自然也在价值理论的视野之内。无论是对个体的人还是对群体的人，"以人为本"的发展理念说到底就是"以人的价值实现为本"。价值论关于人的价值实现的一系列观点和价值体系正不断校正着传统教育学的一些悖谬，更对化解高等教育、高等教育学一些难以解释的问题和现象提供了理论帮助。

高等教育教学活动中的主体与客体。我们现在的高等教育教学基本理论是认识论基础上的一般教育学。也就是说，认识论所刻意解析的主体与客体关系范式被一般教育学所接受，形成了教学活动中的主客体二分局面。因此，出现了教师主体、学生客体或者说教育者、被教育者等一系列的概念或范畴。其实，关于"教育"这种古老人类活动的本质界定始终打着本体论的烙印。认识论关于主体性有更精辟的阐释，但在人与人的关系问题上仍未完全脱离本体论。所以，一般教育学和教学论理论仍然沿袭这种哲学观点，非要分出教学活动中的主体与客体、非要使"教育"这个动词具有及物性不可。所以，一般教育学和教学论中的一个重大谬误就是建立了教育活动参与者的主格与宾格。这些"理论建树"又被简单移植到高等教育学或高等教育教学论之中。

现在的高等教育教学活动依然存在何为"中心"的问题，这种争论都没有脱离"中心主义"的框架，无论是"以教师为中心"，还是"以学生为中心"，抑或"以知识为中心"，都没有揭示高等教育教学活动的本质，其理由有二：一是这些理论基础源于一般教育学和教学论，这些以基础教育为主要研究对象的理论成果只能是"一般"，不能完全适用于高等教育这种"特殊"；二是高等教育教学活动中的人的地位无论是从瞬时性还是从长远性来看，是相互变化的，明确谁为中心毫无意义，其显著特征就是活动的主体间性。

从价值论观点来看，高等教育的教学活动客体就是教学活动本身。教学活动作为一种综合性社会事务，它具有丰富的有用性，能够满足主体的各自需要。而且，该活动的上位主宰是制定教育目标和举办学校的人或组织，他们要实现目标和价值，就必须以教学活动这种方式来体现；活动的下位主宰就是无限的物化条件，比如人类的知识、教学设施、教学组织与管理者等，他们的价值都需要在这种活动中实现交换。

高等教育教学活动是一种主体间性活动。以往对于高等教育教学活动的认识是一种"捷径式"观念。在精英化时代，这种观念无论正确、错误与否都无关宏旨。特别是我国现代高等教育一直在"超精英化"状况下发展，一方面是这种理论适用人群非常之小，即使按照理论设计错误运行了都不会有什么大的社会影响；另一方面是在实际教学活动中，一些不"照章出牌"的教学活动参与者即使取得了理想的成效，影响面依然小。总之，高等教育精英化时代的教学活动参与者只是社会的"小众"，其活动有无规定章法或是否按既有理论运行都无关紧要。因此，那些被嫁接到高等教育领域来的理论、观点、模式都当不得真，更不应被奉为"经典"。真正的高等学校教学活动理论建树必须立足高等教育本身，并在科学的哲学理论指导之下进行。特别是进入高等教育大众化之后，我国的这种理论供求已经出现严重的危机。在价值论的主体间性观点下，高等教育这种人类非常普遍的教学活动存在实际就是一种主体间性存在，活动中的各个主体是一种交互关系。在这个主体间性活动之中，有这样几个显著的表征。

第一，主体的多重复杂性。高等教育教学活动的参与者非常之多，按照人的文化价值实现理论，凡是"意识到"的相关需求者都可以认为是教学活动的参与者，而不仅仅是教师和学生。教育目标的设计者，学校的举办者、教学管理者、学生背后的家长以及将来的雇主、教师背后的家人以及教师和学生两大利益相关者群体都是高等教育教学活动的主体成分。虽然教学活动从表面看是教师和学生，这是静止的观点，从主体间性分析，高等教育教学活动所有价值期盼都应该得到实现，这是价值的目标规定性。当然，这些主体可以分层分级，教师和学生是第一阶梯、教育目标设计者和学生家长是第二阶梯，教学管理者和教师、学生的利益相关者群体是第三阶梯。这种分层分级也只是相对的，在高等教育大众化、普及化情况下，教师和学生这种"一线主体"也不一定有自己真实的需求或满足需求愿望与能力，这种情况另当别论。这些复杂主体的共同点都是理性行为者，他们的合理诉求都应该得到尊重。所以，活动中的主体角色转换、个体差异都应该得到包容。

第二，价值及价值关联的客观存在性。高等教育复杂的主体关系以及主客体关系决定了教学活动的无限丰富性。但是，我们并不能为这种丰富性所困扰，甚至束手无策。这一切的主体以及作为非主体的物化成分，在这个活动中都具有价值，都具有价值表达功能。这就是高等教育教学活动所必须显现的特殊过程，基础教育可能不一样，可能作为主体的学生根本就没有那个求知需要，因为他们还是非理性的人。但高等教育完全不同，学生无论如何是具有求知、成才欲望和需求的，这时他是主体，谁来满足这种需要。教师也可以具备条件、书本也可以具备条件、网络也可以具备条件、学长与同学也可以基本具备条件，还有广阔的社会生活实践也可以具备条件。这说明，高等教育的价值关联不仅是客观存在的，而且也是无限丰富的，满足活动主体需要的供给者不是唯一，当然一也可以多重。

第三，活动结果的临界性。所谓活动结果就是价值实现的目的。基础教育阶段的教学活动结果是知晓人类的既往文明，为未来探究、利用社会与自然规律做准备。这种教育是退缩于社会生活的高效率教育。随着社会的发展进步，这种以"知晓"与"准备"为目的的阶段越来越长。但高等教育作为人类教育活动的最后阶段，前面的"知晓"目的已经退居其次，主要就是面向社会、自然实际，开始尝试认识和探究、利用人类社会、自然世界规律。这种活动一要有分工性，二要开展直接的尝试活动。这种教育与社会生活之间的临界性是解释现行高等教育中"知识中心""教室中心"等弊端的有力理论武器。正因为是临界性，教学活动中的很多面向对象的认识问题就没有统一标准，尚在探索之中。所以要有探究性教学、研究性学习、讨论式教学等。一切以"标准答案"为教学效果检验依据的做法则大相径庭。

（三）高等教育的价值实现

价值实现是主体论研究的一个新视角。以前的主体论重点研究价值本身，主要从价值构成、价值生成、价值变异等方面入手。价值实现就是突出价值的实践属性，使原有的价值如何从潜在状态变为行为表现。高等教育作为人类社会教育生活的一个阶段或直接就是一种人类社会生活，其根本目的就是价值实现—主体的价值实现、对象的价值实现、活动的价值实现。就主体的价值实现来说，至少有学生为实现个体全面发展的价值诉求、教师为达到成就认可与事业发展的价值诉求、学校为体现社会功能与发展力的价值诉求、政府为提高国际竞争力而发展高等教育的价值诉求、社会有寻求人人发展、人人公平、人人贡献的价值诉求。有高等教育活动对象的价值实现就是实现知识育人、功能服务。活动本身的价值实现就是培养教师和学生共同探索社会、自然和人类自身的发展规律，进行相关认识和探索实践。因此，以往关于大学功能的三分说实际是机械主义的产物，对特定大学和一般高等教育来说是正确的，但也在世界范围内误导大学的发展，形成大批同质化大学、模式化大学发展思路。高等教育的价值实现就是基于自身目标的价值转化，与外在的功能规定性毫无关系，即使强加也不可能实现目标。

教育者首先必须受教育，要想别人提高理性首先自己必须符合理性。即使受教育者的觉悟尚未达到理性的高度，或者他的思想、行为上包含着非理性，你也必须尊重他、关心他、爱护他。只有先尊重他、关心他、爱护他，然后你才有可能启发他、教育他、改变他，而且还必须出于真诚的愿望和善良的动机。对人的非理性不能采取粗暴无理的态度，更不能愚弄他们、戏弄他们，否则你就会陷入以非理性对待非理性的地步，那是绝对达不到理性教育的目的的。这就是高等教育的真谛所在。

第四节　高等教育教学方法创新的原则

一、科学性原则

高等教育教学方法创新无论是在方法论层面还是在具体的教学艺术与技巧层面进行，首先必须是科学合理的而不是随心所欲的，是科学性与艺术性的统一。同时，创新活动还必须同时符合相应学科规训和教育学科规律的基本要求，违背任意一方面的基本规定要求，方法创新就是为创新而创新的形式主义，不仅不能达到理想效果，还会诋毁教学方法创新的本来面貌。为了做到教学方法创新符合科学性原则，在创新活动实施之前，就应当对创新活动的实施以及结果有个基本评估，使其尽可能合理一些，操作更便捷一些。

二、相对性原则

创新本来就是相对于原有状态而言的，任何创新都不可能达到绝对的最优、最佳、最美、最先进的程度。教学方法创新的相对性，一方面是针对人类既往所使用的一切教学方法而言，都是总结和继承传统教学方法合理成分而开展的相对完美的创新，没有过去就不可能有教学方法的创新，无论是从具体形式还是从组合方式，以及所产生的后果，只要取得了相比以前更好的效果，就是成功的创新实践。特别重要的一点，就是真正的教学方法创新必须是能够推广的，而不是"独门绝技"。以前的很多教学方法创新，虽然在个别或局部产生了比较理想的成绩，但是推广价值不大，影响面小。这是我们开展教学方法创新所必须坚持的一项基本原则。否则，一切创新都会成为过眼烟云，不会给高等教育教学留下有价值的经验和财富。

三、适切性原则

教学方法创新的基本要求是符合教学需要，创新是实实在在的实践活动，不能有理想主义的侥幸心理。教学方法创新设想一定要适合教学内容、教学对象、教学目标以及教学时代与环境的需要，方法是服务于内容、服务于主体、服务于目标、服务于环境条件的，不同方法适应不同内容、主体、目标、环境。因为高等学校的基本教学要素几乎时刻在变化，这要求教学方法创新活动也必须每时每刻、无处不在。即使是同一个教学内容、相同的教学目标和同一个教学时空，学生的情况也各不相同，可以尽最大努力实施多样化教学方法或教学进度。

四、开放性原则

高等教育教学方法创新需要有一个开放的环境和宽容的氛围方能顺利进行，现有的各种管理、评价、考核制度不是鼓励教学方法创新，实际上是限制甚至是扼杀了教学方法创新。就教学方法创新的内在需要而言，一要有开放的视野，不要仅在教育学的圈子里也不要仅在已有高等教育学圈子里打转，创新就是突破和超越，站在井底就超越不了井口的视野，因此鼓励多学科、多领域、多国度地学习借鉴，当然这种学习借鉴必须是认真消化了的、切合高等教育教学基本要素需要的。二是在教学管理上对待教学方法创新也必须是开放的，不要把课堂规定得太死，课堂就是教师和学生的课堂，要提倡把课堂还给教师和学生。三是在教学方法创新结果以及评价方面也必须持开放态度，既然是创新，就要允许有多样化结果，甚至容忍失败，不能用传统的结果观念和标准考量创新的教学实践活动。同时，在评价某位老师的某门课程的创新价值问题上，也应该科学地看待评价主体的认识能力及其当下的感受，有时当下的感受可能是不真实的，需要时候很长一段时间加以内化、比较以后才能做出客观的评价，所以不应一味苛求课后即时评价。对教师来说，所谓的教学风格主要也是运用教学方法的相对固有模式，这种模式不在于让每一次教学活动都感受深切，一定有所变化，有所改进，风格是在一届又一届的学生事后评价中产生的。

第二章 高等教育的组织

第一节 高等教育组织结构

一、高等教育组织结构概述

（一）高等教育组织结构的概念

组织结构是指组织内部不同构成要素间的排列组合方式及各要素间的相互关系，具体而言，可将组织结构理解为组织内各部分排列顺序、空间位置、聚散状态、联系方式以及各要素之间相互关系的一种模式，是整个管理系统实现组织职能的基本框架。

高等教育组织结构具有组织结构的一般特征，同时考虑高等教育组织的特殊性，可将高等教育组织结构定义为：为了实现既定目标，按照一定原则所采取的划分和组合高等教育组织内部各个组成部分，并基于分工协作在职务范围、责任、权力等方面所形成的结构体系。高等教育组织结构规定了高等教育组织活动的基本框架，在一定程度上影响着高等教育组织的发展效率和前景。

（二）高等教育组织结构的特点

结构是构成系统的诸要素之间所形成的一种相对稳定的联系方式。组织与结构是相互依存的，组织的性质和整体功能不仅取决于它的构成要素，而且取决于联结这些要素的结构。高等教育组织结构具有以下几个特点。

1. 稳定性

高等教育组织结构的稳定性泛指高等教育组织存在的平衡稳定的职权等级结构形式。组织的层级设计科学，机构才会协调；职权划分合理，结构才会稳定。没有稳定的组织结构，就不可能建立井井有条的工作秩序，更不可能高效地实现组织目标。此外，高等教育组织通过建立稳定的组织关系模式以实现组织的有序性和稳定性。高等教育组织结构一旦形成，在一定的时期内处于相对均衡、不变的状态。

2. 开放性

高等教育组织发展至今，其使命与功能越发完善，已从社会边缘走向社会的中心。在现代社会体系中，高等教育组织在促进国家经济社会发展、提高人力资源水平、增强创新驱动发展效能等方面发挥着越来越重要的作用。可以说，高等教育组织面向整个社会，关系人类福祉，这也就决定了高等教育组织必须具有开放性，需要不断与外界进行信息、物质和能量等的交换，并根据环境的变化调整组织结构。

3. 复杂性

组织是由复杂的多元要素组成的，要素的不同排列组合会形成不同的结构模式，既有纵向的，也有横向的，还有纵横交错的。高等教育组织的外部环境越来越具有不确定性，其与环境的边界也日益模糊，高等教育组织在被动适应环境的同时也会对环境产生能动的反作用。在经济全球化和互联网等信息技术的推动下，高等教育组织内在的学术性、创造性、互动性及外部环境的不确定性促使高等教育组织结构越发呈现出复杂性特征。

4. 灵活性

一般来说，组织的规范化程度越高，其规章制度也越健全，工作程序、工作过程也更为清晰和详细。虽然高等教育组织为了减少不确定性因素，提升组织运行效率，制订了一系列的方针政策、规章制度和工作程序，但是，高等教育组织的根本属性在于学术性和创造性，高等教育组织不是"工厂"，其人才培养活动也不是"流水线"作业，高等教育组织结构不同于其他的组织，在规范性的基础上具有较大的灵活性。

（三）高等教育组织结构的功能

结构是组织内在的相对保守和稳定的因素，一定的结构具有一定的功能。在高等教育体系中，组织结构是实现高等教育目标、提高教育效率的基础。

1. 规划事业发展

组织的总体性质和功能是由结构的状态所决定的，结构可以稳定组织的性质和格局。因此，高等教育组织结构具有规划的功能，它不仅能够通过结构设计来规划组织目标，而且能够通过结构调整规划组织的发展方向。高等教育组织结构最重要的意义在于规划确定组织的总体格局，明确组织的职能、职责及各组成要素之间的相互关系。通过高等教育组织结构的设置和调整，可以明确组织的功能和目标，变革组织的战略方针，在组织内部建立完整的权责机制。

2. 整合教育资源

组织是人们为了实现特定的目标而建立的有机整体。合理的高等教育组织结构具有强大的整合功能，能对组织中的物质要素和精神要素进行合理地配置。组织中的各种要素可以形成一个相互作用、相互补充、相互制约、相互协调的有机整体，进而强化高等教育组织的各项管理功能，充分发挥高等教育组织中个体和群体的智慧与力量，实现高等教育资源的优化与整合，最终形成良好的整体效应。

3. 沟通有效信息

组织结构作为高等教育组织的骨骼系统，是构成高等教育管理信息沟通的主要渠道。合理的高等教育组织结构能够更好地发挥组织沟通的功能，使管理信息沟通渠道畅通，顺利地进行上行沟通、下行沟通、平行沟通以及斜向沟通。这有助于消除各种分歧、矛盾、冲突，使得高等教育组织的人员、单位、部门之间达成思想和行动的一致，从而进行有效分工和密切合作，顺利实现高等教育组织的既定目标。

4. 激励师生员工

在合理的高等教育组织结构中，师生员工有明确的任务分工、清晰的责任和权利。这将促使组织人员既有归属感，又有明确的努力方向；既能满足工作的需要，又能满足工作人员事业心的需求；还有助于高等教育组织中工作人员之间合理地协调分工，为建立良好的人际关系提供组织保障，使他们能够心情舒畅地工作。因此，合理的高等教育组织结构有助于发挥师生员工的积极性和创造性，激励他们团结奋进。

二、高等教育组织结构类型

（一）组织结构的一般类型与特征

古典管理理论强调组织结构的客观性和形式化，认为组织结构的特征包括明确的关系形式、清楚的职权划分、严格的沟道渠道等。根据不同的分类方式，可将组织结构分为不同的类型。

1. 按照组织权力或职能的分配方式划分

根据组织权力或职能的分配方式，可将组织结构分为直线式组织结构、职能式组织结构、直线—职能式组织结构、矩阵式组织结构、事业部式组织结构等类型。

（1）直线式组织结构

直线式组织结构也称单线型组织结构，是一种垂直领导的结构形式，也是最古老、最简单的一种组织结构类型。在这种结构中，职位、职权、职责从组织的最高层到组织的最底层按照直线垂直分布形成等级序列，通过自上而下的指挥领导关系将一切权力集中在组织的最高层；各级机构和人员沿着一条垂直线分属于不同的层级，组织中的主管人员对其下属有直接的命令权，组织中每一个人只能向一位直接上级报告；领导和下属之间是指挥和服从、命令和执行的关系，而同一层次的机构和人员之间不发生任何的领导和被领导关系。

在直线式组织结构中，员工明确自己的权责，知道自己的使命和目标，这有利于组织效率的提高，保障指挥控制的有效性。随着信息社会的到来与科学技术的进步，直线式组织结构由于对组织内外的变化反应迟钝、不能快速灵活地处理复杂问题、难以调动大多数人的积极性、不能提供密切的跨职能沟通等问题越来越受到人们的批评。

（2）职能式组织结构

职能式组织结构也叫参谋式结构，是根据组织职能划分部门，并由此建立组织领导和指挥关系的组织结构。在职能式组织结构内部，按专业分工设置若干职能部门，各职能部门直接对上级领导负责，并在其业务范围内对下级行使指挥、协调、监督、控制等权力。它采用按职能分工实行专业化的管理办法来代替直线式的全能管理，在上层主管部门下面设立各个职能机构，把相应的管理职责和权力交给这些职能部门，各职能机构在业务范围之内可以直接向下级下达命令和指示。

（3）直线—职能式组织结构

直线—职能式组织结构是以直线式组织结构为主线，在组织的最高领导之下设立相应的职能部门从事专业管理，实行统一领导与专业化管理相结合的结构形式。它从直线式组织结构发展而来，是直线式组织和职能式组织两种结构的综合，并以直线结构形式为主，以职能结构形式为辅。直线—职能式结构组织一般有两套系统：一套是按照命令统一原则组织的指挥系统，即直线部门中的主管有独立的指挥权、决策权，对其所属的下级进行指挥和控制；另一套是按照专业化原则组织的管理职能系统，即职能系统下设管理者，从事专业规划和参谋活动，只能对下级机构提供建议和业务指导，没有指挥和命令的权力。这种组织结构形式既保证了权力的集中和指挥的统一，又按职能分类发挥了专业人员的特长。

（4）矩阵式组织结构

"矩阵"源于数学概念，是指把多种要素按照纵向和横向进行排列而形成的一个矩形。

矩阵式组织结构是在直线—职能结构形式的基础上发展起来，将按照职能划分的职能部门和按照项目划分的项目小组两个系统组合成一个矩阵，是一种垂直领导和水平领导并重的结构形式。它加强了管理活动的纵向控制和横向联系的整体性，打破了组织的命令统一原则，使一个员工属于两个甚至两个以上的部门。当组织中有某项重要任务时，组织成立临时小组并任命临时负责人，从有关的职能机构中抽调人员执行任务，待任务完成后，这些人员又回到原来的部门。小组成员既接受职能部门的指挥，又受项目负责人的领导，小组成员受到双重领导。这种组织结构适用于一些临时性任务或多学科的研究项目。

（5）事业部式组织结构

事业部式组织结构，也称 M 型结构，是在组织的服务对象、活动领域等基础上，把组织划分为若干事业部而组成的组织结构。事业部式组织结构是一种集中领导下的分权管理组织结构形式，它所划分的事业部具有很大权力，组织最高领导除保留人事管理、财务控制、组织监督等权力以外，把很大的权力下放到了事业部。各事业部进行独立的业务活动和独立核算，并设立自己的职能部门，是组织最高权力下设置的具有半独立性质的管理部门。事业部是利益责任单位，具有利益生产、利益核算和利益责任三种职能。事业部式组织结构必须具有三个基本要素：相对独立的市场、相对独立的利益、相对独立的自主权。它的特点可以概括为大权独揽、小权分散、集中决策、分散经营等。

事业部式组织结构的主要优点有：提高了管理的灵活性和适应性，有利于组织对环境的变化迅速做出回应；事业部具有很大的自主性，有利于其主动性和积极性的发挥；各事业部之间存在比较和竞争，能够增强组织活力；决策层摆脱具体的日常事务，有利于集中精力进行战略研究和长远规划。

在现实的组织管理活动中，以上五种传统组织结构类型常常相互结合，互相补充，很少以一种形式孤立存在。为了更好地适应管理和组织变革的需要，新型组织结构逐步产生，主要有委员会式组织结构（包括董事会式组织结构、理事会式组织结构、基金会式组织结构）、团队式组织结构、虚拟式组织结构、网络式组织结构等。

2. 按照纵向和横向进行划分

为了提高组织管理效率，一般要在组织内部进行垂直分工和水平分工。组织的垂直分工涉及管理层次的问题，形成组织的纵向结构；组织的水平分工涉及管理的幅度问题，形成组织的横向结构。纵向结构与横向结构的交叉形成了组织的整体结构。

（1）组织的纵向结构

组织的纵向结构也称组织结构的层级化，是指在组织管理活动中，不同层级组织之间以及各级组织内部的工作、权力、责任划分及其相互关系，涉及管理层次问题。

组织内部各个部门为完成其职责范围内的任务，就必须将任务层层分解，落实到每一个职位。组织纵向分工的职责分配关系呈现为以下几个层面：高层组织为决策层，负责制订组织管理的总目标、方针、政策和实施方案，配置组织的资源，提供产品和服务，满足社会的需要，达成组织工作目标的实现；中层组织为协调指挥层，按照上层组织所确定的总方针，结合本部门的实际，制订本单位的具体工作目标、工作方案，并负责指挥、组织和协调人的实施工作；基层组织为技术操作层，其任务是执行中层组织的实施方案，在中层组织的指挥领导下，负责具体的技术性工作组织的纵向结构分层负责，指挥统一，使各级组织在各自管辖的范围之内各负其责；行动迅速，能及时根据实际情况做出决策，有利于提高效率；较好地发挥各个组织层次的积极性、创造性。

（2）组织的横向结构

组织的横向结构也称组织结构的部门化，源于组织的横向分工，涉及管理幅度问题。组织的管理幅度是指同一个层级的机构或者某一机构领导者直接控制的下级机构或者人员的数目。管理幅度的大小取决于管理者的水平、被管理对象的复杂程度、管理机构的合理与否以及被管理者的状况等因素组织结构的部门化是组织实施管理活动的客观要求。组织管理范围越大，管理的事务相对越繁杂。同时，科学技术的迅速发展促使社会分工日益精细化，组织管理活动的专业性和技术性日益增强，为此，必须对组织进行横向分工，通过分工合作完成组织目标。在横向结构的组织中，同级部门之间是平等合作、分工协作的关系。

组织的横向分工有不同的类型，可按照业务性质、所在地区、管理对象、管理程序等维度进行划分。在其管理过程中，通过横向结构分工管理，各负其责，即使组织成员精通业务，又使领导者能集中精力考虑全局问题。

（3）管理层次与管理幅度的关系

纵向结构形成组织的层级制，横向结构形成组织的职能制，它们之间互相制约，互相补充，互相依存。任何组织都将层级制和职能制结合起来，由此形成了管理层次（纵向结构）与管理幅度（横向结构）的关系。一般来说，在同一个组织系统中，管理层次和管理幅度成反比关系，即在组织规模一定的情况下，较大的管理幅度意味着较少的管理层次，反之，较小的管理幅度则意味着较多的管理层次。管理层次和管理幅度直接影响到组织的结构，管理层次多、管理幅度窄的组织就形成"金字塔"式尖型结构，反之，则形成"金字塔"式扁平型结构。

（二）我国高等教育组织结构的类型与特征

根据学校的规模、层次、科类等特点，高等教育组织结构呈现出不同的类型。就我国高等学校而言，其组织结构一般表现为以下几种形式。

1. 直线式高等教育组织结构

直线式组织结构按照学校行政管理的纵向层次自上而下逐级下达，学校中的校长、系主任、教师构成了其基本结构。在学校内部管理体系中，校长具有直接和最高的领导权，各个层级的一切指挥和管理职能基本上由校长执行，组织内不设职能机构，只有个别的职能人员协助校长开展一些管理工作。这种组织结构一般运用于规模较小、员工人数较少、管理工作比较简单的成人高等学校的管理。

直线式组织结构有利于学校管理的统一命令和指挥，校长有明确的责任与权限。但该结构对于校长的综合能力要求较高，校长需要熟悉把握学校的一切教育教学和管理工作，并能亲自处理许多具体的教育和管理业务。一旦学校规模扩大，管理工作复杂化，校长将难以进行有效的管理，易使组织管理陷入混乱和无序状态。

2. 职能式高等教育组织结构

在规模相对较大的高等教育组织中，其管理职能和管理业务也相对复杂，校内的各项管理事务均需要具备不同的专业化管理知识的人员负责，不便由校长独立开展全面的管理。因此，在校长之下设立各种职能管理机构，校长将不同类型的专业性的指挥权委托给各职能机构，各职能机构通过向下级下达教育活动指示和命令的方式，在自己的业务范围内开展相关的管理工作。我国高等教育组织一般不采用这种形式，但在某些由兼职人员担任校长的成人高等学校中，为了减少兼职校长的具体指挥工作，可以采用这种结构。

职能式组织结构能够发挥学校各职能部门专业管理的作用，有利于提高专业化领导水平；校长不用为各种琐事劳心，能抽出更多的时间思考和决策涉及学校发展的宏观层面上的事宜。但是，由于过分强调职能化分工，容易造成学校内部多头领导、命令不一、协同管理效果不佳等情况的出现。该模式较适于专业性强、专业分工明确的高等教育组织。

3. 直线—职能式高等教育组织结构

直线—职能式组织结构将高等教育组织内部各层次的管理机构和人员分为直线型和职能型两类，保证了领导者集权管理和职能机构专业管理的统一，是在高等教育组织内部根据业务管理的需要成立职能部门，并依据各学科属性的异同设立多个学院，在学院之下再设系（所/中心）的一种结构形式。我国高等教育组织的结构模式大多由直线—职能式组织结构发展而来，学院在高等教育组织内享有一定的自主权。该结构相对适用于一些规模较大、工作过程较复杂、管理分工专业性较强的高等教育组织。

直线—职能式组织结构吸收了直线式与职能式两类组织结构的优点，能够做到集中统一，利于调动职能部门开展工作的积极性。

4. 矩阵式高等教育组织结构

矩阵结构是同时进行若干项目管理的一种最常见的组织结构形式，在高等教育组织的科研项目、交叉学科平台、对外合作项目等管理中运用得较多。高等教育组织中的矩阵结构一般是在校长直接领导下设置项目组（中心），项目组成员根据任务需要挑选组成，这些人既归属项目组负责人领导，又属于原来的系科领导。

随着现代社会的迅猛发展和教育改革的深入，矩阵式组织结构越来越成为高等教育组织结构选择的发展趋势。这种组织结构能最大限度地利用有限的人力和学科等资源，有利于发挥高等教育组织学科交叉、学术创新的优势。当然，领导关系的双重性会导致效率不高、易发生矛盾等问题。

三、高等教育组织结构的优化与改革

（一）高等教育组织结构的改革趋势

从整体来看，高等教育组织结构的改革趋势表现为组织层次的扁平化、组织结构的矩阵化和组织权力的分散化。

1. 组织层次的扁平化

我国高等教育组织相继采取了教研室改造、创建研究所、调整撤并专业、分合增建学系、恢复兴办学院等一系列改革措施。通过梳理可将我国高等教育组织结构归纳为四层次结构、院系所并列结构、取消学系结构三种模式。

在我国高等教育组织结构中，从校一级到院一级，再到没有太多实际决策权力的系这一级，组织结构的层级层层排列。这一类型的多层次模式对于高等教育组织的分工比较精确，但是存在一定的弊端，即学院与学系之间、学系与教研室之间存在重叠，导致组织内部出现了资源浪费的状况。同时，四层次结构模式与组织扁平化发展是相背离的，就世界高等教育组织的学术组织结构来看，四层次结构也极为少见。

因此，高等教育组织层次不宜过多。只有扁平化的组织，才能够为高等教育组织的学术研究创设自由宽松的氛围和充分授权的环境，才更有利于信息的沟通、团队的建立、工作的创新和人才的培养。

2. 组织结构的矩阵化

传统的高等教育组织结构按照组织内的一级学科设学院或学部，按照二级学科设学系、研究所，并按照"学校—学院—学系"或者"学校—学部—学系"进行层级垂直管理，具有科层制的特点。这种"科层制"的组织结构有利于组织纵向信息沟通、提高管理效率。

伴随学科分化与交叉融合，高等教育组织的离散程度与管理难度不断提升。如何提高高等教育组织结构的整合性和协同性，构建和完善高协调、低重心的组织结构与运行机制，是当前高等教育管理实践的重要任务。

3. 组织权力的分散化

从纵向上来说，高等教育组织的权力分配主要涉及校、院、系三级组织；从横向上来说，主要涉及管理机构、校内专家和各类人员组成的任务小组或项目小组。随着组织的扁平化、网络化，高等教育组织权力也出现分权的特点。高等教育组织中出现的事业部结构就较好地体现了组织分权的思想。

基层学术组织是高等教育组织创新发展的动力源泉，把权力分给基层组织的教师和科研人员，有利于发挥他们教学、科研活动的主动性和创造性。为此，高等教育组织要不断完善学院制管理，学校负责审定学院总体规划，将学院规划与预算、教师聘任与考核、学科建设与科研管理等权力下放给二级学院，给予二级学院财务及运行保障，最大限度地释放二级学院的积极性和创造性。在组织权力分散化的进程中，要通过制度安排鼓励专家和各类人员组成任务小组或项目小组共同参与决策，适度扩大教师、学生以及外部力量的权力。

（二）高等教育组织结构的优化

不同类型的高等教育组织，其组织规模、组织任务、组织结构是有所不同的，组织结构优化的实现路径也不尽相同。关于高等教育组织类型的划分，学界存在较多分歧，依据学科水平把高等教育组织类型粗略地划分为研究型大学、教学研究型大学、教学型大学。

1. 研究型大学组织结构的优化

研究型大学是高层次人才培养和前沿科技研发的中心，也是一个国家和地区科技创新的动力源、知识创新和技术创新的引领者、产学研一体化协同创新的智慧站，对一个国家和地区在日趋激烈的全球和区域经济、科技和文化等竞争中占据有利地位具有举足轻重的影响。研究型大学的组织目标聚焦于知识创新和学术发展。

随着我国市场经济体制的逐步建立和高等院校管理体制改革的深化，作为以知识创新和学术发展为基本价值取向的研究型大学将管理重心逐步下移，把管理权下放至学科或项目研究组，给学科带头人或科研项目的首席科学家以充分的权力，把责权利赋予知识创新活动中的学科或项目研究组等基层组织，围绕知识创新和学术发展，强化学科组织的功能，凸显教授的地位，增大学术权限赋予的对象是学科带头人或研究项目的负责人。

研究型大学的组织特性决定了柔性化的矩阵结构是其组织结构的最佳选择，矩阵结构以学科或以面向问题而形成的项目研究组作为知识创新活动基本细胞或单元。柔性化的组织结构为知识创新的组织单元提供了自由和宽松的研究环境和条件，有利于形成学科发展的生态环境，形成学科交叉和共生的氛围；使学科组织之间的边界变得灵活和松散，推动学科的开放性，促使知识创新和科学研究活动保持高效、活跃的状态。

2. 教学研究型大学组织结构的优化

教学研究型大学大多经历了外延快速增长的阶段，并通过及时调整发展战略走内涵发展的道路，不断增强学校的核心竞争力。教学研究型大学不具有研究型大学的整体办学优势和全方位发展的实力，往往根据经济社会发展的需要和学校自身的实际形成特色和优势，以带动学校整体办学水平的全面提升。教学研究型大学的组织目标聚焦于知识应用与社会发展。

教学研究型大学的二级学院是汇集相关或相近的学科所形成的学科群。教学研究型大学的办学规模比较大，单由学校层面组织管理工作变得比较困难，需要把教学管理、科研管理、学科建设等工作的重心下移至学院。尽管学院下属的学科发展参差不齐，但随着管理重心下移至学院，学院拥有一定的财权、人事权和资源调控权，便于及时根据社会需要制定一系列符合学科发展规律的政策，进而有效整合学科资源，优化学科布局，促进成果转化。

教学研究型大学一般从教学型大学的基础上转型发展而来。教学研究型大学的学科发展水平相对不高，存在诸如学科规划不清晰、学科建设经验不足等问题，弱势学科本身和学校宏观管理均不能有效促进学科发展，这就需要处于组织系统中间层且具有一定办学自主权的学院来承担，因此，事业部制结构在高等教育组织中应运而生。事业部制结构适应了高等教育组织特定发展阶段和水平的要求，顺应了教学研究型大学事业发展和学科成长的规律。

3. 教学型大学组织结构的优化

教学型大学主要履行人才培养和教育教学研究的职能，它们主要承担高等教育大众化的任务，培养高水平技能型人才和研究型后备人才，区域化优势明显，办学效益较为显著。教学型大学的组织目标聚焦于知识传授与技能培养。

决策系统的高度集中化有利于教学型大学将学校的办学思想和政策措施通过行政方式逐级向下贯彻，学校管理层可直接通过听取教师的意见来评价决策的执行状况。在教学型大学的垂直化管理模式下，学术权力的影响力相对比较弱，科学研究和学术发展的权重相对于教学而言也比较轻，这有助于扭转重科研轻教学的情况，进而保障教学的主导地位，提高教师的教学投入和教学效益。因此，教学型大学的使命决定了其与垂直化管理模式更加匹配。

教学型大学培养的是应用型、实用型人才，强调的是实践能力、动手能力和知识应用能力的培养，而这些能力的基础是掌握一定水平的专业知识。这就决定了教学型大学更加关注教学过程的规范、管理制度的统一，它围绕专业建设和课程建设，探索知识传播的有效方式和途径，强调行政权力对学校教学资源的整合和导向。

第二节　高等教育组织制度

一、高等教育组织制度的概念与特征

（一）高等教育组织制度的概念

制度由三个基本部分构成：正式的规则、非正式的约束（行为规范、惯例和自我限定的行事准则）以及它们的实施特征。高等教育组织承担着人才培养、科学研究、社会服务、文化传承与创新等职能，这一特性决定了高等教育组织制度不同于一般的组织制度。

通常来说，高等教育组织制度发端于社会发展逐步依赖知识生产的历史过程当中其根基是大学自治和学术自由，其意义在于通过协调高等教育组织的内外关系，保证大学的文化地位。概括而言，高等教育组织制度是协调、规范高等教育组织中各种行为，处理、协调和维护高等教育组织内外部关系的一系列规范与准则。这些规范和准则既满足了高等教育组织适应社会发展的需要，又遵循了高等教育组织自身发展的内在逻辑，引导和约束着高等教育组织内外部关系的协调，促证了高等教育组织的健康发展和有效管理。其中，高等教育组织制度的核心在于如何处理好高等教育组织与政府、社会等外部力量之间的关系，如何完善高等教育组织内部的治理结构。

（二）高等教育组织制度的特征

1. 高深学问的学术性

尽管随着时代的发展，高等教育组织的外部联系和内部结构已变得日趋复杂，但高等教育组织始终以研究高深学问为己任、以开展学术活动为宗旨。高等教育组织的人才培养、科学研究、社会服务以及文化传承创新等各项职能的发挥都以学术活动为基础，高等教育组织的规章、制度、管理等也都为学术活动的开展而服务。只有保证高等教育组织充满浓厚的学术氛围，积极开展以知识传承、科学研究为核心的学术活动，才能真正发挥高等教育组织的社会功能。

2. 学术权力的自治性

以学术权力为基础的自治性是促进高等教育组织发展的内在规律。高等教育组织的学术逻辑要求维护自治的传统，而自治的目的就在于让学者能够自由地探索真理。从教育实践来看，尽管高等教育组织的自治性从来都是有限的，但高等教育组织的独立法人地位已普遍得到法律的确认和保护。

3. 社会需要的适应性

随着知识经济时代的到来，人类社会的发展越来越依靠知识生产力。在高等教育与社会发展深度交融的新时代，高等教育组织不再只是追求"闲逸的好奇"，而需要积极回应社会的问责，解决社会面临的新问题，并积极参与到社会的发展与建设中来。同时，社会已然成为推动高等教育组织发展的重要动力，社会与高等教育组织之间需要形成彼此支持、良性互动的生态系统。

4. 政府办学的参与性

综观现有高等教育组织制度的管理体制，无论是德国建立在教授治学基础上的政府管理模式，还是美国建立在董事会自治基础上的州政府协调治理模式，政府参与高等教育组织办学已是高等教育组织制度的一大特征。高等教育组织既需要法律保障其法人及合法地位，也需要有足够的资金支持高等教育组织的有效运转，这为政府参与高等教育组织办学提供了合理性基础。

二、高等教育组织制度的核心要素

高等教育组织制度包含三大核心要素，即大学章程、大学理念和大学治理。它们分别是高等教育组织制度的"根"、"魂"与"骨架"，是保证现代高等教育组织生存与发展的基础。

（一）大学章程

大学章程是高等教育组织设立、运行与发展合法性的前提，是高等教育组织依法实施自主管理的依据，是高等教育组织治理理念、治理结构的集中体现。它承载着高等教育组织的精神和使命，不仅是规定高等教育组织举办者、管理者、教师、学生等利益相关者权利与义务的契约性文本，而且对于玥晰高等教育组织与社会以及高等教育组织内部的各种关系、明确高等教育组织的法律地位和办学自主权具有重要的规范作用。大学章程的制定既要体现与时俱进的精神，也要体现高等教育组织的共性与个性。一方面，要积极回应变革时代的要求，不断为大学章程赋予新的时代内涵，以大学章程来引领高等教育改革方向、推动改革进程、保障改革成果；另一方面，大学章程除了应包含大学的决策体制、执行体制、监督体制、共同治理体制和纵向管理体制等共性要素，还应该彰显不同高等教育组织的办学理念与特色。

（二）大学理念

大学理念是对高等教育组织的本质、功能、发展规律的哲学思考和理性认识，从整体上决定了高等教育组织制度的价值取向。大学理念是历史思想继承与现实需要的矛盾统一体，体现着时代对高等教育的需求。但随着现代社会的发展和大学职能的扩展，尤其是高等教育组织从远离社会的"象牙塔"逐步走向社会的中心，高等教育日益受到外部关系规律的制约，大学理念的内涵也愈加丰富，如"素质教育""教师本位""学生主体""以人为本""终身教育"等理念正在成为现代大学的共识。总之，大学理念是以高度浓缩的方式表现出高等教育组织的内在品质、文化精髓和独特风格，是高等教育组织确立自身地位、赢得社会声望、形成稳定特征的标识。

（三）大学治理

大学治理是大学决策的结构和过程，它规定了具有法定决策权的机构和职位及其职责范围与权力关系。高等教育组织要实现基本职能，完成自己的使命，需要有合理的大学治理结构作为支撑，即必须有明确的、合适的责任承担主体和制度建设。只有如此，才能保证高等教育组织有效地运转，从而达到外部满意和内部协调，实现真正的治理。大学是一个高度复杂、松散结合的学术性组织，大学治理的过程中存在多方利益相关者的权力博弈，其实质就是建构能够应对复杂冲突、满足多元利益需要的决策权结构。推进大学治理现代化是高等教育综合改革的总目标，也是建设世界一流大学的必经之路，现代大学治理模式正朝着从"政府管控"到"政府监管"，由"外部指令性控制"到"自我选择性约束"，从"学术自理"到"管理自治"，从重视制度建设的"硬治理"到关注文化建设的"软治理"等方向发展。为此，在推进大学治理现代化的建设过程中要循序渐进，多管齐下，不断提高大学治理能力和完善大学治理体系。

三、高等教育组织制度的典型模式

高等教育组织制度对社会文明进步、科学技术发展起到了举足轻重的作用。虽然高等教育组织在其发展历程中的本质特征并未改变，但随着高等教育组织制度的不断创新与移植，不同国家因文化底蕴不同、社会制度差异，形成了各具特色的高等教育组织制度模式。按照管理体制划分，世界范围内高等教育组织制度大致可以划分为英国模式、德国模式、美国模式和中国模式。英国首创了学院制并拥有世界历史上古老的大学且流传至今；德国作为现代大学制度的发源地，使得科学研究成为新的大学使命；美国作为高等教育后起之秀，是 21 世纪世界高等教育发展的引领者；中国因社会主义制度背景探索出了具有中国特色的党委领导下的校长负责制的高等教育发展之路。这四个国家的高等教育组织制度模式既一脉相承于传统大学之根，又各自发展创新形成独有的特色。

四、中国特色现代大学制度建设

（一）中国特色现代大学制度内涵特征

我国直至 19 世纪末才产生现代意义上的大学，讨论中国特色现代大学制度，首先要从西方大学发展史中追本溯源，寻求现代大学制度的根基。但同时也应当看到，现代大学自中华人民共和国诞生之日起，就在西方大学的主流思想和相关制度的根基上不断融合中国元素，更好地为己所用。因此，中国特色现代大学制度是"中国特色"和"现代大学制度"的高度统一，它既体现了现代大学制度的普适性和共同趋势，也体现了扎根中国大地办学的本质，即它是在遵循高等教育规律，对现代大学制度本质和内涵准确把握的前提下，建立的与中国特色社会主义建设和发展需要相适应的理念和制度体系。

通过多年来的探索，我国在大学制度建设的一般规律方面已经形成了一种制度安排，保障了党和国家教育方针的贯彻执行以及高等教育组织的正常运行。把握中国特色现代大学制度的内涵，需要我们充分理解"中国特色"和"现代大学制度"，理顺两者之间的关系。一般认为，中国特色现代大学制度建设的导向是高等教育的科学发展；基本内容是完善治理结构；重点是章程制定；基础是法治建设，依法办学，保障高校自主权的有效落实和正确行使这即是中国特色现代大学制度建设的基本内涵。

从中国特色现代大学制度的基本内涵来看，中国特色现代大学制度包含了以下几方面的特征。

第一，中国特色现代大学制度首先必须是现代大学制度，必须体现现代大学制度的共同特点和发展趋势。中国特色现代大学制度建设不是无本之木，无源之水，它是建立在西方现代大学制度基础之上的。大学自治、学术自由、大学章程、法治化建设以及大学的传统职能已成为现代大学根深蒂固的产物。因此，建设中国特色现代大学制度并不意味着与现代大学制度的普适性内容和特征相冲突，其中，大学本质的东西不能被摒弃或者被改变。

第二，中国特色现代大学制度必须扎根中国土地办大学，主动适应中国特色社会主义的国情。大学不是孤立存在的，它与国家、社会有着紧密的内在的联系。无论是高等教育"超越论"还是"适应论"，大学都应主动为国家的政治、经济、文化等服务。"中国特色"体现了大学和国家是命运共同体。因此，大学在管理体制上要始终贯彻党委领导下的校长负责制，并且建设中国特色现代大学制度要牢记伟大复兴中国梦的使命。

总的来说，中国特色现代大学制度与其他大学制度还是存在本质区别的，最主要体现在中国特色国情是中国特色现代大学制度的根基，即"党委领导下的校长负责制"在我国高校管理体制中具有根本性、决定性和指导性地位。而西方现代大学制度传统是中国特色现代大学制度的重要参照，具体体现在"大学自治""学术自由"等高等教育本质规律上。

（二）中国特色现代大学制度推进策略

中国特色现代大学制度建设涉及观念的转变、制度的更新和利益格局的调整，是一场牵涉面广、意义重大、影响深远的深层次变革。因此，在深化中国特色现代大学制度的改革中要加强顶层设计，开展试点工作，因校制宜，充分调动各方积极性。

1. 加强改革顶层设计，注重系统推进

现代大学制度建设是一项系统工程，内容十分丰富，既涉及政府职能转变，也涉及大学自身的变革；既涉及大学宏观管理方式的改革，也涉及大学内部治理结构的完善；既涉及行政权力的限制，也涉及学术权力的规范等。因此，中国现代大学制度建设必须加强顶层设计，牢牢把握改革方向，注重系统推进，用科学的系统化方法重点解决体制性障碍和深层次矛盾。就我国高等教育体制改革而言，先试点后推广，由点及面，层层推进，既可

以降低改革风险，也有利于加强统筹协调，增强改革的实效性。

2. 抓住改革关键环节，实现重点突破

现代大学制度建设涉及面广，在系统推进的同时必须抓住关键环节，实现重点突破。当前改革的一个重要环节是要加强教师队伍建设，提高教师素质，改善教师质量。"立德树人"始终是教育的根本任务，而落实这项根本任务离不开高素质教师队伍的建设。因此，要进一步实现聘任制和岗位管理制，还要实行校务公开制度。高等教育体制改革的另一重点环节是政府简政放权。政府对大学办学行为干预过多，是大学办学自主权难以落实的主要原因。大学因其高度的学术性特征，有必要将更多的行政权力交给大学自我管理，把学术权力进一步下放给大学二级学术机构和教学科研人员，增强其主人翁意识。

3. 调动改革各方力量，减少改革阻力

改革是否成功，关键要看人民群众、师生员工是否满意，实践效果是否显著。创建中国特色的现代大学制度，难免会触及一些既得利益。如果不能处理好各方面的利益诉求，将会增大改革的阻力，甚至可能导致改革流产或者目标扭曲。要尊重基层和学校的首创精神，进行深入调研，广泛征求群众的意见，召开听证会、咨询会、讨论会，让大家的意见汇集到改革试点中来，建立和完善有效的利益协调机制，尽可能凝聚共识，形成各利益方共同推进改革的合力。

4. 发挥各校因地制宜，形成新工作机制

高等教育发展的历史表明，一流大学的建设从来都不能靠简单复制取得，关键在于各高校因校制宜，根据自身优势、行业特色并结合当地政府支持，各校需提出建设本校现代大学制度的具体目标、主要内容和相关措施，使之焕发长久生命力。此外，各试点高校之间、试点高校与有关部门之间、高校内部之间要建立沟通协调机制，统筹协调，形成新的机制，开创新的局面，积极开展座谈会、专家咨询会，搭建交流平台，推广试点典型经验。

（三）中国特色现代大学制度的大学章程建设

1. 大学章程建设的重要意义

大学章程不仅是高等教育组织依法自主管理，实施依法治校的必要条件，也是明确大学内外部环境权利义务关系，促进大学完善治理结构、科学发展，建设现代大学制度的重要保障。

（1）大学章程是现代大学制度的基础

从中外大学发展的历史与规律看，章程在现代大学制度体系中必不可少。大学自治、

学术自由和民主管理是现代大学制度的主要特征，进行现代大学制度改革、制定和完善大学章程成为必须解决的一个重要课题。

（2）大学章程是依法治校的重要依据

依法治校是依法治国的重要组成部分。依法治校可理解为按照法的模式、法的精神、法律条规来治理学校。大学章程作为大学精神的集中体现和大学行为总的规范，实际是法的治理模式、法的精神和法律条规在一所大学的进一步延伸和具体化、个性化。大学章程要对学校制度、学校结构和学校机构作出规定，这些规定不仅是学校具体管理制度的根据，也是衡量学校是否依法办学的主要依据。只有使学校的决策和工作方式转变到以大学章程为依托的轨道上来，才能避免长官意志、以言代法、以罚代法的现象，使大学在法律、法规、规章赋予的权力范围内履行法定的责任和义务。

（3）大学章程是推动大学科学发展的基本保障

大学的科学发展应当是以质量为核心，以完成人才培养、科学研究、社会服务和文化传承的根本任务为目的的发展，应当是内涵式、凝练传统、突出特色的发展，而不应简单地扩大规模、追求大而全。高等教育改革的实践证明，大学的发展是一个长期的过程，应当以科学的发展理念和方向为指导，以稳定的发展路径和机制为保障，避免朝令夕改、频繁转换方向。要实现这样的目标，完善高校章程、健全制度保障和约束机制显得尤为重要。世界很多著名大学的章程就承载着自己学校的历史，其一以贯之的办学理念、发展思路铸成了自身内涵独特的大学精神和气质。

2. 大学章程制定的基本要求

《高等学校章程制定暂行办法》在指导和规范高等学校章程建设，促进高等学校依法治校、科学发展等方面发挥了重要的作用，它包括总则、章程内容、章程制定程序、章程核准与监督以及附则等内容。因此，在推动大学章程建设的过程中，始终要坚持规范高校章程制定、核准的程序，使大学章程通过科学、民主、公开的程序，具备应有的法律效力。

（1）顶层设计

章程制定办法明确了大学章程的地位与作用，强调章程在高等教育组织的制度体系中所具有的基础性、准则性作用，通俗地讲就是高等教育组织内部的"宪章"。章程要具有规范和统领高等教育组织内部管理制度的功能，成为高等教育组织行为的基本准则。

（2）基本原则

首先，要体现思想政治与法治的原则；其次，强调要体现改革的原则，即制定章程要成为高等教育组织系统改革的一部分，改革要为制定章程提供动力与内容，章程建设则要成为改革的切入点和系统集成的载体;最后,要体现自主的原则,即高等教育组织制定章程要敢于和善于在法律及办法规定的原则、框架内自主创制章程的内容来反映高等教育组织的办学特色。

(3)具体内容

首先,要具备法定内容,明确章程要包括的基本内容;其次,章程要包含高等教育组织办学自主权的内涵与行使规则的内容;最后,明确高等教育组织要将决策机制、治理结构、民主管理、学术体制、专业评价、社会合作等建立现代大学制度所必备的制度原则作为章程内容,通过章程明确内部各种权力的运行规则。

(4)制定程序

章程制定首先要由高等教育组织起草,遵循民主、科学、公开的原则,采取开门立法的方式,通过教职工代表大会的讨论、校长办公会的审议、学校党委会的审定,最后由法定代表人签发。章程草案要在高等教育组织内部得到充分讨论,反映各方面意见,同时要保证党委对重大事项的领导权和决策权。

(5)参与主体

按照政校分开、管办分离的原则,以章程明确界定举办者或主管部门与高等教育组织的关系,明确高等教育组织的办学方向与发展原则,落实举办者义务,尊重和维护高等教育组织的办学自主权。同时,主管部门应当认可高等教育组织在章程中做出的自主规定,监督高等教育组织依法依章程自主办学,努力形成章程对高等教育组织和主管部门都具有约束力,形成高等教育组织依法、依章程办学,主管部门依法、依章程监督的格局。

(6)核准程序

章程制定办法依据相关法律,明确章程的核准程序。办法同时规定章程核准要经过核准委员会的审核。这是新的制度创设,目的就在于进一步提高章程的效力与权威,保障章程的稳定性。

3. 大学章程建设的主要策略

章程在大学中具有"宪章"的地位和功能,是确保一所大学成为自主、自治、自律主体的关键所在。在推进大学章程建设的工作中,既要重视大学章程的科学制定,也要保证大学章程的有效执行,让大学章程真正成为高校依法办学的准绳。

(1)规范制定程序,充分体现多元化参与

章程制定的过程就是大学重新建立利益表达和权力分享机制的过程,因此,在制定章程过程中,要保证广纳群策、集思广益、科学论证、民主管理。首先,要提高大学内部各种群体的广泛参与度。大学章程所规范和决定的是高等学校的宗旨任务、办学目标、内部治理结构、决策程序、组织规程、民主监督机制以及管理制度、办学活动基本准则等重要事项以及办事规则的根本性制度，它涉及整个大学组织内部的权力格局、运行规则、传统秩序及利益分配的规范与调整，既牵涉学校的前途与发展，也势必会对大学内部的教师、学生、行政人员等利益相关者带来一定影响。因此，大学章程在制定的过程中就必须鼓励和动员各方成员积极参与，以保证大学章程制定得公平公正、科学合理。其次，要重视政府和社会对大学章程制定的参与。现代大学早已走向了社会的中心，不仅是社会服务的重要职能所在，其办学的举办者和投资者也离不开政府。因此，大学章程的制定和颁行必须接受政府的宏观管理，通过教育部和各省级教育行政管理部门完善对大学章程的评价、审议和核准。同时，应发挥社会对于大学章程建设的力量，广泛吸纳社会各方面人士的意见和建议，并接受其监督。

（2）突出独特个性，彰显办学传统和特色

大学章程的内容不仅包括国家法律法规规定所必须遵从的要件，还应包括能够体现大学特有的办学理念、学科特色和水平的内容。决策机制、治理结构、民主管理、学术体制、专业评价、社会合作等都是建立现代大学制度所必须规定的章程内容。除此之外，大学章程还应在特定意义上反映出大学所肩负的特殊使命、恪守的独立传统和所要实现的具体愿景，这是大学突出独特个性，保持自身传统与特色的所在。因此，各高校在进行章程建设的过程中，要找准自身发展定位，结合本校历史、本校区位特征、本校特色专业等来确定办学方向、办学目标；另外，凝练学校特色的校训、校歌、校风等文化标识是学校的宝贵财富，以此弘扬本校的办学传统，增强学校的文化底蕴和凝聚力，能够体现一所大学独立于大学之林的具体形象。

（3）加强内外部监督，严格执行大学章程

大学章程既是大学内部自我激励、自我约束的行动纲领，也是大学向外界的自我表达和宣言，是大学承担社会责任、历史使命的宣誓与承诺。首先，要强化高校内外部监督机制。对于外部监督而言，政府及社会可以在保证大学自主制定章程及规则的前提下，对大学的决定及行为是否符合法律和大学章程的规定进行监督。对于内部监督而言，应当成立大学章程执行监督机构，定期检查学校领导和职能部门、院系等执行大学章程的情况，建立对违反大学章程行为的纠错和处罚机制。其次，章程能否起到大学"宪法"的功能作用，关键在于执行。应明确章程的法定地位，大学日常管理运行要依据章程，学校各级管理者要尽可能做到对章程内容了然于心，遇到棘手问题从章程寻找解决方案，真正做到有章可循。

就大学章程建设工作来说，我国已经取得了一定的进展，"一校一章程"格局基本形成。大学有了大学章程这一"宪法"，处理好大学与外部关系及完善大学内部治理结构就有了章法可依。但大学章程的生命力在于执行，强化章程执行力、推进依法治校是完善高等教育法治体系、实现治理能力现代化的必要环节。建设中国特色现代大学制度之路任重而道远。

第三节　高等教育组织决策管理

一、高等教育组织决策概述

（一）高等教育组织决策的概念和特点

传统的决策常依赖于决策者个人或群体知识的积累，这种经验决策往往缺乏规范性和可操作性，对现代经济社会的作用有限。随着系统论、控制论、信息论等新学科的出现，以及运筹学、概率统计等应用数学的产生和发展，决策已由经验决策向科学决策迈进。随着对决策的研究和应用，决策科学应运而生。

1. 高等教育组织决策概念

所谓决策，简单地说就是做出决定，即人们在行动之前对行动目标及手段的探索、判断与抉择的过程。决策的核心是对未来活动的多个目标及途径做出合理的选择，以寻求最优的行动方案。

高等教育组织决策是指决策者为完成高等教育使命，运用一定方法和程序进行决策的过程。与其他管理决策相比，既有相似性，又有差异性。就其相似性来看，高等教育组织决策与其他管理决策一样，都是针对特定问题而采取的确定目标、拟订方案以及选择方案的过程；就其差异性来看，高等教育组织决策则是针对特定的高等教育问题而采取对策的行为。

2. 高等教育组织决策特点

高等教育组织决策除了具有一般决策的特点，还具有以下特点：高等教育组织决策是为自由创造条件的决策；高等教育组织决策容易脱离根本目的；高等教育组织决策容易在两极中徘徊；高等教育组织决策对国家的未来产生深远影响。

（1）高等教育组织决策是为自由创造条件的决策

学术自由是高等教育组织作为学术组织的生命源泉，是其知识创造的前提，也是繁荣学术、发展科学、探求真理的基本条件。只有师生学术自由，教学与研究的过程才是有效的。学术目标是高等教育组织决策的核心，高等教育组织决策必须为教学、科研创造自由的条件，使师生能够全身心投入研究中，在创新中提升自我，推动高等教育组织的良性发展，最终实现人才培养的目标。

（2）高等教育组织决策容易脱离根本目的

立德树人是高等教育组织的根本任务，也是促进学生全面发展的应有之义。高等教育组织决策应围绕这一根本任务，不断促进内涵式发展，提升人才培养质量。但在现实中，高等教育组织受功利性思想影响易使培养目标出现偏差，最终导致决策脱离了人才培养目标。此外，以学科为基础的高等教育组织结构松散，容易导致决策短视，脱离人才培养的根本目的。

（3）高等教育组织决策容易在两极中徘徊

高等教育组织决策既要坚守传统理想，又要跟上社会的发展，因而高等教育组织决策容易形成两极对立的状态。具体表现在理性与人性对立，个体本位与社会本位对立，学术与应用对立，学术自由与社会干预对立等。因此，高等教育组织决策要抛弃非此即彼的观念，在两极对立中找寻其中的规律，得出更为完善的决策方案。

（4）高等教育组织决策对国家的未来产生深远影响

高等教育组织培养人才的数量与质量，事关我国未来的经济社会发展水平。人才的发展取决于教育，教育不仅可以促进人的主体意识和能力的发展，还能激发人的创造性，有利于个体价值的实现，从而促进人的全面发展，推动社会的进步。而教育对学生影响的好坏取决于决策，包括高等教育组织对培养目标、模式、课程、制度等的决策。

（二）高等教育组织决策的要素和分类

不同的决策具有不同的特点，但追本溯源，其构成核心要素是十分类似的。高等教育组织决策除基本要素外，还要兼顾环境等因素的影响。根据不同的分类标准，高等教育组织决策往往被划分为不同的类型，每一类型又具有各自的特点。

1. 高等教育组织决策要素

一个完整的高等教育组织决策包括决策者、决策目标、自然状态、行动方案、决策结果和决策准则六项基本要素。

（1）决策者

决策者是指代表组织做出某项决策并对该决策的实施承担责任的个体或群体。它是决策的核心要素，也是最积极、最能动的要素，更是决策成败的关键。决策者应具备较高的素质，要善于激发全体成员的积极性，在处理突发事件时要随机应变，进而使决策的结果达到最优。此外，决策者在制定决策的过程中还要充分重视直觉的作用，直觉决策应该与理性决策相互补充。

在高等教育组织决策中，不同类型决策的决策者可能不同。高等教育组织决策可分为学术决策、行政决策和综合决策三种类型。一般来说，学术决策的决策者为高等教育组织内的学术系统，行政决策的决策者为行政系统，而综合决策往往由学术组织和行政组织共同做出。当然，高等教育组织决策者是多元的，并非孤立存在的。学术决策的决策者虽为学术组织，但除学术真伪判断之外，利益与利害的判断也需要行政组织共同参与；行政决策的决策者虽为行政组织，但师生也享有充分的建议与监督权。

（2）决策目标

决策目标是在一定的环境和条件下，决策系统所期望达到的结果，是决策分析过程中拟订方案、评价方案和选择方案的基准，换而言之，就是问题的"边界条件"。一项有效的决策，"边界条件"越清晰细致，决策越有效。决策目标应该是多层次的，总目标和分目标应该相互衔接，这样决策才能更准确、更符合实际。在确定阶段性目标时要从整体出发考虑目标确定得恰当与否。

高等教育组织决策要尽量促成高等教育数量、质量、结构与效益协调及可持续发展。如同追求效益最大化的经济决策一样，高等教育组织决策的目标亦要追求最小成本和最大效益。尽管教育是经济回报率较高的事业，但由于教育的滞后性，其经济效益不能直接体现出来。因此，高等教育组织决策目标应是具体的、可行的、可检验的。

（3）自然状态

自然状态是指决策者无法控制但可以预见且客观存在的决策环境状态，是不以决策者主观意志为转移的情况和条件。决策的后果由两个方面因素共同决定：一是决策者所能控制的因素；二是外部环境因素，即自然状态变量。通常，一个决策问题可能存在多个自然状态变量，决策实施之后将发生且只发生其中的一种情况。各自然状态变量的某种取值组合成为决策问题的一个自然状态。

高等教育组织决策根据决策目标进行，而决策目标的确定正是依据高等教育组织所处的内外环境来考虑的。内部环境是高等教育组织决策者可以控制的环境因素，如决策者的使命，使命不同，其担负的任务和责任就不同。外部环境是指在一定的地域范围内对高等教育组织产生影响的各种因素和力量，包括社会经济文化环境、政治法律环境、技术环境、自然环境和某些特定环境。

（4）行动方案

行动方案是指实现决策目标所采取的具体措施和手段。在确定决策目标和自然状态后，围绕既定的目标收集信息，拟订多个备选行动方案，这是决策的关键。行动方案有明确方案和不明确方案两种。前者是指有限个明确的方案，后者一般只是对产生方案可能的约束条件加以描述而方案本身可能是无限个，要找出合理或最优的方案可借助运筹学的线性规划等方法。

高等教育组织决策与一般决策相同，为了防止和避免决策失误，必须对备选方案全面评价。评价内容包括：方案目标是否合理；决策所依据的价值准则是否正确；制订备选方案所采用的理论和方法是否科学；备选方案在技术上、经济上是否合理；在社会方面是否可行；是否与资源及能力相适应。对高等教育组织决策的行动方案进行评价的方法主要有经验判断法、数学分析法等。

（5）决策结果

决策结果是指一项高等教育组织决策实施后所产生的效果和影响，是对每一个备选方案的实施结果进行客观的预测和评价。在做出最终决策之前，对每一个备选方案的实施后果进行客观、公正的预先评估和评价，这既是保证高等教育组织决策科学性的重要前提，也是方案择优最根本依据之一。如若评价出现问题，往往会导致决策的整体性失误。因此，对高等教育组织决策方案的评估既需要对可能的结果进行科学评价，又需要对无法预料的突发事件建立合适的预警系统。

（6）决策准则

决策准则是指高等教育组织决策应达到的标准和应该遵循的规则。它既是评价方案是否达到决策目标的价值标准，也是选择方案的依据。一般来说，决策准则依赖于高等教育组织决策者的价值取向或偏好。

2. 高等教育组织决策分类

（1）按照决策目标的层次及其影响程度分类

按照决策目标的层次及其影响程度，可将高等教育组织决策划分为战略决策、战术决策和业务决策。战略决策是指具有全局性、方向性和原则性特征的一种决策，涉及与生存和发展有关的全局性、长远性问题，一般由高等教育组织的最高层领导做出；战术决策是指具有局部性、阶段性特征的一种决策，是以达到战略决策所规定的目标而进行的决策，一般由高等教育组织的中层管理人员做出；业务决策则是涉及高等教育组织中的一般管理和日常业务的具体决策，具有局部性、短期性、日常性等特点，一般由基层人员做出。

（2）按照决策主体的不同分类

按照决策主体的不同，可将高等教育组织决策划分为个体决策和集体决策。个体决策是指决策者完全按照其个人的判断力、经验和意志所做的决策。个体决策具有合理性，决策过程迅速，责任明确，发挥出了个体的主观能动性。集体决策是指多人参与决策分析并制定决策方案的决策。集体决策虽耗时更长，但通过集体的思维碰撞，集思广益，可以从不同的角度认识问题并进行决策。现在的高等教育组织决策多以个体决策和集体决策相结合，决策权由高等教育组织的领导团队拥有，团队中每个人各取所长，充分发挥出自身的优势。

（3）按照决策过程的程序化程度分类

按照决策过程的程序化程度，可将高等教育组织决策划分为程序性决策和非程序性决策。程序性决策一般是解决经常重复出现、性质非常相近的例行性问题，可按程序化的步骤和常规性的方法处理，可以重复，是高等教育组织中日常运用的一般性决策。非程序性决策也叫非常规决策、非规范化决策，通常处理的是偶然发生的、无先例可循的问题，决策者难以照章行事，需要有创造性思维做出应变的决策，且一般是一次性的，因此该决策具有一定的随机性和偶然性。

（4）按照决策的范围分类

按照决策的范围，可将高等教育组织决策分为宏观决策和微观决策。宏观决策是指对决策问题的概念集进行定性开发，从而确定系统整体发展方向和战略目标的高层决策。宏观决策与战略决策类似，均由高等教育组织的最高层领导做出。微观决策是指涉及局部性具体问题的决策，如针对高等教育组织基层单位或组织发展某个方面等问题的决策，决定着基层单位或者组织的命运。

（5）按照决策问题有失信息的完备程度和环境可控程度分类

按照决策问题有关信息的完备程度和环境可控程度，可将高等教育组织决策分为确定型决策、不确定型决策和风险型决策。确定型决策是指自然状态完全确定，可直接根据完全确定的情况选择最满意的方案，它可以采用最优化、动态规划等方法解决。不确定型决策是指不仅无法确定未来出现何种自然状态，而且无法确定其出现概率的决策。风险型决策是指自然状态不完全确定，但可预测其发生概率的决策，这种决策常面临每个备选方案都有几种不同的可能情况，且每种可能情况发生的概率已知，因此无论哪种方案都具有一定的风险性。

（6）按照决策目标、指标的可量化性分类

按照决策目标、指标的可量化性，可将高等教育组织决策划分为定性决策和定量决策。定量决策也叫硬决策，是指描述决策对象的指标均可量化的决策。对决策问题进行定量分析，可以提高决策的时效性和准确性，是决策方法科学化的标志。定性决策也叫软决策，是指描述决策对象的指标无法量化的决策，这种方法适用于受社会经济等各方面因素影响较大、无法用准确数字量化的综合性问题。一般的高等教育组织决策介于两者之间，即定性中有定量，定量中有定性，二者在决策分析中所占比重会随着决策问题量化程度的不同而不同。

（7）按照决策目标的数量分类

按照决策目标的数量，可将高等教育组织决策分为单目标决策和多目标决策。单目标决策是指只有一个决策目标的决策，该决策制定和实施较为容易，但具有片面性。单目标决策是研究决策问题的基础，处理决策问题的多数方法都是从研究单目标决策开始的。多目标决策指考虑两个或两个以上目标的决策。这些目标相互联系又相互制约，需要决策者全面考虑各目标间的综合平衡，以做出总体最优的决策。多目标决策往往比单目标决策更具有实用价值，单目标决策向多目标决策的发展是高等教育组织决策发展的趋势。

（三）高等教育组织决策的主体和内容

高等教育组织决策不单是教育系统内部的事务，在决策制定过程中，还受到国家政策的影响，因此，高等教育组织决策的制定往往离不开行政机关与立法机关。此外，利益团体、学术研究单位、媒体等都会对高等教育组织决策产生比较深远的影响。

1. 高等教育组织决策主体

对高等教育组织决策主体的研究主要涉及两个方面：高等教育组织层次及高等教育利益集团。

（1）高等教育组织层次与决策

高等教育组织系统可分为三大层次：底层、中间层和上层。其中，底层和中间层指向高等教育组织内部，而上层则是高等教育组织外部的行政管理部门。

底层是高等教育组织内部的教学科研单位，是在一个或几个相邻领域进行教学和科研工作的实体。而高等教育组织的这类教学科研单位，通常是一个二级或三级组织。第一级组织是教研室或研究所，主要承担一个专业教学计划中的课程教学和相应学科领域内的研究工作；第二级组织是系，包括较大专业领域的几个相关学科，能独立组织一个甚至几个专业教学工作；第三级组织是学院或学部，学院在促进跨系、跨学科、跨专业的合作方面发挥着重要作用。

中间层是高等教育组织内部的校级管理组织，由校务委员会、学术评议会、董事会等议事机构和学校行政管理机构组成。高等教育管理组织是沟通校内的教学科研单位与校外环境的枢纽，对内是各教学科研单位的管理者、服务者和信息提供者，对外则是学校利益的代表，在利用院校特长为社会服务的同时，利用社会力量为院校的发展创造良好的条件。

上层是高等教育组织的行政管理管理机构，负责高等教育的宏观管理。这一层通常包括两级：第一级是地方高等教育管理机构，包括地方政府和有着高等教育管理职责的行政部门，也包括制定有关高等教育法律法规的立法机构；第二级是中央高等教育管理机构，同样包括行政部门和立法机构。

在高等教育决策中，各层次、各级组织进行分工协作，决策权力在组织层次中的分配须考虑到一项决策在哪级组织中有利于决策正确、高效、及时地实施。

（2）高等教育利益集团与决策

现代高等教育起源于中世纪的学者行会，教学自由、学术自由和高等教育组织自治等高等教育理念正是由此发展起来的。其中，教授在教学、研究等学术事务中拥有很大的决策权。但随着社会的发展，行政组织不断强化，一些校内行政人员、董事会成员，校外政府官员和其他利益集团在很大程度上分享这种权力。

高等教育组织中的利益集团是高等教育的操作者、管理者、资助者或受益者，他们控制着知识、信息、资金等与高等教育有关的资源以及政策法规，并以各种方式参与、影响高等教育决策。高等教育组织是社会系统的一个子系统，其任务是为实现社会现代化服务，高等教育组织决策离不开社会参与。在高等教育组织决策制定过程中，要反映所有利益相关者的诉求，反映社会各界对高等教育组织的人才培养、科学研究和社会服务的需要。

2. 高等教育组织决策内容

根据高等教育组织涉及问题的独特性、重要性及其在决策上的特性，将高等教育组织决策所涉及的内容分为以下几个方面。

（1）总体发展

总体发展是一个国家或地区高等教育组织总的发展情况，包括质的发展和量的发展。质的发展主要涉及高等教育专业类型、层次结构、学位标准等问题；而量的发展则主要涉及规模问题。总体发展决策是具有综合性的基本决策，需要在广泛调查、充分讨论和专家咨询的基础上，由最高管理者做出。

（2）院校发展

院校发展同样涉及一所院校在数量和质量两方面的发展。院校发展关系到高等教育组织自身及其资助者的利益，以及高等教育组织的服务对象，特别是学生的利益，需要在高等教育组织内部各利益集团和资助者、学生的广泛参与下做出决策。

（3）经费

经费问题涉及经费的投入量、投入方式和使用等方面。各国高等教育经费都是多种方式、多渠道投入。高等教育投资已或为中央和地方政府及其议会决策的重要内容。提供和使用经费的人和组织，也都积极参与有关经费问题的决策。

（4）招生

招生问题涉及招生方法、入学标准、招生规模等方面。高等教育组织招生关系到教育组织、政府、中学毕业生及其家长的利益。国家层面做出有关招生制度的决策，高等教育组织在制度允许的范围内，确定招生规模和入学标准。

（5）教学

教学问题涉及安排教学内容、教学方式，检查学生的学业以维持专业水准以及增加学生的选择性以便因材施教等。作为培养人才的高等教育组织，享受人才服务的国家、政府、企事业单位都应在教学决策中发挥作用。

（6）科研

科研问题涉及研究对象、研究内容、研究方式与方法等。高等教育组织的科研在政治、经济、军事方面的价值日益重要，需要投入的资金和人力越来越多，必须加强规划、促进合作、提高效率。学者和科学家、政府和工商界在有关科研方向、科研内容和科研方式等决策中都有自己的话语权。

（7）人事

人事问题涉及学术职位和管理职位的晋升与任命。高等教育组织与政府、社会的关系事关高等教育组织能否吸引优秀人才，高等教育组织的教学与科研水平、教育质量等，因而高等教育人事决策具有很强的专业性和政策性。学术人员、行政人员和政府官员都在其中发挥重要作用。

据此，可以将高等教育组织决策按内容分为相应的七类：总体发展决策、院校发展决策、经费决策、招生及其制度决策、教学决策、科研决策和人事决策。

（四）高等教育组织决策的方式和方法

分析和判断高等教育组织决策方案的性质是决策分析的重要内容。决策方案的性质复杂多样，既有其客观内在性的规定，又受决策者主观因素的影响，需要进一步研究高等教育组织决策方式和方法。

1. 高等教育组织决策方式

高等教育组织决策方式是指决策主体在进行决策时综合运用各种资源的方式，主要是指组织成员在决策过程中发挥作用的方式。高等教育组织决策的方式主要有以下几种：独裁式决策、民主式决策、协商式决策以及合作式决策。

（1）独裁式决策

独裁式决策亦称"专制型决策"，是指决策者不考虑下属或其他人意见而独自做出决定，其行之有效的前提是组织规模较小。例如，传统的讲座都是独裁式决策，由于讲座中的决策与学术活动密切相关，需要由在学术上有足够的知识、经验、能力和威望的人做出决策。

（2）民主式决策

民主式决策一般通过投票表决，少数服从多数。在系以上的各级组织中，民主式决策被广泛采用。例如，学术决策由对学术问题具有判断力的人投票表决。在由各利益集团组成的决策机构中，各利益集团依其地位拥有相应的投票权。

（3）协商式决策

协商式决策指各组织、个人或利益集团充分协商，达成一致的决策。协商式决策在具备协商和妥协传统的组织中行之有效，但高等教育组织决策往往需要较长的时间，也容易出现议而不决的现象，效率较低。

（4）合作式决策

合作式决策一般由组织提出建议、咨询，由另一组织决定。合作式决策在受多种因素制约的决策中被越来越多地采用，如高级学术职位的任命等，它既涉及学术问题，又涉及经费、政策等问题。因此，合作式决策可以把专业人员的学术优势、行政人员的政策优势都发挥出来。

由此可见，高等教育组织决策方式与决策类型、决策所在的层次、决策参与者之间存在内在联系。

2. 高等教育组织决策方法

任何高等教育组织决策的方案既有质的方面，又有量的方面。质是指一种内在规定性，它规定了方案的基本特性和方案得以稳定存在的内在条件；量是指方案内各种数量的关系。分析和判断决策方案的性质，是决策分析过程中的重要环节。当然，随着科学决策逐渐取代经验决策，对量的研究也成为决策分析的重要方法。

（1）定性决策分析方法

定性决策分析方法是高等教育组织决策者依据其经验、知识，通过运用逻辑思维和理论思维对教育决策对象进行质的分析和说明，并尝试运用因果关系描述被研究要素间的规律和特征的决策方法。现代高等教育组织常用的定性决策分析方法主要有逻辑推理法、辩证分析法和经验判断法。

逻辑推理法是指在高等教育组织决策中运用概念理性地对决策及其方案进行判断和推理的方法，要求做到概念明确，判断准确，推理合乎逻辑。辩证分析法要求对具体问题具体分析，要详细分析每一项组织决策或方案的内部矛盾、外部环境及其历史、现状和未来。经验判断法是指基于丰富的知识和经验，直接把握决策性质的方法。

（2）定量决策分析方法

定量决策分析方法是运用数学和运筹学知识，通过研究决策问题的客观关系和内部量的规定性，并将这种关系用数学关系式表示出来，从而建立数学模型，通过计算求得决策方案的方法。现代高等教育组织常用的定量决策分析方法主要分三类：确定性决策分析方法、风险性决策分析方法和不确定性决策分析方法。

确定性决策分析方法主要包括线性规划、非线性规划、动态规划和网络分析技术等。其中，线性规划解决如何合理地利用高等教育组织中有限的人力、物力等资源取得最好的经济效果；非线性规划为最优设计提供了计算方法等有力的工具；动态规划解决多阶段决策过程的最优化；网络分析技术解决"最小费用最大流"问题。

风险性决策分析方法主要有决策表法、决策树法、矩阵法等。其中决策树法最具典型性，是采用决策树状图对高等教育组织风险决策问题进行分析，通过把决策的各种状态的相互关系用树状图表示出来，标明生存概率和报酬值，选择最优决策方案。

不确定性决策分析方法主要有乐观决策分析法、悲观决策分析法、折中决策分析法以及后悔值决策分析法等。这些方法最主要的区别在于假定准则不同。如乐观决策分析法是指高等教育组织决策从最乐观、最冒险的观点出发，以各方面最有利的状态选择最优方案；悲观决策分析法是从最悲观、最保守的观点出发，以各方面最不利的状态选择最优方案；而折中决策分析法是基于上述两种方法之间的一种分析方法，它要求决策者对未来情况持乐观态度，但不盲目乐观，采取一种现实主义的折中标准；后悔值决策分析法是以定义实际状态和自然状态的最高值的差作为未达理想的后悔值，在各方案的最大后悔值中选取最小值作为决策依据，从而选择最优方案。

二、高等教育组织决策模式

（一）高等教育组织决策模式分类

高等教育组织决策模式是公共政策模型在教育决策领域的运用，帮助人们理解和解释教育政治现象，厘清教育决策过程，概括一般性的理论模式，为高等教育组织决策提供思维框架和程序模式。具体来说，高等教育组织决策模式是指在一定思想指导下，高等教育组织在长期实践活动中形成的具有典型意义的、可效仿的、简约的、相对稳定的理论模型和操作模式。它既是高等教育政策的决策过程模式，也是高等教育决策研究的思维方法和决策实践的基本路径。在不同的决策模式中，决策制定者和决策形式都存在差异。

1. 按照高等教育组织决策的主体分类

按照高等教育组织决策主体，可将高等教育组织决策模式分为政治模式、官僚模式和理性模式。政治模式是指利益群体联合行动的决策模式；官僚模式是将高等教育组织作为权力运行机构的决策模式；理性模式是指基于理性初衷，强调对情况进行理性和系统的分析，做出最佳选择并付诸实施，也被看成是追求最优化的模式。

2. 按照高等教育组织决策的形式分类

按照高等教育组织决策的形式，可将高等教育组织决策模式分为线性模式、阐释模式与问题解决模式。线性模式是指按一定的基础理论进行有关政策的应用性分析和研究；阐释模式是研究怎样通过进入决策者的意识领域和形成有关政策的讨论术语来间接影响政策；问题解决模式是指运用相关知识体系在多种政策选择时进行决策。

上述模式均结合了我国高等教育组织决策的实际情况，从理论角度加以概括。然而，这些模式并非孤立存在，在高等教育组织实际决策过程中，它们往往交相呼应，形成复合型决策模式。

（二）高等教育组织决策理论模式

由于现代社会复杂多样，高等教育组织决策模式也变得日益复杂。在组织决策理论中，存在多种理论模式，这些理论模式均是从不同的角度对决策行为规律性的理论概括，虽具有片面性但也应看到其合理性。

1. 组织决策理论模式

（1）理性决策模式

理性决策模式是指通过寻找解决问题的全部可能方案，进行目标的比较分析和结果的预测估计，最终根据实现目标的程度选择最佳方案。它需要满足以下条件：决策信息完备性，决策方案多样性，预测评估准确性以及相关者的社会价值偏好和占比等。

理性决策模式是对经验决策模式的否定，是人类决策活动和决策理论发展史上的一场深刻革命，它是决策科学化在理论上的一种初步的反映。尽管该模式有不完善的地方，但仍有相应的理论和实践意义，例如关注政策结果、避免非理性试错、生产以问题为中心的系统知识、最大限度地支持和促进政策创新、最有可能防止个人判断和经验判断占上风。

（2）有限理性决策模式

有限理性决策模式由赫伯特·亚历山大·西蒙在批评完全理性决策的基础上提出，决策的目标不能以"最优"为标准，而应该以"满意"或"次优"为准则。理性就是要用评价行为后果的某个价值体系，选择令人满意的备选行为方案，而不是去追求最优、最大值的所谓客观理性。

西蒙认为决策不仅仅体现在最后时刻，它应包括整个决策过程。这个过程包括：找出制定决策的理由；找到可能的决策方案；在诸行动方案中进行抉择；对已进行的抉择进行评价。很显然，该决策过程的划分是不准确的，在现实决策过程中，各阶段难免相互交织重合。西蒙将管理过程当作决策过程，甚至认为管理等同于决策，未免有些以偏概全。

（3）渐进决策模式

渐进决策模式由查尔斯·林德布洛姆基于有限理论在批判完全理性的基础上提出。他认为，公共政策实际上只是过去政治活动的持续，政策制定只能依据以往的经验实现现有政策的渐进变迁，在现有方案的基础上，进行局部范围内的调适，以适应环境不断变化的需要。调适成功与否取决于有关政策的社会趋同程度，也就是能否在一种渐进演变的过程中逐步寻求并获得对既定政策的共同看法。

渐进决策理论模式主张在改变现状时优先维护组织的稳定，主张在决策运行的过程中持续地修正，注重决策运行的连续性，在实际中得到较为广泛的运用，具有合理性。"渐进调适"的政策分析或政策制定模式比完全理性决策模式更为实际、科学和妥当。当然，若社会条件和外部环境发生剧变，那么这种持续性修正可能作用甚微甚至还可能起到阻碍作用。

（4）综合扫描决策模式

综合扫描决策模式是阿米泰·埃特佐尼为了克服理性决策模式和渐进决策模式的缺

陷，针对现实情况提出的。综合扫描决策模式，顾名思义就是将两种或两种以上的模式混合使用、有机结合的决策模式。如果说理性决策模式追求的是通过决策的理性化寻求最佳方案，渐进决策模式追求的是对现有政策持续性的修正，那么综合扫描决策模式则是对理性决策模式和渐进决策模式进行扬弃既注重理性，又重视利用现有政策的稳定性，从而获得可行的理想化政策。

综合扫描决策模式既重视长远规划，又立足当下社会实际问题，能适应政策环境突变。因此，决策者的主观能动性和决策的弹性得以充分体现。该模式对决策的方法和过程进行了比较全面的考察，克服了理性决策模式与渐进决策模式的片面性，同时将二者的合理性结合起来，具有可操作性。

2. 高等教育组织决策运行模式

针对高等教育组织的结构特点，在分析高等教育组织决策运行模式时，重点聚焦于高等教育组织内部的权力。高等教育组织内部具有行政权力和学术权力两种基本权力，每种权力对应着高等教育组织中的不同事务。然而在实践中，很少有高等教育组织只存在单一的决策运行模式，更多的是两种权力的相互配合，据此我们讨论三种结合模式：行政权力和学术权力独立决策模式，行政权力和学术权力共同决策模式，行政权力和学术权力协商协调模式。

（1）行政权力和学术权力独立决策模式

在行政权力和学术权力独立决策模式下，行政权力对行政事务决策，学术权力对学术事务决策，代表国家是美国。在美国高等教育组织中，决策主体是董事会，其决策内容主要包括高等教育政策、资金筹措以及高等教育组织与社会沟通纽带的建立等。但是，董事会并不介入学校具体事务的管理，行政权力主要交于校长。而学术权力一般交由教授组成的评议会或教授会议进行决策，以此有效地参与控制学术事务。由此可见，美国高等教育组织由董事会、代表行政权力的校长以及代表学术权力的教授共同管理，行政权力和学术权力虽相互独立，但又相互依存、相互制约。

（2）行政权力和学术权力共同决策模式

在行政权力和学术权力共同决策模式下，学术权力和行政权力共同决定学校的学术和行政事务。高等教育组织内最高决策机构是评议会，从评议会的组成来看，有行政系统的校长、部局长，有直属机构负责人，还有教授代表及其他方面人士，这是行政权力和学术权力的组合体。评议会所作出的决策，不仅包括重大行政事务，也包括重大学术事务，也就是说行政权力和学术权力共同做出学校重大事务的有关决策。

（3）行政权力和学术权力协商协调模式

高等教育组织中不同利益群体的存在导致意见分歧的出现。协商协调模式就是充分听取不同利益群体的意见，协调它们的观点和利益，以便求同存异，达成共识，并形成学校的决策。

相比较而言，在我国高等教育组织中，行政权力处于中心地位而学术权力处于边缘化。现代高等教育组织不可能摆脱行政组织和行政权力的影响，但可以根据我国高等教育组织的特点，对组织内部结构进行重新设计，完善高等教育组织体制，有效调整学术和行政的关系。

（三） 高等教育组织决策模式转型

高等教育组织决策模式在很大程度上取决于高等教育领导体制，并且受到外部生产力发展、政治经济制度，内部高等教育组织特征的影响，这些因素在一定程度上制约了高等教育决策的科学性、民主性和创造性。适应中国国情和时代要求，建设依法办学、自主管理、民主监督、社会参与的现代学校制度，构建政府、学校、社会之间新型关系。我国高等教育决策模式以此为纲，力求摆脱旧模式。近年来，高等教育组织决策模式逐步从集权到集权和分权相结合，从工具理性到工具和价值理性相结合，从经验模式到科学模式以及从激进模式到渐进模式。

1. 从集权到集权和分权相结合

从决策权力配置来看，高等教育组织决策模式可分为集权模式和分权模式。集权模式也称官僚模式，是指政府独占公共政策权，决策权力运行自上而下，层层控制，下级一般不享有决策参与权；分权模式也称参与治理模式，指公共政策决策权由众多利益相关者分享，下级甚至公众拥有参与决策和表达意见的权利，甚至拥有自主决策权。

2. 从工具理性到工具理性和价值理性相结合

从政策目标指向来看，高等教育组织决策模式可分为工具理性模式和价值理性模式。工具理性模式是将高等教育作为实现其他主体目的的工具，强调高等教育的外在价值，即社会功能；价值理性模式旨在追求高等教育自身的内在价值，即高深知识的储存、整理、传播与发展。

3. 从经验模式到科学模式

从决策依据来看，高等教育组织决策模式可分为经验模式和科学模式。经验模式是指决策者在决策过程中主要依靠个人的聪明才智和判断能力做出决策；科学模式是指决策者以充足的事实为依据，按照事物的内在联系进行科学的调查、预测和论证，并遵循科学的程序做出决策。

4. 从激进模式到渐进模式

从决策过程视角来看，高等教育组织决策模式可分为渐进模式和激进模式。渐进模式是将政策的制定视为对过去的政策进行局部调整与修改；激进模式则相反，是指在过程上倾向于较短时间内完成大规模的整体性系统改革或制度变革，追求爆炸式的跳跃性发展。

经济基础决定上层建筑，经济体制改革势必引起政治体制改革，进而影响到高等教育体制改革。而高等教育体制改革也带来许多新变化，如政治上从中央到地方层层分权的趋势越来越明显，高等教育办学自主权日益加强。高等教育组织决策体制改革的主要目标就是在既定条件下，逐渐改变行政权力主导的决策模式，建立学术权力主导的决策体制，从而提高高等教育组织决策的科学性与民主性。这一目标的达成并非一蹴而就，而是一个渐进的过程，欲速则不达。

随着社会和时代发展，公共政策决策体制和相关配套改革协同推进，我国未来高等教育组织决策模式将以崭新的面貌出现，其发展不只是沿着已经形成的决策模式轨迹，还将遵循高等教育发展规律和现代管理规律，通过制度创新加强我国高等教育组织决策中的社会参与，完善治理结构，健全议事规则，进一步促进高等教育组织决策的科学化、民主化和法治化。

第三章　我国高等教育教学的创新

第一节　高等教育教学方法创新

一、高等教育教学方法创新路径

高等教育教学方法创新路径是高等教育教学方法创新活动中重要的实践要素。对这个问题的研究，既可以是对过去或现存状态的追寻或总结，也可以是对未来教学方法创新的价值建构。无论是过去已经存在的教学方法创新方法还是未来需要着力改进的新的创新方法，无论是各种自创的创新方法还是学习借鉴而来的教学方法，都值得推崇，但都要客观地分析教学方法具有人文环境的适应性和技术支撑条件的差异性，不能盲目。

高等教育教学方法创新的基本路径构建，科学性和新奇性是两个基本判据。教学方法的内在规定性是"价值实现"和"感受共存"，这对教学方法创新实践同样具有理论指导意义，"价值"是科学性创新路径的规定，"感受"是新奇性创新路径的规定。无论是自创或借鉴的已经存在的教学方法，其本身的价值或科学性一般不存在怀疑，那么作为"感受"所必需的新奇性要加以重视。

高等教育教学方法创新策略，必须提示两点。其一是在方法创新过程中，借鉴异域高等教育教学方法是一个有效途径，这个途径不是在说明那些方法的好坏，而是提高了教学方法的丰富程度，即感受性的最大特点就是丰富性，不然，师生对于教学方法的感受就是贫乏的；其二是要重视教学方法的人文环境适应性和技术支撑条件的差异性的存在，在学习借鉴时，就要根据不同对象并分析该方法创制的原始背景，加以利用，并注意克服推行过程中的技术限制因素，尝试其他途径或通过相关技术解决问题，这本身也属于创新思维范畴。结合创新理论原则和高等教育的教学方法的历史与现状，总结分析得出成功而有效的教学方法创新方法主要有如下几种。但要特别指出，在教学方法创新实践活动中，掌握一些创新原理和方法只是能否实现创新的前提，不是解决创新的灵丹妙药。只有不断深入学习、深刻理解创造方法，积极开展创新实践，才可能有效地掌握创新方法，取得创新成果。

二、高等教育教学方法创新分析

（一）组合法

无论是在自然界和人类社会，组合创新非常普遍。就教学方法而言，就是两种或两种以上的方法或方法理论的一部分或全部进行适当叠加和组合，形成新的教学方法。组合法是创新原理之一，也符合教学方法创新实践。爱因斯坦曾说："组合作用似乎是创造性思维的本质特征。"组合创新的概率与空间是无穷的。据统计，20世纪的重大创造发明成果中，三四十年代是突破型成果为主而组合型成果为辅；五六十年代两者大致相当；从80年代起，则组合型成果占据主导地位。这说明组合已成为创新的主要方式之一。

（二）分离法

分离原理是把某一创新对象进行科学的分解和离散，使主要问题从复杂现象中暴露出来，从而理清创造者的思路，便于抓住主要矛盾。分离原理在创新过程中，提倡将事物打破并分解，它鼓励人们在发明创造过程中，冲破事物原有面貌的限制，将研究对象予以分离，创造出全新的概念和全新的产品。教学方法创新的分离法，就是把过去或原有的司空见惯的方法加以分解，按照一定逻辑关系进行整理，然后突出某一部分甚至将其扩充放大，成为一种等同甚至超越于原来方法作用的新方法。

（三）还原法

还原实际就是要避开现行的世俗规则，即将所谓"合理"的事物设定为"非"，而将事物的原状设定为"是"，就是要善于透过现象看本质，在创新过程中能回到对象的起点，抓住问题的原点，将最主要的功能抽取出来并集中精力研究其实现的手段和方法，以取得创新的最佳成果。教学方法创新与其他任何创新一样，都有其创新原点，寻根溯源找到创新原点，再从创新原点出发去寻找各种解决问题的途径，用新的思想、新的技术、新的手段重新构造方法，从本源上解决问题，这就是还原创新方法的精髓所在。

（四）移植法

创新理论认为，移植法是把一个研究对象的概念、原理和方法运用于另一个研究对象并取得创新成果的创新原理。"他山之石，可以攻玉"，移植法的实质是借用已有的创新成果进行创新目标的再创造。教学方法创新活动中的移植法，可以采取同一学科领域的"纵向移植"。也可以采取不同学科领域、不同地域的"横向移植"，还可以采取多学科领域、多地域教学方法的理念、思维和方法等综合引入的"综合移植"。移植能够取得新的成果，在教学方法方面，移植也符合"感受共存"中的新奇性标准：没尝试过的就是新奇的。所以，在教学方法问题上，美国的许多常规方法引入我国，就是创新，就能够产生新的效果，而我国的传统教学方法，传播到美国去，也会产生意想不到的效果。

（五）逆反法

逆向思维是一种重要的创新方法，逆反法要求人们敢于并善于打破头脑中常规思维模式的束缚，对已有的理论方法、科学技术、产品实物持怀疑态度，从相反的思维方向去分析、去思索，去探求新的发明创造。实际上，任何事物都有着正反两个方面，这两个方面同时相互依存于一个共同体中。人们在认识事物的过程中，习惯于从显而易见的正面去考虑问题，因而阻塞了自己的思路。如果能有意识、有目的地与传统思维方法"背道而驰"，往往能得到极好的创新成果。教学方法中有一种备受推崇的"深入浅出"方法，其实，从逆反法的角度分析，高等教育教学中的很多课程内容可能并不适合"深入浅出"，而更需要"浅入深出"才能达到引人入胜。

（六）强化法

强化是一般创新方法之一，它是基于科学分析研判基础上的一种"包装术"，即合理策划。强化法主要对原本一般的方法通过各种强化手段进行精炼、压缩或聚焦、放大，以获得强烈的创新效果，给人以感觉冲击。分析国家级"教学名师"们的教学方法，很多都是采用强化法，把普通的教学方法"概念化"，或者按照分离法原则把一个普通方法的局部元素加以剥离、充实，并开发到极致、应用到极致，并打上首创者的名号。这样获得的教学方法不仅是"新"的，也是"强"的。

（七）合作法

高等教育教学活动是典型的深度合作活动。这种认识长期没有得到推广，以至于教学方法的单边主义长期盘桓，根深蒂固。创新现行屡遭诟病的教学方法，推进高等教育教学方法创新，思路之一就是应该从教学活动本源入手。有学者分析"对话教学法"是以师生平等为基础，以学生自主研究为特征的典型的合作创新方法，并由此推演出"以教师为中心""以学生为中心""师生关系平等""突出问题焦点"四种对话教学模式。其实，不仅对话教学法是合作创新的范例，任何教学方法的创新，从创新主体而言，合作的路径是无限宽广的。因为，科学的发展使创新越来越需要发挥群体智慧才能有所建树。早期的创新多依靠个人智慧和知识来完成，但像人造卫星、宇宙飞船、空间实验室和海底实验室等，需要创造者们能够摆脱狭窄的专业知识范围的束缚，依靠群体智慧的力量、依靠科学技术的交叉渗透。

第二节　高等教育教学方法创新评价

推进和深化高等教育教学模式创新实践的一个重要命题是如何开展教学方法评价。教学方法评价的缺失或不当，是教学方法创新实践成功的先决条件。因此，建立适合高等教育教学内容、教育对象、教学发展特点的教学方法评价机制，有利于推进教学方法创新实践活动。

教学方法创新评价的起点是教学方法常态评价，通过对教学方法的常态评价促进教师的教学方法创新，通过教学方法创新评价进一步科学引导教师的教学方法创新实践。教学方法常态评价就是对任何教学活动中教师所使用的教学方法状况及其影响给予分析判断，提出建议。这实际属于常规教学评价内容，但经常被忽视或虚化，其中一个重要原因就是评价标准的缺失或评价过程的瞬间性难以把握，只能寄托于"事后印象"，所以，教学方法常态评价实际上处于一种"无政府"状态，无论是教师还是学生，抑或专门教学指导与评价组织者，均各执一端，莫衷一是。

教学方法常态评价的目的不在于推选出一种或几种最优教学方法，而在于促进教学方法的多元化和有效性，使学生感受得到积极健康的满足，从而激发学习兴趣，增强学习动力，提高教学活动的整体水平和质量。"最优"教学方法是不存在的，所有有效的教学方法几乎都是组合性和适切性的产物。因此，常态评价的标准不是组织设计性的，而是一种常模状态下的灵活评价标准：符合基本教学方法要素、适应不同教学内容和教学对象，教师和学生的感受趋于一致。当然，由于教学方法最后是以"感受"为评判基础的，"新奇性"创新标准经常容易被教师误用为"取宠术"，满堂取悦于学生的奇闻轶事，这是在实施常态评价时应引起关注的。同时，教学方法常态评价过程必须是动态的，不能以一两次评价代替某位教师的某门课程教学方法状况。

高等教育教学方法创新评价是在教学方法常态评价基础上，用来引导和规范教学方法创新活动的手段之一，评价结果反映教学活动中教师所采用的教学方法的科学性、合理性及有效性。进行创新评价或者评价某个教学活动中的教学方法是否具有创新性，至少应该符合以下四项原则之一。

第一，批判性原则。与常态评价不同，考量一位教师的教学方法是否具有创新性，首要的判据不是稳妥、正确，而是方法中的批判性成分，包括该方法对教学内容的常理的、现行结果等是否具有反思维或质疑，对学生的问题意识、探究情怀是否有暗示作用。现行教学方法中的知识讲授、灌输等方法之所以一直被诟病，就在于它忽略了这些知识产生时的无限批判进程，使知识显得苍白，不能培养学生的问题意识和探究兴趣。在评判原则之下，可以有非常多的具体方法，只要它们具备批判属性，都属于教学方法创新范畴。

第二，挫折性原则。无论是抽象的观念还是具体的方法，但凡具有"新"的本质属性，或多或少存在不被立即接纳和认同的境遇，人类社会在漫长的进化史中，有一个共同的经验就是对于"新"既怀有期盼，又保持着戒备。一种新的教学方法被创设或引进一个教学情境中，必然会有一定风险、会遇到各种阻力乃至反对，一片欢呼、推行顺畅的新方法十分罕见。教师对于风险的评估以及是否决定推行是为内阻力，而遭遇风险担当风险是为外阻力。无论是内阻力还是外阻力，都是任何新方法所必须面临的挫折。同时，这种方法本身在实施过程中还含有"挫折"意蕴，比如项目教学法就使学生在参与实施新方法的过程中体悟探究和推演的复杂性及艰难，在挫折中寻求成功，进而体会新方法的意义和愉悦感。这种方法也是对高等教育学生进行学术品格培育的有效途径之一。

第三，丰富性原则。有效的教学方法很少是单一性的，通常是多方法的组合运用。评判一次教学活动或者一位教师一贯的教学方法是否具有创新性，应该考察其方法使用的丰富程度。人类在漫长的教育教学历程中，创造了无数的教学方法，其中每一种方法都没有好坏、正误之分，关键是是否适合这种方法的对象与教学内容、教学情境。教学是种非线性规律活动，每一种教学方法都有其产生的特殊原因，而人类相同原因出现的概率非常小，因此，某一种方法只能在其起源相似条件下才能发挥作用，更多情况下是各种方法的融合与杂交。具有创新性的教学方法必须具有丰富性特点，单一的方法在现今条件下即使具有创新性，也一定非常微观，解决不了常规教学层面的问题。总结教学名师们的教学方法，在其"品牌性"之外，都有非常丰富的教学方法贯穿教学活动之中，其中还有一些是教学方案设计之外的"非设计"方法，被教师们临场发挥，服务于特殊需要的教学过程。

"非设计"方法是教学方法创新丰富性的表现之一，它也准确地反映出不同教师运用教学方法的能力和水平，高水平的教师可以在教案设计方法之外游刃有余、得心应手地选择恰当的方法开展教学，而初任教职的可能在教案中设计了若干教学方法，但有可能一些方法根本没有用上就结束教学活动了，或者用一些超出教学安排的"取宠术"来满足学生的低级兴趣。

第四，关联性原则。高等教育教学方法的实现途径随着技术进步发生着快速而深刻的变化，多途径实现教学目的成为现代高等教育教学方法创新的革命性特征，与传统的讲授法、灌输法相比，现代技术带来的教学方法创新突出了技术性优势，从"粉笔加黑板"进化到幻灯、进化到多媒体、进化到网络课堂，有效地提高了教学效率、为交互式教学提供了时空与技术保障，师生教学灵感也能及时得到捕捉和储存等。但这只是教学方法创新关联性的一个方面，即方法与手段的关联。级联递增式的关联性一定程度否定教学方法的技术元素，完全依赖现代教学技术推进教学方法创新也不妥当，因为人类的教学活动从产生到现在，从来就不是技术的奴隶。尽管现代网络课堂或课程在逐步兴起，这可能从感觉上给世界各地高等教育教学方法掀起一次话题讨论，但通过网络传播"最优"教学方法的可能为期尚远，更多是学校的一种魅力与形象的展示。因此，关联性创新原则要求教学方法不能在技术面前无所作为，也不能搞"唯技术论"，还必须回归教学活动中"教"与"学"的本位开展创新，人是社会生活中最活跃的因素，离开先进技术设备条件依然可以开展教学方法创新活动，比如很多大师成长经验或教学经验中的"点化法"，就屡试不爽，成就了不少人才。

对教学方法及其创新性的评价，主体必须是多元的，任何单方面的结论都不足信，尤其是从教学管理角度开展的教学方法及其创新性评价更是有违教学方法的本质要求。高等教育教学方法创新属于学术文化范畴，对于教学方法的评价不属于高等教育的行政管理而是学术管理。学术性评价的主体应该是多重多元的，只有这样才能靠近教学方法以及教学方法创新性的本质。否则，就是对教学方法的机械性误导，极大地扼杀了教学方法运用的灵活性和教学方法创新的积极性。

教学方法创新评价主体，首先是教学活动直接参与者的教师和学生这个二元主体。而且学生这一方面的情况还是动态变化的，即某位教师的某一门课程的教学对于某一年级的学生一般只有唯一的一次，待教师重复进行教学时，学生已经全然改变。因此，教师的教学方法创新为什么滞后，关键就在于学生对某门课程的学习以及对教师教学方法的"感受"是唯一不可重复的，即使有一些中肯的建议，但检验这些建议是否被采用的，则是下一届学生。所以，对教师教学方法创新评价主体中学生界定，必须是持续几个年级学生。或者，对于通用性强的公共课程、专业平台课程等，要把学生全部纳入评价主体的范围，但这对大量专业性课程不适用。教学方法创新评价主体的另一方面，应该是教学团队成员。无论这个团队是否形成建制，或者规模大小、关联强弱不一，但通过这个团队，可以从"方法适应内容"角度准确界定教师教学方法使用及创新状况。至于很多高等教育已经组建并运行的"教学视导"机构的人员，是教学方法创新的评价主体之一，但由于学科专业的巨大差异，他们只能从通用性方法，即符合教学一般规律性的方法入手加以评价，不能代替教学团队的评价。教学管理部门参与教学方法创新评价是间接的，只能从程序设计、持续推进、结果反馈和分析等方面着手工作。

第三节　高等教育教学创新的思路

一、更新教学理念

更新教育思想，确立实践教育教学理念，实践，是指将高等教育教学内容中的自然科学知识、人文知识、德育等各种理论知识教育，通过具体的系统实践来消化、固化、融合、升华。在实践中统一科学教育与人文教育，把实践育人贯穿于人才培养的全过程，培养学生的实践能力和创新精神，提升个人人文素质和科学素质，达到完全与社会实际需要相符合。高校在校园文化建设中要建立一种新的激励机制，带动学生积极展开创新创业活动，并给予大力支持，全面推进实践教育。

树立以生为本的教学理念。就是在教育教学中要体现出对学生主体地位的充分理解和尊重，对学生潜能的充分诱导和挖掘，对学生人格的充分培养和塑造，把学生的个人意愿、社会的人才需求、学校的积极引导有机结合起来，使学生在知识、能力、思想道德、身心健康等各方面得到均衡、全面地发展，从而促进学生成长成才。这一教学理念要充分贯彻体现到高校的所有教学环节之中的各个方面。在教学模式上，要对原有的缺乏弹性的、学生被动接受的没有选择余地的教学模式进行创新，实施弹性教学计划，建立学分制、主辅修制，让学生有一定的选择权和支配权，可以自由支配属于自己的时间和空间，着力于学生创新能力和实践能力的培养；在教学目的上，要"一切为了学生，为了学生的一切，为了一切学生"。在教学方法上，要大力提倡"以学生为主体、教师为主导"的互动式教学方法，鼓励进行问题式、案例式、讨论式、情境式教学法，开展"启发、互动、探究式"的课堂教学实践，采取一系列措施，使教师由传统式知识传授型教学向现代式研究型教学转变，引导学生由被动接受型学习向研究型学习转变。

在教学组织的具体实施方面，应采取灵活多样的教学组织形式，而对过于刻板的传统教学方式进行创新，充分发挥学生的个性，对学生进行激发和引导，使学生经过探索研究而学会自主学习，使教学方式从传授知识向培养学生认知能力和全面素质转变。转变以教师、课堂、书本为中心的教学局面，进行师生互动，展开专题讨论，鼓励自主探索与合作的学习方式，培养学生的探索精神与批判性思维；重视教学的创新性和学生个体间的差别指导，让学生在与教师的朝夕相处中耳濡目染，接受熏陶；以学生亲自动手实践为主，采取提供实践平台、鼓励学生积极参与科学研究实践课程创新的手段，增强教学活力，培养学生获取新知识、分析和解决问题、交流与合作的能力。

制定均衡的高等教育资源配置政策。在重点大学和普通大学之间要实现教育资源配置的均衡。在建设和发展重点大学的同时也要兼顾一般大学，着力改善一般大学的办学条件。还要针对不同区域间高等教育差距越来越大的现象，制定相应的区域高等教育政策，寻求不同教育资源在区域间配置的平衡，增强区域高等教育发展的动力。科学合理地安排高等教育的学科专业布局，加强教学内容和课程体系创新。合理安排课程设置，高校的办学理念、专业与课程设置、教学模式要与社会需求相一致，培养与社会需求相符的人才。首先，在进行学科专业建设时依据"厚基础"原则构建培养本学科专业人才的基础知识、能力和素质结构。其次，在安排学科专业布局时要依据"宽口径"原则，拓宽学生的专业知识面，把专业设置从对口性向适应性改变，实行宽口径的专业教育，优化课程整体结构，拓宽专业课程交叉培养，增加弹性教学，提高教学质量，提高学生的综合素质，培养学生的科学全面发展，为社会提供高素质人才。最后，高校要抓住自身特色，合理定位，遵循差异性原则，建设优势学科，避免模式单一，合理配置教育资源，促进教育公平，促进高等教育科学发展。

因材施教，树立以生为本的教学理念。因材施教，就是根据不同学生的个性特点来进行不同的教育活动，通过对差异性的辨析制订适合其特点的教学计划。教育公平的实质也不是使每一个学生都要获得同样的教育，而是使每个学生都获得"适合"自身的教育，这就是教育公平的"适合性"原则。我们要充分认识到学生是教育活动的主体，学生是发展的独立的人，每个学生都有自己独特的个性，我们要做到在制定教学目标、教学模式、教学内容以及教学方法等教学活动方面要坚持以生为本的教学理念，尊重学生的主体地位，充分挖掘学生的潜能，使学生的个性得到充分发展，塑造学生的健全人格，促进学生的全面发展，促进教育公平的实现。

构建高等教育教学质量保证体系。高等教育教学的质量直接影响着人的全面发展，最终影响经济社会的发展，我们要依据相应的政策法规建立高等教育教学质量保证体系。规范学科专业建设，避免重复建设和教育资源浪费，构建独立的有权威性的高等教育教学质量评估机构，加强对高等教育教学质量的监督，完善高等教育教学评估政策，充分发挥社会的监督作用，对高等教育教学质量进行监督。

总而言之，追求高等教育教学公平是促进高等教育公平的核心所在，也是促进高等教育创新发展的不懈动力，我们必须坚持科学发展观，继续深化高等教育教学创新，优化高等教育结构，不断提高高等教育教学质量，实现人的全面发展，最终促进高等教育公平的实现。

二、办学特色

（一）办学特色的内涵

特色是指在长期办学过程中积淀形成的，本校特有的，优于其他学校的独特创新风貌。特色应当对于优化人才培养过程，提高教学质量作用大，效果显著。特色有一定稳定性并在社会上有一定影响、得到公认。特色可体现在不同方面：如治学方略、办学观念、办学思路：科学先进的教学管理制度、运行机制；教育模式、人才特点；课程体系、教学方法以及解决教改中的重点问题等方面。高校办学特色就是一所大学在长期办学过程中形成的本校特有的和已经被社会认可了的在某些学科领域方面优于其他学校的独特创新风貌和具有可持续的发展方式，具有稳定性、认同性、创新性、独特性、标志性。高校办学特色的内容主要包括学科特色、科研特色、人才培养特色、校园文化特色这四个方面。

教育部提出，要培养数以千万计德、智、体、美、劳全面发展的高素质专门人才和一大批拔尖创新人才，突出提高人才培养质量的位置。而办学特色正是高校质量的生命线，是学校追求最优品牌的实现。高校应以追求特色、打造优势为目标，促进办学水平的整体提升，使高校的办学特色更加显著，从而提高高等教育质量。

（二）办学特色的形成

第一，教育教学创新，培育办学特色。一所有特色的高校必定拥有自己独特的教育思想和教育教学，这种教育思想和教育教学能够在特定时空环境指导着高校在办学发展的过程中的办学思想和办学理念，并能适应时代和社会对教育和人才培养的要求，符合教育思想和教育教学的创新要求，符合教育创新发展和社会进步的一般规律，能够促进教育发展方向、人的全面发展及人才培养过程的优化。教育教学的创新必将带来教育思想的转变，先进的教育思想必将促进先进办学思想的实践，包括新的办学目标、办学模式的重新定位标准，以及如何实现这一标准所采用的方法、途径以及对此办学实践效果的综合评价。

第二，构建学科特色，促进办学特色。学科特色建设是促进高校办学特色形成的关键所在。学科建设作为高校培育人才、科学研究和服务社会三大职能的具体承担者，它的建设和发展水平程度对高校的人才培养、科学研究、专业建设和师资队伍等方面的质量有着重要影响，对高校的办学特色的形成有着强有力的支撑作用，并决定着学校的服务能力和水平及办学层次的提高。学科特色是高校办学特色中的标志性特色，是构成高等教育核心竞争力的主要组成部分。学科特色，一是指特色学科，指某一特定的学科特色；二是指学科结构体系特色，指由几个特色学科共同组成的学科特色。特色学科是学科特色发展的基础，学科结构体系特色是学科特色的扩展壮大，真正的特色学科具有不可替代性，是难以被模仿和复制的。高校在学科建设上不能盲目求"大"求"全"求"新"，要求"精""尖"，要因校制宜地构建优势学科，发挥优势学科所附带的"品牌"效应，形成办学特色。美籍华人科学家田长霖教授曾经说过，世界上地位上升很快的学校，都是首先在一两个学科领域有所突破，而不可能在各个领域同时突破，达到世界一流。学校要全力支持最优秀的学科，要有先有后，把优势学科变成全世界最好的，当然其他学科也就会自然而然地提升上来。所以从某种意义上来讲，一所大学的学科优势所在，也就是这所大学的办学特色所在。

第三，发扬大学精神，形成办学特色。南京大学教授董健认为，大学之"大"，内涵应该是思想自由、学术自由；培养人完善人，不断提升人格和道德；独立于政治权力之外，追求学术真理，"大学精神"就是在大学里做学问的心理状态和文化立场。大学精神是一所大学内所有成员在长期办学实践中共同创造、传承、逐步发展起来的被大学所有成员共同认同而形成的一种精神理念，它反映了一所大学的历史文化传统以及面貌状态，是大学的精神信念和意志品质的准确表达，是大学独特气质的精神形式和文明成果的表现，也是大学所有成员的精神支柱。大学精神犹如个人的品格，是大学最为核心和高度抽象的价值追求和行为规范，决定着大学的行为方式和大学发展的方向，是大学存在和发展的基石，是大学的灵魂和本质之所在。大学精神是大学保持永久活力的源泉，是大学优良传统文化的结晶，是大学在长期教育实践中积淀下来的最具典型意义的精神象征，体现了大学所有的群体心理定式和精神状态，展现了大学的整体面貌、风格、水平、凝聚力、感召力、生命力，最终凝聚形成独有的办学特色。高校的办学理念以及办学实践应该有利于大学精神的形成和发展，并使之形成一种特色教育，经久不衰。

三、推进师资队伍建设

逐步取消高校行政级别，精减高校管理机构，压缩行政费用开支，使教师真正在高校中处于主导地位，同时进行师资队伍建设。百年大计，教育为本；教育大计，教师为本。

教师重要，就在于教师的工作是塑造灵魂、塑造生命、塑造人的工作。一个人遇到好老师是人生的幸运，一个学校拥有好老师是学校的光荣，一个民族源源不断涌现出一批又一批好老师则是民族的希望。国家繁荣、民族振兴、教育发展，需要我们大力培养造就一支师德高尚、业务精湛、结构合理、充满活力的高素质专业化教师队伍，需要涌现一大批好老师。

推动教育事业又好又快发展，培养高素质人才，教师是关键。没有高水平的教师队伍，就没有高质量的教育。尊重教师是重视教育的必然要求，是社会文明进步的重要标志，是尊重劳动、尊重知识、尊重人才、尊重创造的具体体现。要进一步在全社会弘扬尊师重教的良好风尚，把广大教师的积极性、主动性、创造性更好地发挥出来。教师作为高校培养人才、传播知识的主体，是高等教育教学中的第一生产力。一所学校的办学理念、办学方针都需要依靠教师在教学过程中呈现出来，高校要依据自身的办学特色，造就一支具有足够知识储备、教学科研能力、创新意识和人格魅力的高素质教师队伍。把重点学科、特色学科带头人的培养作为学科建设的首要内容，加大对重点学科、特色学科带头人的引进力度，加快高层次创新人才培养，突出特色训练，形成明显的学科优势，促进学科发展，进一步提升在职教师的素质，提高高等教育教学质量。

一个学校能不能为社会主义培养出德、智、体、美、劳全面发展，有社会主义觉悟的、有文化的劳动者，关键是教师。建设一支高素质的结构合理的教师队伍对于高等教育教学创新是何等重要。建设一支优良的师资队伍是提高教学质量的关键所在，是实现高校培养人才目标的有力保障。随着高等教育教学创新的发展，我国已经初步形成了一支总体规模较适当、学科体系较齐备、综合能力不断增强的高校师资队伍，在数量和专业层次上都有了较大幅度的增长和提升，但是在整体结构、综合素质上依然存在一些不协调和不足之处，影响着我国高等教育教学创新的可持续发展。

（一）优化高校师资队伍结构

高校师资队伍的结构内容主要包括教师的学历、职称、年龄这几个方面，它可以直观地反映出教师队伍的质量、能力和学术水平的一些基本情况。这些年来，虽然我国陆续实施了"高层次创造性人才工程""高校青年教师奖""骨干教师资助计划""硕士课程进修"等多项高级资质队伍建设工程，但高校教师队伍的总体结构还存在不合理因素。虽然现在的大多数高校都普遍抬高了门槛，高校教师的大门不再对本科生敞开，必须是研究生以上学历才可以获得进入的机会，但是"近亲繁殖"的现象还是存在的，高学历人才分布不均衡现象也还是比较突出的；在高校教师的职称、年龄结构上，普遍存在缺少中青年学术骨干教师、拔尖人才等高层次人才的问题。因此，我们要加大对骨干教师和优秀学科带头人的引进力度，强化高层次带头人队伍建设。对于高职称的学科、学术带头人、紧缺专业人才要给予一定的政策倾斜，根据学科发展的目标，有目的地吸引高层次人才，以确保高校师资队伍的职称结构比例合理；还要通过灯效措施引进高学历人才，提高师资队伍的学历层次。加强本校优秀人才的培养和吸纳来自不同地区和高校的人才，引进与培养相结合，推动人才与资源的有效整合，以利于各学科专业教师整体知识结构的优化，最终促进高校师资队伍结构的协调发展。

（二）提高高校教师综合素质

高校师资队伍建设是高等教育教学创新发展的基石，它直接关系着高校教学质量的提高与否。高等教育的快速发展对高校教师的教育教学思想、知识结构、教学方法等综合素质提出了更高层次的要求，要求教师具有熟练应用现代信息技术和现代教育手段的能力，教学与科研的创新能力，理论联系实际的能力，将知识服务于社会的能力以及良好的社会交往能力，要建设这样一支学术过硬、综合素质较高的教师队伍，我国的高等教育师资队伍建设任重而道远。提高高校师资队伍的综合素质要把师德建设放在首位。师德建设是师资队伍建设的基础，不断加强师德建设，是全面贯彻党的教育方针政策的根本保证，是培养德才兼备的高素质的社会主义建设者和接班人的必然要求。在高校师资队伍建设中要遵循"以人为本"的原则，牢固树立"师德兴则教育兴、教育兴则民族兴"的爱国主义教育教学，要求教师不断更新观念，用现代教育思想充实自我、完善自我，推进高校师资队伍建设，建设一支为人师表、作风优良、爱岗敬业、治学严谨、教学科研能力强的与时俱进的高素质教师队伍。

提高高校师资队伍的综合素质要注重教师教学素质的培养。教学是培养人才的直接途径，也是高校的主要工作，教师是教学的实施主体，培养教师的教学科研能力是提高教师教学水平的主要途径。要改变过去的只注重学历的提高而忽视教育教学能力培养的状况，既要注重教师专业学术水平的提高，也要重视教师教学水平的提高，要求教师掌握教育教学理论、教学方法以及教学规律，增强教师提高教育教学水平的积极性和自觉性，还要加强教师对科研工作的重视，为教师提供进行科研创新的条件，提高高校师资队伍的科研能力、学术水平和教师职业化水平，以"特色专业—精品课程"建设和聘任重点学科带头人为龙头，加强重点学科带头人、学术带头人、学术骨干队伍建设，在部分学科领域形成独具特色的人才群体，致力于学术大师和教学大师的培养，带动师资队伍整体水平的提高。

总之，我们要把高校师资队伍看作一个整体，通过多种方式培养高校师资队伍的现代教育教学，提高教师的专业理论学术水平、教育教学能力、科学研究能力以及科学文化素养，全面提升它的教育教学功能、团队协作功能、科研开发功能及社会服务功能，使其掌握先进的教学、科研方法，并具有崇尚科学、勇于创新的开拓精神，具有为高等教育事业不懈追求的精神，为高校培养一支具有良好的职业道德、较强的教学科研能力和充满活力的高素质师资队伍，促进高等教育教学质量和水平的提高，促进师资队伍建设的良性循环，促进我国高等教育教学创新，为高等教育创新的跨越式发展奠定基础。

四、创新课程体系及教学内容

（一）课程体系创新

首先要优化和调整学科专业课程结构，因材施教，分层次教学、分类别培养，同时进行主辅修、双学位、定向培养、中外合作办学等多样化的人才培养模式，在满足不同基础学生学习的需求和发展需要的同时也能促进人才培养质量的提升。在课程结构上，打破传统的单一课程结构类型，即分科课程、国家（或地方）课程、必修课程，统一天下的局面，重新调整课程结构，优化课程体系。综合课程、必修课程和选修课程都要各自占有一定的比例，以"本科规格+实践技能"为特征，重视学生的个别差异，坚持四个结合，即理论与实践、人文教育与专业课程教学、课内与课外、校内与校外相结合，构建一种合理的适合学生发展的课程体系，最终培养学生具备两个方面的素质——文化素质与创新素质，提高四个方面的技能——基本技能、通用技能、专业技能、综合技能。

在高校基础课程教育上，构建综合基础教育体系，所有学科专业都进行国防教育、人文教育、自然科学基础、德育实践等基础知识培训。要构建综合实践体系，搭建公共实践平台，包括专业实验、实习、设计，毕业设计（论文），德育实践，科技文化实践、创新实践等；还要构建学生实践能力考核体系，对学生的综合实践能力进行考核；进行"创新课程"研究，转变理论基础。创新课程所依据的理论基础由心理学扩展为社会学、经济学、文化学、政治学和生态学等更具包容性的学科领域。创新不仅包括首次创造，也包括对他人所创造出来的成果的重新认识、重新组合和设计应用。创新课程并不是以学科的方式向学生传授一整套如何创新的知识、方法和策略，也不是以学生获取学科知识为中心，而是以综合实践的方式为学生提供相对独立的、有计划地进行研究性学习、设计性学习、体验性学习、实践性学习、反思性学习和生活性学习的学习机会，让学生从自己的现实社会生活中自主选择研究课题并通过对开放性、社会性、综合性和实践性问题的探究，形成自己独特的学习方式，培养学生的创新精神、探究能力、开放性思维、社会实践能力和社会责任感。同时，创新课程也是一种创新性理念，指在一种课程开发与实施的过程中除了独立的综合实践课程之外，原有的所有课程科目在具体实践中都要设置一些必要的干扰性因素，并通过课程内容的复杂性、模糊性来增加课程的难度，以培养学生的探究能力。

（二）教学内容创新

遵循"厚基础、宽口径、强能力、重质量"的复合型人才培养原则，重新规划和设计教学内容与课程体系。改变过去只在专业学科范围内设置专业课、专业基础课、基础课的"三级"课程编排方式，构建专业必修、专业选修、学科必修、公共必修、公共选修五大课程体系，对教学内容与课程体系进行重新规划和设计，按照学科专业普遍大类平行设计学科专业类课程、新公共基础课程、文化素质教育课程和实践性教学课程等较大教学课程内容体系，增加选修课，减少必修课，对公共课进行分级分类教学。

厚基础，就是使学生熟练地掌握各个学科专业的基础理论、基础知识、基本技能，并能扎实地运用到实践中去，确保学生的知识基础，强化学生基础知识体系，打造精品课程。进一步加强学生基础理论、基础知识、基本技能和基本方法的学习与实践，进行优秀主干课程建设和基地品牌课程建设，重点建设基础较好、适应面广的学科专业基础课、主干课和专业课，使之达到国家精品课程建设标准。

宽口径，就是拓宽学生的专业知识面，把专业设置从对口性向适应性改变，实行宽口径的专业教育，提高学生的综合素质，为社会提供高素质人才。在课程体系建设上，优化课程整体结构，拓宽专业课程交叉培养，提高知识质量，加强大学生文化素质教育，增加弹性教学，改变传统的教学计划。在"公共必修"课程之上可以设置"学科必修"课程，按照分类搭建课程平台，注重文理交叉，在课程体系中设置跨专业课程，强化专业渗透，为学生的宽口径发展搭建学科基础平台，优化学生知识结构，让学生根据自己的专业特长、兴趣爱好和发展趋向自由选择，进一步拓宽专业口径，培养大学生综合素质。

强能力，重质量就是从培养学生全面发展、提高学生综合素质出发，以分析、模拟、影视教学等基本形式展开实践教学，加强课堂内外的实践教学环节，并通过组织社会实践、社团活动、专业实习等实践活动培养学生的务实能力、操作能力，注重学生的人格塑造，充分挖掘学生的潜能，注重培养学生"从一般到个别"的解决能力，着重训练学生"从个别到一般"的调查分析能力，帮助学生养成可行性分析的良好思维习惯，使培养出的学生具备强能力、高质量。

（三）注重实践教学

开展实践教学，要求学校通过开拓各种有效途径为学生搭建实践平台，建立一批相对稳固的课内外学生实习和实践基地，并积极组织学生进行社会实践、调研、实习等活动，逐步培养大学生的敬业精神，培养他们艰苦奋斗的精神和坚韧不拔的意志，有计划、有目的地推动大学生自觉自愿地加强职业道德素养。逐步培养大学生的实践创新能力，积极支持大学生创新创业活动，致力于大学生创新素质的发掘和培养，创新素质主要包括创新意识、创新精神、创新能力等三个层面的内容。在一个创新型国家的建设进程中，这种全新的创新素质正逐渐成为大学生在就业市场竞争中的核心竞争力。

五、教学模式和方法创新

（一）教学模式创新

人才的培养是一个复杂的系统工程，必须不断探索其内在的规律，创新旧的不合理的教学模式，认真细致地研究教学，研究其内在的多重因素：教学理念、教学内容、教学方法、教学模式等，从而掌握教学的规律。因此我们提出了"教学民主"的教学观念，对传统的教学模式进行创新，开创研究性教学、开放性教学和互动性教学等一些能够体现"教学民主"的经典的教学模式，充分突出学生的主体性地位，激发学生的主动参与意识，开发学生的学习潜能，创设民主、和睦的学习氛围，指导学生学会学习，在教学中建立一种和谐的师生关系，充分调动学生学习的自发性和积极性，保证学生和谐的全面的发展。

推广研究性教学，培养学生的创新意识。教学从知识传递向注重能力培养的转变，必然要求教学方式方法的变革，推进研究性教学正是深化教学创新的重要路径，也是研究型大学人才培养的一个基本特征。研究性教学是一种将教师自身的研究思想、方法和最新成果引入教学过程的教学模式。通过研究性教学，使教学建立在科研基础上，科研促进教学的提高，教学与科研互动并向学生开放，从而引导学生在参与教学过程中步入科研前沿，激发学生主动思考、主动探索、主动实践的创新意识。研究性学习的过程，是情感活动的过程，通过让学生自发地参与探究性学习活动，获得亲身体验，逐步形成一种在日常生活和学习中勇于探索、努力求知的良好习惯，从而激发探索和创新的积极欲望。研究性学习的过程，就是一个探索的过程，在一个相对开放的环境中寻找问题和探讨解决问题的过程，通过这一过程，可以培养学生的思维能力，培养学生发掘和解决问题的能力，对学生掌握一定的科学的学习方法，增强学生对资料的收集能力、分析能力、总结能力，以及学会利用多种有效手段、多种途径获取信息都有积极的推动作用。研究性学习的过程是一个互动的学习过程，在这个互动的学习过程中离不开学生与团体、学生与学生之间的沟通与合作，可以说研究性学习为学生提供了一个人际沟通与合作的良好空间，为学生分享研究资料、学习信息、创意和研究成果以及发扬团队精神提供了一个很好的交流平台，培养学生学会合作，发现问题，克服困难共同解决问题的能力。研究性学习的过程也是一个实践的过程，要求学生从实际出发、实事求是，尊重他人研究成果，严谨治学，积极进取。研究性学习的过程也是一个培养学生素质全面提高的过程，通过学习实践加深了对科学的认知以及科学对自然、社会的积极意义与价值，使学生懂得思考国家、社会、人类与世界共同进步、和谐发展的伟大命题，在培养学生的创造能力和实践能力之余还培养了学生形成积极的人生观、价值观。而且研究性学习过程也为学生提供了综合运用各门学科知识的机会，加深了学生对学过知识的重新记忆，加强了学生知识的生活化

进行开放性教学，培养学生的积极参与能力以及自主创新能力。"开放性教学"来自以题目为中心的"课堂讨论模型"和"开放课堂模型"。开放性教学是为了鼓励学生主动积极地去探究知识规律，对传统教学过程中影响学生发展的不合理因素进行创新，从而培养学生自主创新性学习能力的新型教学。开放性教学的主要思想理念在于以学生的发展为本，通过教学目标、教学方法、教学内容以及整个教学过程的开放，从传统的封闭式课堂教学走向开放式教学，充分发挥学生的主体作用，让学生自己掌握学习主动权，自己去探索、发现，培养学生的创新能力。在开放性教学中，教师不能仅仅拘泥于教材、教案的内容，要给学生提供充分发展的空间，创设有利于学生自主发展的开放式教学情境，根据学生的发展状况不断调整教学过程的每一个环节，激发学生学习的动力，促进学生在积极主动的探索过程中健康、全面、和谐的发展。开放性教学不只是一种教学方法、教学模式，它还是一种教学理念，它的根本目的是让学生的创新潜能得到充分发展，以开放的教学活动过程为路径，以最优教学效果为最终目标。

开创互动性教学，提高教学质量。互动性教学就是在教学过程中充分发挥师生双方的主动性，师生之间相互交流、相互探讨，促进师生共同发展，最终优化教学效果共同完成教学目标的一种教学模式。互动性教学可以活跃课堂气氛，而且能够及时反馈学生的学习进度以及掌握知识的规律。互动性教学包括教与学的互动、教学理念的互动、心理的互动以及形象和情绪的互动等等。互动性教学是一种富有生命力的创造性教学，有着现代性、互动性和启发性的特点，它不同于传统的以教师为主的灌注式教学，也不同于放任学生自由学习的"放羊"式教学，它要求教师按教学计划组织学生系统地有目的地学习，并要求教师按学生的发展要求有针对性地因材施教，促进教师努力探索、学习，不断提高自己的专业水准和教学水平，同时激发学生学习的积极性，促进学生个性的发展，提高教学效果和效率，最终提高教学质量。互动性教学以学生为主体，以教师为主导，提倡师生平等地沟通、交流，让学生在没有压力的情况下轻松自由的学习，让学生参与教学计划、教学决

策，有利于培养学生自觉学习和主动学习的能力以及创新学习的能力。

（二）教学方法创新

进行高等教育教学创新要注重教育思想理念的更新，要符合经济社会发展的需要，要吸取国内外教育专家的理论和经验，要坚持理论联系实践。教师要树立大教学观，积极推进实践性教学，处理好知识教学与技能培训之间的关系，把练习、见习、实习、参观、调查等环节全部纳入教学范畴，使学生在实践中学会学习、掌握知识，在实践中培养解决问题的能力。

启发式教学法，就是根据高等教育教学的目的、内容、学生的学习进度、知识规律和现有知识水平，采取各种教学手段，对学生通过启发、诱导的方式进行知识传授、培养能力，促进学生主动学习的一种教学方法。启发式教学法是以教师为主导、学生为主体的一种科学、民主的教学方式，它能激发学生的学习主动性和积极性，激起学生的求知欲和探索欲，让学生开动脑筋、积极思考、大胆质疑、主动实践，并在教师的引导下带着问题进行学习研究，找出解决问题的办法，以达到掌握知识的目的。启发式教学法不只是一种简单意义上的教学方法，它更是一种教学理念。因此，为了激发学生的求知欲，为了提高学生的学习兴趣和探索的欲望，以及对学生创新思维的培养，教师应当遵循大学生的认知心理规律，充分考虑学生思维的特性，采用启发式、研究式的教学方法训练学生的思维，从感知和直观开始，不断引出问题，不断创造背景，紧紧抓住学生思维的火花，循序渐进，启发并改进学生的思维方式、学习方法，让学生在不断地探索研究过程中学习，增长知识，训练思维，由被动学习转变为主动学习，最大化地开发学生学习的潜力。

实践式教学法，就是以边讲边练的方式在实践基地中讲授理论课，通过理论与实践相互结合的方式促进师生共同完成教学任务的教学方法。在教学过程中要着重培养学生的学习能力，培养学生获得知识和运用知识的能力，把教师的讲授、辅导过程和学生的自学过程结合起来，把科学研究引入教学过程，培养学生的研究能力和创新意识；指导学生积极参加社会实践，进行社会调查与研究，在实践中学习知识；鼓励学生进行探索创新。教师讲授时要重视知识的集约化、结构化，让学生重点掌握学科的基本知识、基本结构与基本方法，并运用现代化科学技术逐步提高教学手段，提高教与学的效率，改进考试方法与教学评价制度，调动教师的教学积极怅和创造性，促进学生自发地主动地学习。在进行教学计划的过程中，教师作为学生学习过程的组织者与协调人，要精心创设情境，根据预定学习任务来制定教学内容，制定一些来源于实践活动的综合性学习任务，然后引导学生独立确定目标，让学生从一开始就参与到教学过程当中，制订学习计划并逐步实施和评价整个过程，形成实践与学习相结合的教学方式。在整个实践教学过程中，教师可以采用讨论式教学法，以及案例教学、项目教学等多种教学方式，激发学生的兴趣，培养学生独立思考的能力以及解决实际问题的能力，培养学生的科学精神、创新意识和独立人格。

不管采用何种教学方法，传授知识、培养能力、提高素质这三者在高等教育创新中都是有机的统一体，也是高等教育教学创新的最终目的，我们要通过教学方法的创新把这三者有机地贯彻到高等教育教学过程中去。我们要树立新的高等教育教学思想：教师要在充分发挥指导作用的同时抽出足够的时间和精力致力于科学研究，学生能够自由独立地学习、思考以及探索所需要掌握的知识（理论和实践），做到教学相长，教法与学法相互联系与作用，共同促进教学效果和教学质量的提高。

总之，在高等教育教学创新中要针对学生的实际情况并结合以上教学方法，才能够提高学生的综合素质，才能进一步提高学生的学习积极性，才能培养出具有一定理论知识和较强实践能力的实用型人才，才能更好地服务于社会。21世纪是全球化的时代，是知识经济的时代，我们要建设高水平高质量的大学，必须树立现代教育教学，坚持以生为本，推动大学教学培养模式、教学内容、教学方法的创新，才能更好地适应高等教育发展的需要，为科教兴国、依法治国服务。

第四节　高等教育教学创新的策略

一、树立终身教育的教学理念

终身教育、终身学习的思想是近代以来各国教育界乃至思想界的热门研究课题之一，构建终身教育体系、创建学习型社会也逐渐成为联合国以及世界各国指导教育改革和社会发展的基本理念。终身教育论者认为教育具有时空的整体持续性。即教育与学习"时时都有，处处皆在"。传统教育往往将人的一生分割为三个时期，即学习期、工作期、退休期。终身教育则冲破传统教育的观念，认为教育应当包括人的发展的各个阶段及各个方面的教育活动，既包括纵向的一个人从胎教开始直至死亡各个不同发展阶段所受到的各级各类教育，也包括横向的从学校、家庭、社会等各个不同领域受到的教育。终身教育将是社会生产力发展与社会进步的共同要求，基本建立起终身学习体系。可见，终身教育、终身学习，已经成为我们的教育和社会理想，建立和完善终身教育体系，已成为我们义不容辞的职责。因此，要树立终身教育的教学理念，将各类教育形式有机结合，合理配置，创新高等教育的教学模式。高等教育肩负起发展终身教育的重任，依据社会的发展，职业的需求搞好高等教育、岗位培训、知识更新教育和继续教育，尽可能满足社会和经济发展勇于进取各种人才的要求。

强化开放办学的指导思想。世界许多发达国家通过开放办学使高等教育从精英教育转向大众教育，甚至普及教育。如澳大利亚的远程教育、英国的公开大学等。

我国高等教育要由封闭办学转为开放办学，一方面要大力发展远程教育和网络大学，采取"宽进严出"政策，向每一个人提供接受大学本、专科水平的高等教育。远程教育和网络大学由于不受时间和空间限制，更加适合各类在职人员的学习需要，必将部分取代传统高等教育的函授、夜大学和自学考试的多种助学方式，成为21世纪高等教育发展的新生长点。另一方面要充分利用学员是社会主义经济建设当班人这个得天独厚的优势，与企业、社会建立更为密切的关系，把学校办成教学、科研和经济建设的联合体，提高高等教育在市场经济条件下的办学效益和造血功能，使高等教育在自身发展壮大的同时，进一步提高为社会服务的功能。还要有强烈的国际意识，推进和发展高等教育的国际交流与合作，大胆吸收和借鉴世界高等教育的成功经验，使我国的高等教育建立起一个面向社会、放眼世界、兼收并蓄、博采众长的开放体系。

二、拓展德育教学的教学模式

从职业发展理论来讲，高等教育在德育教学上的缺失，将严重影响职场个体的职业发展精神和职业道德素养的培育。但是高等教育对象的特殊性，决定了学员的德育教学的艰巨性、复杂性，一般意义上的德育教学很难达到令人满意的效果，高等德育教学也成为高等教育中最为薄弱的环节。因此，创新基于职业发展理论的高等教育教学模式，应当积极拓展高等教育中的德育教学这一重要组件。

（一）拓展德育教学的内容结构

现代德育是以社会现代化、人的现代化为基础，以促进人的现代化为中心，进而促进社会的现代化的德育。现代德育必然要反映现代社会中人自身德行发展的要求；反映现代社会发展的要求。因此，围绕高等德育内容的构成上，应该更具广泛性、现实性。职业道德是衡量一个从业者道德水平高低的重要标尺，它影响和决定着人们劳动的态度和方向，成为决定劳动者素质水平的灵魂，在高等教育内容中居于核心地位。在现实社会生活中，人们对于国家政策法规的认识了解还尚未普及，甚至存在无知和漠视，经常出现行为过失，市场经济条件下更应当强调法治意识，运用政策法规来规范社会秩序，维护正当权益，这已经成为高等德育教学的必修内容。另外，高等德育不是向受教育者灌输一些既有的道德知识、道德规范，而是要指导受教育者运用科学先进的价值理念学会判断、学会选择、学会创造。随着科技、经济、社会的发展，人们的生活方式、价值观，包括道德观念、道德准则不断变化，原有的某些道德观念、道德规范有可能过时，不可避免地需要提出一些新的道德准则和规范。例如在科学道德、信息道德、经济道德、网络道德、生态道德等领域特别需要具体的规范，在这些领域特别需要道德的创造。因此，这也应该是高等德育教学的重要内容。

（二）拓展德育教学的教学形式

拓展德育教学的教学形式必须充分利用现有教学资源和条件，选取在教学中已经成形的教学方法和模式，进行拓展延伸。一方面，应当充分运用课堂教学，实施德育。课堂教学是学员学习的主要形式。在课堂德育教学实施过程中，根据学习的特点，在教学计划和教学内容上，都要做特殊要求，教育内容应该根据市场经济的形势，适时调整德育目标。将以往的"完人道德""圣人道德"调整为"高等道德"教育。教育过程中要坚持先进性和普遍性相统一的原则，立足市场经济的实际，提倡"为己利他"的道德建设目标，把"利己不损人"作为道德底线，并且把健全的人格塑造放在德育工作的首位。同时，注重发挥学员主观能动性，强化课堂师生双向互动，创造轻松、活泼的德育氛围，保证对学员实施有效的德育教育。可以聘请知名专家举办专题报告，作为特殊课堂形式，加强对学员的人生观、职业道德、现代教育教学和传统文化教育。总之，无论课堂内外，德育目标和德育重点应在学员健康人格的塑造上，使学生明白道德建设是人格修养不可或缺的一部分时，他们才能接受我们的教育。

另一方面，利用多媒体教学，强化德育教学效果。传统的授课方式无法满足现代高等教育德育教学的需要。因此，在德育教学过程中，要克服枯燥的德育灌输，代之以鲜活生动的实例来感染学生。通过学生自主的情感判断来塑造道德榜样，唤起对道德善行的崇敬之情，在纷繁复杂的社会现象中找到自己的道德归宿。注重现代教育技术的充分运用以及信息技术与学科资源的整合。充分利用电影、电视、教学录像等信息化、电子化、智能化的多媒体教学手段，借助这些灵活多样、内涵丰富的声、光、图像等教学形式的直观冲击力，增强学员的兴趣，使学员的认识更加深刻，产生事半功倍的理想教学效果。此外，可以利用函授以及远程教学发挥网络教学的优势，拓展德育教学空间，克服高等教育教学时空上的局限性，整合课堂教学和多媒体教学的优势，充分发挥网络资源在教育教学中的作用；借助网络实施网络教学，可以将专家、学者的精彩专题报告、德育教学录像制作成教学辅导光盘在教学辅导网站上和有条件的教学点进行播放。这一生动、灵活、便捷的德育教学形式克服了高等教育时空上的制约，发挥了网络便捷、高效、涵盖广、辐射面大的优势，最大限度地拓展了德育教学空间，为广大学员提供了全天候德育教学服务。

（三） 拓展德育教学的评价体系

基于高等教育的特殊性，高等学习者的德育考核评价有别于其他一般的考核，具有自身的特殊性。因此，凡是列入教学计划的内容，可以通过知识考试的手段进行考核评价；对于学员的思想观念的考察，可以通过日常管理中的操行鉴定来考核评价；对于学员的行为考核主要由学员工作单位出具考核鉴定和进行跟踪问卷调查。另外，为了充分调动广大高等学习者的积极性，鼓励他们在思想上、学习上积极进取，可以建立评优奖励制度，进行精神和物质奖励。对表现差的学员进行批评教育。通过长期的探索，以及多年以来高等教学的实践，制定一系列评判原则和标准，建立以职业发展为基础的高等教育德育教学全方位评价体系。使德育从禁锢人的头脑、抑制人的主动性和创造性的灌输性德育，转向开放性的、激发学员自主创造潜能的发展性德育。

（四） 拓展德育教学的管理网络

高等教育的德育教学是一项复杂的系统工程，必须要动员有主办学校、学员家庭等全方位参与，才能实施有效的组织管理。主办学校根据国家的有关规定，结合高等教育的特点，制订德育教学计划，科学、规范、可行的评价考核标准以及考核措施，如班主任配备、班级临时党、团支部活动安排等，负责德育教学的实施和知识考核。学员居住的社区和学员所在单位承担着对高等学习者的平时监督、检查的作用，负责平时的思想政治教育。高等学习者所在单位具体负责学员日常行为、思想观念等方面的鉴定意见。通过三个环节的协调一致，才能形成高等德育教学的组织管理网络。

三、确立多元化的教学模式

创新基于职业发展理论的高等教育教学模式，需要以高等教育学员的职业发展需求为导向来设计多元化的教学模式，创造一种超越时空限制的弹性化学习机制。确立多元化的高等教育教学模式，必须体现高等特点并以高等的生活、需要与问题为中心，突出能力培养与多种教学范式综合运用的教学活动与形式，新的教学模式应强调个体的思维能力和动手能力，而非仅仅学习基础知识；强调创新性解决问题的能力；强调培养学生面对快速变革的职业生涯和多元的价值取向所应具有的包容能力和理解能力。

在课程建设目标上，要更加强调综合能力和建立在个性自由发展基础上的创新能力，以克服与全球知识经济发展相悖的"知识本位"课程设置所导致的知、能脱节之顽症。在教育建设中注入科学精神和人文精神，以滋养和陶冶学员的性情，帮助其顺利走上职业发展道路。按照教学对象的细分，我们可以把多元化的教学模式分为学员为脱产生的教学模式、学员为业余生的教学模式、学员为函授生的教学模式。对于第一种即学员为脱产生的教学模式，其教学目标为：系统地掌握知识、方法和技能，综合素质全面提高；其教学内容为：基础理论+专业理论+专业技能；其教学方法与手段为：课堂教学法（主）+试验实践教学法（主）+网络教学法（辅）。

对于学员为业余生的教学模式，其教学目标为：较系统掌握知识要点，具备从事专业岗位的知识结构与知识适用能力；其教学内容为：基础理论+专业理论+理论运用；其教学方法与手段为：课堂教学法（主）+网络教学法（辅）。对于学员为函授生的教学模式，其教学目标为：了解一定的理论知识要点与基本具备进一步的提高能力，基本具备知识要点使用能力；其教学内容为：基础理论+专业理论+理论适用；其教学方法与手段为：网络教学法（主）+课堂教学法（辅）。

在具体的实践中，确立多元化的教学目标应注意以下几点：首先，确立多元化的教学模式应突出学员的能力培养。函授生、业余生来源于生产、服务、管理第一线，具有较强实践工作经验，但理论知识相对较缺乏，因此需要通过专业知识的学习与深化，强化理论知识与实践的结合，培养专业技术知识的综合运用能力，而脱产生的学习目的是适应市场变化新形势，通过学习找到较满意的工作。因此，高等教育教学模式必须体现以高等需要为中心的"突出能力培养"的目标。其次，应提倡跨时空的教学形式。高等教育学生的工学矛盾突出，文化基础差异较大，这为教学组织和教学质量的提高增加了困难。而以网络为基础的教学手段则有效地解决了以上问题，一方面，网络教育不受时空限制，从而为成教学生提供了跨时空的学习环境；另外，网络教育作为一种教学补充，有利于基础较差者的知识补充。因此，多元教学模式必须具备"虚拟学习环境与学习社区"功能。最后，确立多元化的教学模式，应转变教育观念，改革和创新教学方法，采用适合于高等心理特点和社会、技术、生活发展需要的教学方法。

四、引入校企合作的教学模式

在高等教育过程中，由于高等学员身份的特殊性，他们往往要兼顾学习和工作的双重压力，难以在两者之间恰当地分配时间、精力，形成较难解决的工学矛盾。另一方面，就职业发展理论而言，高等教育教学模式必须考虑到学员的职业发展需求是以学习专业理论和专业技能为主。为了找到学习和工作之间的平衡点，并提高成教学员的实践动手能力，有必要引入校企合作的双元制教学模式，以夯实学员的职业发展道路。

（一）建立校企联动机制

合作的前提是信任和需求，关键是寻求联动的结合点，否则难以形成合力。从前面的分析中我们已经清楚地意识到，校、政、企三方都有实施教育的愿望和条件，这就给创建"学校主办、企业和政府协办或督办"的共同办学联动机制铺平了道路，也为实施校政企合作人才培养模式扫清了障碍。对于学校、政府、企业而言，"发展"是大家关注的焦点。因此，校政企联动的逻辑起点应该是"发展"。学校发展主要体现在人才培养，政府（社会）、企业发展需要人才，"人才"就成为双方或多方联动的结合点。要让学校、政府、企业围绕人才培养走到一起，必须建立有效的联动机制，包括管理制度和运行模式。必须建立以现代信息技术为依托的网络交流平台以及信息员联络制度和信息发布制度，畅通对外宣传和信息沟通渠道。

（二）规范校企管理模式

双方或多方合作，必须以合同或协议的形式建立一种有约束力的办学关系，明确双方责任与义务，从而确保合作的有效性和规范性。同时，必须充分尊重高等教育规律和学员特点以及政府、企业的实际需要，建立以主办学校为主、政府和企业参与的教学管理制度，共同商议、决定重大事宜，合理安排各教学环节，确保教学质量，达到规范性与灵活性的完美结合。在办学实践中，我们实行的是项目管理，即由学校高等教育主管部门和企业、政府负责人组成项目管理组，共同研究制订培养计划、管理制度并组织实施。在具体的教学实施过程中，校政企各方紧密合作，及时掌握教、学情况，有力地保证了人才培养质量。

（三）合理设置培养目标与教学计划

高等教育培养适应生产、建设、管理、服务第一线需要的德才兼备的应用型高级专门人才。要实现这个培养目标，关键是要制订一个以较高层次的技术应用能力为主线的培养方案，构建科学、合理的课程体系，确定学以致用的教学内容以及与学员的职业发展，从业岗位密切相关的实践教学环节。因此，必须彻底改变过多地沿袭普通高等教育的人才培养模式，建立"学历+技能"的学科课程与技能培训相结合的课程体系。学员来自各行各业生产、管理、服务一线，有的还是管理和技术岗位骨干，对职业、技术及其所需知识有着深刻的认识：学员所在单位和部门也希望自己的员工能学有所获、学有所成、学以致用。因此，我们在制订教学计划时，应该充分利用学员及其所在单位这一宝贵资源，让学员和社会各界充分参与到教学计划制订和课程设置中来，使我们的教学计划、教学内容更具针对性和实用性。实践证明，高等教育校政企合作人才培养模式是一种多方"共赢"的人才培养模式，也是高等教育事业可持续发展非常有效的一种模式，随着科技、经济、社会的持续快速发展它必将拥有一个美好的前景。

但是校政企合作之路还在探索之中，许多深层次问题还需我们在实践中不断地探索。如合作模型与运行机制问题、学历教育与技能培训关系问题、学员考核与评价问题等。我们必须在实践中改革创新，拓宽运作思路，主动走出校门，将高等高等教育真正办成面向社会的开放式教育，为社会各界、企事业单位提供更好的教育服务。

五、以学员为教学中心

职业发展理论的核心是职场个体的职业生涯发展，说到底是以人为中心的考量点。因此，基于职业发展理论的高等教育教学模式的创新也应当坚持以人为中心的价值取向。"大学之道，在明德，在亲民，在止于至善""亲民"和"至善"从主客观方面都体现了人本思想。坚持以人为本，树立全面、协调、可持续发展，体现在高等教育教学中主要是坚持以学生为中心，以人的教育为出发点，以人的教育为归属。

这就意味着高等教育的教学评价必须着眼于人的发展，着眼于社会对人的多元化的需求，而不能局限于知识的考核。基于职业发展理论的高等教育教学模式中，要体现以学生为本思想，就必须要尊重学生的评教权，尊重学生对教学过程的选择权，缺乏这两者，就无法做到以学员为本。传统教学领域中占支配地位的认识论观念，不论是行为主义还是认知主义，都属于客观主义范畴。受客观主义认识论支配的教学必然具有控制性质。教学就成了传递固定的、程式化的"客观"知识的过程。高等教育学生在接受教育时，它是不需要被动接受一些本对它没有用的知识，而是需要搜索对自己有价值的知识。他们需要的是一种自我的选择知识和构建知识的权利。因此，创新基于职业发展理论的高等高等教育教学模式应当坚持以学员为教学中心的价值取向。

基于职业发展理论的高等教育教学模式应以学员的实践动手能力为基本的评判标准。众所周知，高等教育与普通高等教育同属高等教育的范畴，它们有共性，但毕竟是两种不同的教育形式，有着它们自身独特的个性。但时至今日，仍有相当多的人以普通高等教育的观念、普通高等教育的模式、普通高等教育的标准来套用、衡量高等教育，力主在质量与规格上应与普通高等教育"同类""同质""同轨"。

　　高校出于对学生前途着想，只好在日常教学与考核上，变求同存异为全同不异，导致高等教育慢慢被普通高等教育同化。事实上，少数学校举办高等教育受经济利益驱动，在办学过程中"短斤少两"，对教学质量睁一只眼闭一只眼，为少数混文凭者提供方便，导致社会上一提到高等教育便说其是"水货"，只视普通高等教育为正宗。这也是导致世俗社会的评判标准产生偏见的因素之一。联系到许多高等教育学员的具体情况而言，他们大部分是在未能取得高等高等教育文凭之前。踏入职场，接手工作岗位。对于缺少高等学历文凭和高等文化教育的他们来说，扎实学习一门专业学科，并培养较强的实践动手能力，才是他们在职场上安身立命之根本，并且以此作为日后职业生涯发展的基石。因此，创新基于职业发展理论的高等教育教学模式应当坚持以实践能力作为评判标准的价值取向。

第五节　高等教育教学文化创新

一、高等教育学术与教学关系

　　现在，人们一提到"学术"似乎就指向了专门的科学研究活动。但在高等教育，这种认识是不准确的，或者说这种观念是在长期的"以偏概全"误导下对高等教育活动本质特征的误解。考察大学的起源及其活动特点，这种狭义的"学术"活动是很晚才出现的，而且它似乎还排斥科技应用，使"学术"陷于了一个非常狭窄的范畴。追溯高等教育主要活动起源，教学活动无疑是最为悠久、最为本质的大学活动类别，它与大学的出现同步或者更早。

　　高等教育发展到今天，已然形成高等人才培养、科学研究、社会服务三大基本社会功能。从"学术"的内涵出发，反映了学术不只是专业性的科研，而是既有探究性的学术、也有整合性的学术，还有应用知识、传播知识的学术，在这个完整的"学术架构"中，"传播知识的学术"被称为"教学的学术"。自此教学的学术性引起了关注，并将学术文化引入教学创新活动。学术文化被引入教学活动不是"外来"的，而是高等教育教学活动本质的复归。高等教育教学活动从来就与学术探究活动密不可分，即使现在大学功能得到分化，也不能剥离教学活动的学术特性。具体来说，教学与学术探究有三重联系。

　　其一，高等教育教学活动总体上与基础教育教学活动重在"传播知识"不同，从教学目标出发，要注重培养学生的探究和创新能力，亦即不仅让大学生知其然，必须让大学生知其所以然。前者是沿袭基础教育方式，在一般教育学、教学论指导下的"知识本位"教学观，后者则是从高等教育自身特点和规律出发的"能力本位"教学观。

其二，高等教育教学活动要培养大学生的创新思维、批判精神等内在素质，这种思想素质不是"传播—接受"模式可以实现的，纯粹的"传播式"教学达不到这个目的，必须在有关学术探究活动体验中让学生逐步"养成"。教学活动与学术探究活动有机结合，有利于培养学生的学术精神。

其三，高等教育教学活动自身的教学内容和方法途径必须具有探究性。教学所需的知识信息要及时更新并按照教学传播实际需要对知识进行再加工，以适应教学对象，而不是某个已有知识的"原生态"；高等教育教学活动中对教学内容的选择还有一个"未定型"知识的纳入问题，长期以来，对教学内容的选择基本是"定型"知识，所以学生在教学活动中对探索未知几乎不用涉及。另外，方法手段要随技术发展不断改进。

二、高等教育学术文化的核心是创新

建立高等教育教学学术文化的根本在于以此引入学术的创新特征，促进教学以及教学方法的创新。因为，创新是学术文化的本质要求。一段时间以来，教学活动游离于学术之外，学术的创新特质也远离了教学活动，导致教学以及教学方法创新举步维艰。

整个高等教育文化的重要标志就是以创新为轴心的学术文化，高等教育文化的界定，就是探究的学术文化、整合的学术文化、运用知识的学术文化和传播知识的学术文化。创新，无不植根其中。即使是按照大学功能划分，创新也蕴含在每项功能的发挥过程之中。毋庸置疑，科学研究需要以创新为武器，那么人才培养和社会服务同样需要以创新为先导，高等教育的社会服务功能，其实是从转化高等教育科研成果，求解社会的生产、技术、管理等领域的问题起步的，这实际与科研工作一脉相承，甚至就是科研工作的延续或场所转移。因此，运用知识也是需要创新的。

在人才培养，尤其是作为人才培养核心环节的教学活动，创新元素一直存在而且非常普遍。比如教学内容，最早的教师几乎就是教学内容的化身，没有教材等知识载体，则教师日益更新积累的思想学说就是教学内容，被应用于教学活动中。这是教学内容的创新，思想有多远，学说就有多深。倒是现在的信息载体日益丰富发达之后，教师们的思想学说反而少了，有的只是更新而非创新，所以师资力量匮乏。又如教学技术，从口头教学方式到粉笔加黑板，这就是一个源于教学实际需要的巨大的教学方法创新，其意义不亚于现代网络课堂技术。还有孔子、苏格拉底等的问答式、对话式教学方式，都具有创新生命。所有人才培养环节的这些创新，远远早于大学科学研究职能的产生。所以，从当下意义上说，创新是高等教育学术文化的核心；而从起源上说，创新更是高等教育人才培养活动的核心。因此，教学具有以创新为特质的高等教育学术文化属性。

三、重视高等教育教学学术文化

高等教育教学活动是占绝对主体地位的高等教育活动。教学的文化生态样式决定了教学的价值走向。从创新元素的有无来评判，当今的高等教育教学文化生态缺失了"学术性"，也就缺失了"创新"这个灵魂，演化成一种急功近利甚或颓废的"应景文化"学生参与教学活动是应付老师的某些机械化要求，教师参与教学活动是为了完成学校规定的工作量以便获得报酬，消极应付是其共同特点。高等教育里的另外两种文化活动，学生的文体活动、社团活动、社会活动等和教师的科研活动、研发活动、社会兼职与服务活动等，其积极的、忘我的甚至疯狂的价值体现与教学文化完全不同。

以创新为魂，重振高等教育教学学术文化是推进高等教育教学方法创新的"招魂"之举。教学方法创新不是凭空捏造新式工具，而在于构建一个适当的环境氛围。富有创新内核的高等教育教学学术文化既是曾经的教学生态模式，又是现在需要大力恢复和重建的教学生态。追溯教学文化传统样式的失衡，很可能是高等教育科研、社会服务两大后发功能的冲击，现在重振高等教育教学学术文化不是要削弱这两大功能或淡化这两大功能中的创新元素呢，而是要强化三者之间共同核心的渗透与通融，尤其是现代研究型大学的强大科研功能和大批应用型大学的社会服务功能，可以为教学活动注入无限的创新基因。

四、重视高等教育教学管理文化

教学学术文化的建设是一个系统性工程，也必然是一个长期的过程。作为重要推力之一，重构高等教育教学管理文化乃当务之急也是一个有效的推进选择。长期以来，在"教学非学术"语境下所形成的一系列教学管理制度与文化就是高等教育教学学术文化建设或教学创新的首要障碍。

通过对一系列管理制度分析，无论是主要针对学生的教学管理还是主要针对教师的教学管理，基本上可以归并于三种属性：机械管理、规范管理、科学管理。这三种层次不同的教学管理，是现代以来高等教育教学管理文化的基本进化路径，但在不同国家和地区，在不同高等教育有先后时间差别。机械管理曾经是作为"科学化"的代名词，取代了千百年时间一直沿袭下来的"自由教学"。这对教学规模的扩大，尤其是开始组织班级教学是有重要贡献和意义的管理革命。规范管理并非新生物，而是机械管理的改进升级版，无论是就教学对象还是就教学方法而言，机械管理和规范管理都是扼杀创新的、忽略个体差异性的。在教学方法创新上，两者形成阻抗，越是强调规范，创新越难以实现；越是创新的教学方法，越是打破规范的约束。科学管理注意到了各种特殊性的存在，在方法上具有一定伸缩性，与教学方法创新可以相容，所谓科学就是要尊重规律，尊重教学方法的规律进行教学管理是可以发挥教学方法创新作用的。

　　重视高等教育教学管理文化，就应该走科学管理的道路，更加注重教学学术文化特性，使教学管理更趋于学术管理，尽管现在的高等教育学术管理也严重存在"不科学"现象，不能管得过死、过于规范，从而违背高等教育教学的学术精神。仅从教学方法及其创新角度来看，自由是创新的根本源泉，无论是现代意义的科学研究还是教学创新，管理过于机械、规范的，自由度就越小，产生创新成果的概率就越小，因此，要呼吁教学自由，教学自由又必须从教学管理的变革开始，使教学管理富有自由创新色彩，在适度控制前提下分开教学自由，尤其是教学方法自由是完全可以分开的。

第四章 高等教育教学管理的改革

第一节　我国高等教育教学管理体制改革

一、高校教学管理体制创新的对策探讨

（一）突出"以人为本，以生为先"的教学管理思想

人类社会的每一次重大变革，总是以思想的进步和观念的更新为先导。观念是外部世界的主观反映，外部世界是不断变化的，观念也随之不断地发生变革。教学改革的进程同样离不开思想的不断解放和观念的不断更新。在高校培养专门人才、发展科学、直接为社会服务的三项基本职能中，人才培养始终是最基本、最重要的职能。教学管理的主体应是学生，教学管理工作应本着"一切为了学生，为了一切学生，为了学生的一切"的原则进行，突出"以人为本、以生为先"的教学管理思想。

1. 确立尊重学生自主权的教学管理思想

尊重学生知情权、选择权、参与权等自主权，目的在于为学生自主学习、自我管理、自由发展提供必备条件，从而培养学生具备自我构建智能结构的能力，使其成为具有创新精神和创新能力的人才。

（1）赋予学生知情权

学生有权了解学校的教学计划、培养方案、各项规章制度、开设课程、课程安排、教师资历、教育培养经费的使用情况及其他与学习、生活有关的情况。学校赋予学生知情权，可从学校、院（系）和学生三方面进行。

第一，借助网络公开校务。学校将与学生利益相关的内容挂在校园网上，使每个学生都能了解学校的政策与具体规章制度。

第二，教学秘书、班主任或学生干部及时、准确地通知院（系）事务。院（系）通

知的事情一般与学生的利益有较直接的关系，如申请奖学金、评选优秀学生、参与学术活动等。

第三，学生主动向老师了解自己关心的事情。学生对于自己想了解的事情应积极主动地询问教师或院（系）教学秘书，自己采取主动。

（2）交还学生选择权

学生自主选择的权限包括选择专业、选修课程、选择授课教师、学习模式以及学习年限等权力。为保证学生选择权顺利实施，可以从学校、教师、学生三个角度进行。

第一，从学校角度讲，要进一步完善选课制和导师制，从制度上保障学生在选择专业、课程、教师及学习年限上的自主性。

第二，从教师角度讲，要不断提高教师的业务水平，开出数量多、质量高的选修课，以供学生有选择的余地。

第三，从学生角度讲，选择课程要根据自己的特长、兴趣做出合理的选择，不要盲目地选择容易获取学分的课程。另外，课程选择权还应赋予学生在规定时间内改选课程的自由。

（3）给予学生参与权

学生参与学校的教育教学活动使他们有机会学习民主和运用民主，对培养他们形成主人意识、自主自立能力有很大益处。参与权可以分为教学管理参与和教学过程参与。教学管理参与可派学生代表参与校级或院（系）级的教学事务管理，参与教学计划的制订，参与教师的教学评价，参与信息收集与反馈等。学生参与管理，增强了学习知识和运用知识的主动性和自觉性，培养了学生的实践能力和动手能力。

教学过程参与，一方面指学生应在课堂上主动参与教师教学，与教师进行互动，而不是把自己作为装盛知识的"容器"；另一方面指学生有权参与教师的选择，参与自己的专业课程设置，实行个性化培养。教学过程参与将以往在教学过程中对学生进行的统一管理转变为个体参与，以培养学生的主体意识和激发其主观能动性。

"以人为本、以生为先"的教学管理思想要求充分调动学生的主动性与积极性，但这并不意味着毫无规范与限制。因此，学校在建立完善的制度体系以保障学生知情权、选择权、参与权的同时，还应考虑给予这些权力一定的权限，确保学生正确使用知情权、选择权和参与权。

2. 树立个性教育的观念

据一项有关大学生创造性人才观的调查结果表明，影响创新人才的十项因素中，"独立性"被大学生认为是最重要的。独立性又由"有个性、有创新意识、敢于怀疑权威、有主见不盲从、有预见性和超前意识"几项因素构成。可见，一个创造者的成功与否，往往与他的个性有内在联系。为了充分发展学生的个性，挖掘其创造潜力，高校应转变教育思想，树立个性教育的观念。个性教育就是在教育教学过程中，教育者尊重受教育者的个体差异、突出其主体地位，促进个性自主和谐发展。实施个性教育可通过尊重学生个体差异、突出学生主体地位以及建立新型师生关系这三条途径实施。

（1）尊重学生个体差异

尊重学生的个体差异，一方面要承认人无全才，但人人有才，教师和教学管理人员在教育教学过程中要充分考虑学生的生活、经济、文化等背景的差异，按照马克思主义具体问题具体分析的方法做到因材施教，使学生人人成才。

另一方面要理解学生的奇思怪想和标新立异。学校应有宽松的环境让学生自由发表言论、阐述思想、探索新知。学校对个别学生的特立独行、标新立异等行为应给予理解、尊重和保护。学生的个性在教育中能否得到发展，将影响到学生今后是否具有自觉思考、独立判断、敢于质疑、主动探究、勇于探新、善于探索、积极参与、勤于实践的创新精神与创新能力。

（2）突出学生主体地位

凸显学生的主体地位，发展学生的个性与主动性，可以克服学生思维中存在的从众定势。学生的主体地位可通过增强其主体意识和发展其自我意识两方面进行：

一方面，在教育过程中，教师通过增强学生的主体意识，培养和提高学生在教育中的能动性、创造性、自主性，使他们成为具有自我教育、自我管理和自我发展的主体。

另一方面，发展学生的自我意识。教师在教学中，引导学生正确地认识自己、评价自己，鼓励学生大胆地提出自己的看法，而不受教师所谓的标准答案的制约。

（3）建立新型师生关系

新型师生关系指以学生为主体，教师为主导的师生关系，即学生在教学活动中将有更大的主动性和自主性。建立这种师生关系：

一要树立新的学生观，就是要承认学生是一个不断自我发展、自我完善的独立的人。教师要改变因学生的所思所想或所作所为与自己的想法或要求不一致，而对该生给予否定评价的做法，正确看待学生各自不同的思维方式和行为特点，正确对待他们在成长中存在的问题和错误。

二要加快教师自身角色的转换。教师要以人格魅力吸引学生、渊博知识感召学生，通过不断完善自己得到学生的爱戴，而不再以神圣不可侵犯的"权威"形象出现。教师应努力改变师生之间原有的"权威—服从"式关系，克服学生思维中"唯师""唯上"的权威定式，将学生视为独立的个体，尊重其独特个性，最终形成相互激励、教学相长的师生关系。

高校只有按照"以人为本，以生为先"的教学管理思想，尊重学生的自主权和树立个性教育观念，才能为学生创造个性的发展提供足够的空间，才能充分挖掘学生的潜力，才能培养出具有创新精神和创新能力的人才。

（二） 建立以学院制为主体的教学管理体制

建立以学院制为主体的教学管理体制，首先要根据学校学科专业发展的实际及其要求设置学院。设置学院后，注意校、院（系）两级管理体制在职、责、权的划分、院（系）管理自主权的扩大，以及学校对院（系）教学管理的重视三个方面的问题。

1. 明晰校、院（系）两级职责权的划分

我国高校的学院要建设成为大学的人才培养、学科建设、科学研究和管理指挥中心，校、院（系）两级必须遵循职、责、权相统一的原则。职、权、责三者应结合成一体，克服那种"有职无权""有责无权"，或"有权无责""有职无责"等不利于提高工作效率的状态。

大学的校级领导和各职能部门必须从以往包揽各种日常管理事务的状态中解放出来，改原先的过程管理为目标管理，减少对教学、科研等具体工作的干预。校级决策部门实行目标管理的基本方法是，根据一定时期内教育事业的发展方向，确定学校的办学方向和发展总目标，然后将总目标向院（系）执行机构层层分解，逐级展开，通过上下协调制定各层次的具体分目标，以学校的总目标指导分目标，用分目标检查各部门和所有个人的工作。

作为决策层，校级管理部门的主要职责是：掌握党的方针、政策，把握学校的办学方向，明确未来发展的目标和重点；规划与设计人才培养方案、制定教学管理与学籍管理制度、评估专业和课程建设、建立教学质量保障及监控体系；保障重点实验室、图书馆和网络中心等共享资源的建设与管理；超越学院层次组建跨学科的科研中心与重大科研项目组，加强更大范围学科间的横向交叉综合等。需要注意的是，校级管理部门对重大问题做出决策之前，应充分发扬民主，广泛征求学者、教授的意见，充分发挥学术委员会、教学委员会等各个委员会在决策中的作用。

院（系）根据学校的总体发展方向和各项工作部署，制定该院（系）的中长期发展方向和目标，规划、协调各学科的建设，统筹调配院（系）的人、财、物，各种资源得以综合利用。同时，学院不能仅局限于校内，要走出校门、走向市场。根据社会的发展需

要，妥善处理好学院与社会、学院与企业的关系，动员和利用院（系）的资源与相关产业进行广泛的联系。院（系）级的职、责、权包括：兼有承担基层行政管理和从事教学科研活动的双重职责；拥有教学、研发、机构设置、人事调配、奖金分配等方面的权责；负责管理、监督下属系部的各项教学、科研工作。

2. 扩大院（系）管理自主权

校、院（系）两级教学管理体制要做到职责权一致，院（系）所拥有的职责和权力必须相称。鉴于我国高校决策权集中在校级，院（系）级有责无权的现实情况，学校应将教学管理的权力适当下移，如培养方案的制订与实施、专业的设置与调整、教学经费的管理与使用、组织人事管理、自主配置资源、内部机构设置、实践实验基地管理、对外合作交流等，以扩大院（系）管理自主权，提高管理效率和办学效益，更好地履行大学为社会培养人才的职责。

由于我国在建立学院制之前，实行的是校、系、室三级管理体制，而管理权主要集中在校级部门，系和室只有较少的权力，因此，扩大院（系）管理自主权的主要途径是校级部门授权，其次是系、室级交权。从行政管理学角度来看，授权通常体现在以下几种层次：

一是决策层次的授权，即把一部分决策权授予下级行政机关或职能机构；二是执行层次的授权，即允许下级行政机关或职能机构在一定范围内自主完成工作。如果学校从执行层次上授权，学院则成为虚体学院；如果从决策层次上授权，学院则是实体性的。随着教学改革的逐步深入，虚体学院向实本学院呈演变的趋势。虚体学院要向实体学院转变，校级部门对其授予决策层次的权力是转变的有效途径。

校级职能部门在下放权力时，应做到学术权力下移为主，行政权力下移为辅，以突出学院的学术功能。学校将属于学术范围的权力下移到院（系）层次，如设置专业与课程、申报科研项目、管理学生、聘任教师的权力等；将一定的资源分配权、机构设置权以及人事权等属于行政范围的权力下移到院（系）一级。与此同时，校级职能部门以实施计划、监督、调控服务为主，领导和监控学院的工作。

扩大学院的管理自主权在一定程度上改变了决策权集中在校级部门的现象，为分层决策的实现提供了条件。实行学院制，关键就是管理权力必须真正下放到学院，否则学院制起不到应有的作用。

3. 落实教学管理在院（系）中的核心地位

学校重视院（系）的教学管理工作，可从保障教学经费有效投入、开展教学管理的研究以及提高教学管理人员素质三方面着手。

（1）保障教学经费的投入

对于院（系）对外科技服务和短训班的收入，学校按总收入的一定比例上缴，剩余的留给院（系）做教学经费。对于急需项目的教学经费，学校每年给予专项保证。

（2）开展教学管理的研究

对教育教学管理知识贫乏的教学管理干部，学校对其进行相关培训，增加相关专业知识。教学管理干部将日常工作中积累的经验与实践相结合，使其经验得到升华，为其他教学管理人员的工作提供理论基础和实践经验。

（3）提高教学管理人员的素质

为了提高教学管理人员的素质，学校和院（系）领导要支持他们积极参加各种业务培训，学习教育科学理论，掌握管理专业知识，掌握现代技术手段。在条件允许的情况下，在招聘教学管理人员时就将是否具有教育科学理论、掌握管理知识和现代技术手段作为考核条件，把好入门关。

从全面直接管理到两级教学管理，是教学管理模式的重大转变。在改革的过程中，校、院（系）两级应理顺关系、明晰职责权的划分，校级职能部门应下放适当的权力给学院，确保教学管理在院（系）诸多管理中的核心地位。只有这样，院（系）才可能在学校的大政方针指导下，建设成为培养创新人才的中心，从而为创新人才的培养提供良好的环境。

（三）健全学分制教学管理制度

高校可以从选课制、导师制、弹性学制和三学期制四个方面健全学分制教学管理制度，并发挥学生的自主性、尊重学生的差异性、调动学生的积极性以及培养学生的全面性，最终帮助学生养成良好的思维习惯、构建合理的知识结构。

1. 完善选课制，发挥学生的自主性

选课制是学分制的基础，选课制允许学生在学校规定的范围内自由选择专业方向、选择课程、选择教师、选择上课时间和自主安排学习进程。如何设置选修课程，如何安排选修课的比例，学生能有多大的选课自主权等，已成为研讨学分制问题的焦点。因此，选课制主要从增加选修课数量、提高选修课质量、加强选课的管理和指导三个方面进行完善，不仅为学生提供大量高质量的选修课程，而且为培养具有创造性才能的学生奠定坚实的知识基础。

2. 完善导师制，尊重学生的差异性

导师制是成功实施学分制的关键。实行导师制的目标就是发展学生个性，通过为学生制定个性发展策略，跟踪学术需求，从而提高学生学习的积极性和持久性，达到提高教学质量的目的。根据师资力量制约学分制顺利实施的原因分析，我国高校在推广导师制方面还有待加强，可从组织、思想以及数量三方面展开工作。

（1）建立指导教师委员会

为了方便导师工作的组织和管理，学校应建立指导教师委员会，各院（系）则建立指导教师工作组。委员会由各工作组负责人和学校相关职能部门负责人组成，主要负责召开会议，听取汇报，解决问题，布置工作。工作组的主要任务是选聘导师，明确职责，制订工作计划，定期反馈信息，交流工作经验以及期末评估。导师授聘期间指导学生的工作要计算工作量，并与其年度考核及酬金分配挂钩；工作业绩要记入教学档案，作为提职晋级的依据。

（2）扭转部分教师认为本科教学管理并非自身责任的观念

一要加强认识实施学分制的重要性，了解实行导师制的必要性，从思想上重视、行为上配合导师制的顺利推行。

二要认识到教学和科研之间是相辅相成的关系。教学、培养人才是高校的基本任务；科研是提高教师水平、教学质量以及办学水平的关键。教学与科研的结合是培养创新性人才的需要。导师除了担负一定量的教学和科研任务外，还要了解学生的学习情况、选课情况、成绩情况，解决学生在学习方法、专业知识等方面的问题。同时，导师要通过言传身教和人格魅力的感染，对学生进行潜移默化的思想教育。

（3）实行班级导师制

与导师一对一的交流能促进学生的有效学习，但是，鉴于我国高校教师的数量有限，且学生数量众多，难以实行真正意义上的导师制，针对这种现象，高校可实行班主任与导师相结合的班级导师制。这里所指的导师制是指为本科生配备导师，所以师生比例可稍微高一点，如1∶18。班级导师制是指1位导师带3位年轻教师（助教）或3位高年级的研究生（硕士或博士），由这3位教师或研究生分别带6位本科生。本科生平时的学习状况由这3位教师或研究生定期向导师汇报，并把反馈信息传达给本科生。当然，这种方法很难达到导师直接指导学生的效果，但在学生数远远高于教师数的今天，它不失为一种好的解决办法。

通过实行导师制，可以培养学生的独立思考能力，不仅有助于学生的学业，而且有助于通过迁移培养学生的其他能力。

3. 实行弹性学制，调动学生的积极性

弹性学制是以学分制为基础的教学管理制度，只要修满了学校规定的学分，允许学生提前毕业，也允许家庭经济困难或有志创业的学生中途停学工作或创业，从而延长学习年限。为此，高校应建立灵活的弹性学制，以改变现行学籍管理制度对学分制的影响，从而调动学生的学习积极性。

4. 实行三学期制，培养学生的全面性

高等教育的改革和发展随着社会的进步逐渐推进。新中国成立以来，我国高校一直采用的两学期制教学管理制度渐渐跟不上时代的步伐，不能适应正在全面推行的学分制改革。为增强学期制对学分制的适应性，高校可将原来的两学期制更改为三学期制，以解决选修课与必修课、理论课与实践课之间的矛盾。高校实行三学期制需要解决三学期的学期划分和夏季学期的课程设置、夏季学期的师资安排以及学校教学与后勤管理等方面的问题。

（1）三学期制的学期划分

三学期制指一学年包括春、夏、秋三个学期，其中夏季学期是在原来的春、秋两学期各缩短两周的基础上增加的。秋季学期一般 9 月中旬开学，春节前半个月结束；春季学期通常在春节后 10 天左右开学，6 月中下旬结束；经过一周的休息后进入为时 8 至 9 周的夏季学期。在推行三学期制的过程中，要突出夏季学期的特色，而不能将其作为学期的续延。

（2）夏季学期的课程设置

夏季学期的课程分为四个部分，学生可以根据各自的需要选择不同内容。

第一部分，开设选修课。夏季学期开设的选修课应遵循课时短、内容新、难度适宜的原则，学生则应遵守选课要求。在夏季学期内，学生可以自由选择修读的课程。开课 3 天内为学生的试听阶段，试听后要确定选课方向。所选课程一旦确定，就必须修满该类课程所规定的学分。夏季学期的成绩纳入学籍管理，达不到规定学分者，不能如期毕业。

第二部分，设置实践性强的课程。利用夏季学期相对集中的学习时间，安排不易分散教学的实验课程与实习、组织学生进行社会实践，培养学生的实践能力。

第三部分，安排学术专题与讲座。充分利用夏季学期聘请国内外专家、学者进行学术报告或专题讲座。

第四部分，开展外语活动。加强外语的应用能力，为适应双语教学和日后就业的需要。

除了以上课程外，对于具有科研能力的学生，还可利用夏季学期集中参与教师的科学研究，以培养科研能力和创新能力。

（3）夏季学期的师资安排

一方面，可合理安排校内资源。实行三学期制后，随着春、秋两学期的学时缩短，教师讲授课程的内容也相应地有所精减，也就减少了原有的课时。教师为保证完成规定的教学工作量，必将主动开设适应社会需要、学科发展需要和学生需要的新课程。

另一方面，充分利用校外资源。聘请国内外知名学者来校讲座或开设短期课程，丰富课程内容，拓宽学生视野，同时，增加本校教师进行高层次学术交流的机会。

（四）构建高校教师培训体系

高校教师培训是指我国各类高校中进行的师资教育。通过培训教育提高师资水平，不仅能切实保证教师的教学质量，而且能保证培养学生的质量。随着教育改革的不断深化，虽然我国高校教师培训工作取得了重大进展。

高等学校师资培训工作要坚持立足国内、在职为主、加强实践、形式多样、以中青年教师为主、以高层次培训为重点的原则，加强师德教育，提高教学和科研能力，推动学校发展。构建教师培训体系包括培训对象、培训形式、培训内容、培训考核与评估以及培训经费等内容。

二、高校教学管理体制创新的实验研究

面对急剧变革的社会对人才不断提出的高要求，高等教育面临着前所未有的挑战。高校从各方面进行了日益广泛和深刻的变革，建立教学改革实验班就是其中之一。

（一）教改实验班教学管理体制的创新

尽管各高校教改实验班在办班形式、培养模式、管理方式上有所不同，但其培养目标却是惊人地相似。各实验班的培养目标可综述为，培养拥有坚实基础、富有创新精神和实践能力、具有国际竞争力的高素质复合型人才。为了完成这一目标，各教改实验班在教学管理体制上进行了如下创新。

1. 教学管理思想创新

"十年制高等教育"是指将本科教育和研究生教育融为一体，在本科教育阶段仍然以基础教育为主，至研究生教育阶段再进行专业教育。"十年制高等教育"理念是一种新思想，但由于各高校的实际情况存在差异，该思想并不适用于所有教改实验班，具有一定的

特殊性。

2. 教学管理方式创新

在教学管理方面，教改实验班有别于其他普通班级，它采取了分段式教学管理。这种方式将整个教学计划分成基础教育和专业教育两个阶段。在基础教育阶段，即入学后的第一、第二年，学生不再像以往那样先分专业，而是按大类学习规定的课程，共同接受基础教育。在第三、第四年进行的专业教育阶段，实验班学生按所在专业的培养计划接受专业知识的教育，并可在学有余力的情况下，提前参与科学研究。

3. 教学管理制度创新

设有教改实验班的高校在这块"试验田"里完全实施学分制。以元培计划实验班为例，该班实行的是在教学计划和导师指导下以自由选课为基础的学分制。实验班学生在进校后第二年配备导师，导师根据学生的特点、特长和志向指导学生选专业、选课、制订个人学习计划，对学生从入学到毕业进行全程指导。在导师指导下，学生根据自己的情况安排 3~6 年的学习计划，少则 3 年即可毕业。若在 4 年内仍未完成本科阶段的学习任务，则 4 年后仍可继续修读，直至修满学分毕业。第二学年末或第三学年初，学习成绩合格者可以在学校教学资源允许的情况下自主选择专业。

4. 教学管理过程创新

教学管理过程创新包括加强基础淡化专业、聘用最优秀的教师以及培养科技创新能力三个方面。

（1）加强基础淡化专业

教改实验班按大类招生，不分专业，采用"加强基础、淡化专业、因材施教、分流培养"的办学方针，充分利用综合性大学学科齐全的优势和良好的教育资源，实践本科阶段低年级基础教育和高年级宽口径专业教育相结合的教育理念，突出基础、能力、素质三要素的全面培养。

（2）聘用最优秀的教师

各高校的教改实验班为学生配备了全校最好的师资。

（3）培养科技创新能力

建立教改实验班的高校为该班学生创造了参与学术活动和国际交流的机会，以培养他们的科技创新能力。

（二）教改实验班教学管理体制创新的启示

由于教改实验班在各高校是教学改革的"试验田"，承担着先行者的任务，学校对此又给予了各项优惠政策，因此，尽管其在教学管理体制上多有创新，并显现其优势，但限于学校的条件，短期内并不适宜在全校范围内推广。暂时不能推广并不等于否定了教改实验班的管理创新，恰恰相反，实验班的成功表明了我国高校教学管理体制今后需要努力的方向。

1. 改革教学管理制度

对于学生而言，教学管理制度需要进一步改革的内容是，在现行的学分制和学年学分制的基础上，实行更为自由的选课制，更利于学生学习的导师制以及按学分注册、缴费、毕业的学籍管理制度。对于教师而言，教学管理制度应在培养教师的创造性，营造有利于教师创造性发挥的宽松环境方面继续努力。

更为自由的选课制是学分制的核心。学生在导师的指导下，对于选择专业、课程、授课教师和学习进程有较大的自主选择权。导师制要求在全校范围内选聘导师，副教授、教授均可为本科生担任学业导师。每学年对导师进行一次年度业绩考核，考核结果作为职称晋升、岗位聘任的基本条件。按学分收费将是全面实施学分制后的必然趋势。

（1）在培养教师创造性方面

学校主要采取对教师进行职后继续教育的方式。随着科学发展的日益变化，教师的知识不可避免地要不断更新，否则就不能适应教学的需求。教学管理部门根据学校发展的总目标，针对学科设置的要求，制定教师培训的具体规划。规划的内容包括选拔培训人员的条件和方式，规定培训内容、培训方式，培训时间、培训经费及培训期间待遇等。

（2）在营造创新环境方面

学校可以从物质环境和精神环境入手。创造物质环境就是加强硬件设施，为教师创造良好的工作环境，如建立设备先进齐全的科研实验室、教学研究室，加强多媒体教室的建设，加强校内信息网络、图书馆、科技资料室的建设，美化校园环境等。精神环境就是营造一种民主、公平、自由的氛围，如尊重教师的人格和生命价值，客观评价教师的教学科研工作业绩，重视教师的科研成果和劳动价值，容纳教师的不同学术观点等。

2. 改变教学管理模式

随着"以人为本、以生为先"教学管理思想的逐渐渗透，高校将加大改革步伐，使"以教师为中心"的教学管理模式向"以学生为中心"的管理模式转变。具体表现为两段式教学管理、参与学术研究以及加强对外交流。

第一，两段式教学管理。为了达成高校培养具有厚基础、强能力、高素质人才的培养目标，高校教学管理部门将按照"强化基础、淡化专业"的观念，实行以通识教育与专业教育有机结合为核心的两段式教学管理。对于两段式教学管理，不同学校采取的方式各有差异，一般分为 2+2 模式或 1+3 模式。

第二，参与学术研究。吸引学生参与学术研究的出发点在于充分利用本校的教学资源、高水平的师资队伍和雄厚的科研实力，为学生提供科研训练平台，以利于培养学生的创新思维、创新精神和创新能力。

第三，加强对外交流。高校应努力扩大对外交流，使学生获得全新的体验，拓宽视野、增长知识、提升看问题的高度、为提高国际竞争力打下良好的基础。学校应积极拓展各种渠道，为本科生在校期间出国交流提供更多的机会，如校际、校企以及国际之间的交流。交流形式包括短期课程学习、短期培训、技术实践以及文化交流。

第二节　我国高等教育课程管理体制改革探究

一、课程管理体制改革目标及价值取向

（一）高校课程管理制度改革的目标选择

要实现人才培养目标的使命，课程管理制度改革是关键。而课程管理制度改革的目标选择，则是保证制度改革成效的具体目标定位。科学合理地选择目标定位，既是实现最终价值的重要中间过程，也是课程管理制度改革顺利开展、人才培养目标实现的关键因素。

1. 课程设置与人才培养目标相适应

高校课程管理制度改革最终服务于人才培养目标的实现。通过高校课程管理制度改革，明确课程设置，实现人才培养目标。

（1）学科的融合与交叉

创新人才培养前提条件是不同学科之间的融合与交叉，不但是创新人才培养的重要途径，而且是新知识发展的有效方式。高校应依据自身办学特色及学生兴趣进行课程设置，以此与人才培养目标相适应，满足人才培养需求。课程设置需打破原有的"条块分割"模式，以学科群定专业代替以专业定学科群，使课程知识结构更具结构化和创新化，更容易与学生认知结构体系相关联，促使学生创新思维与价值理念的形成。

（2）高校应以通识教育为基础

随着社会经济发展，高校课程设置与人才培养目标不相匹配的特征凸显，影响人才培

养目标的实现。为此，使专业与通识相结合、理论与应用相结合、科学与人文相结合、基础与前沿相结合，突破了学科之间、专业之间的界限，拓宽专业设置口径，形成综合化的课程结构体系，进一步加强专业调整，完善专业调整机制。这样不仅深化专业知识，而且丰富了课程内容，为实现人才培养目标打下坚实的基础。

在世界不同国家的课程改革实践中，追求人文教育与科学教育的整合，有利于促进不同知识结构体系的融合与发展，而综合性和基础性的强化始终是设计课程的基本选择。

2. 完善课程实施过程的支持体系

创新人才的培养应渗透于课程实施的全过程，而不应游离于课程实施之外。以学生为本的课程管理制度改革应遵循现有的教学规律和学生的发展规律。

（1）构建以学生为本的课程教学创新体系

在课程实施过程中，把以教师为中心、以灌输式教学为主的课程教学模式转变为以学生为本、以参与互动式教学为主的课程教学模式，给予学生一定的参与权，激发学生学习的积极性，让学生能够畅所欲言，积极思考，促进学生发展。

（2）完善的教学资源支持体系

同时，课程实施的顺利开展，在以学生为本的理念指引下，通过高校课程管理制度改革，整合教学资源，使教学融入科研，形成教学与科研资源的共享平台，促进人才培养。

当然，要实现创新人才培养目标，课程实施效果是基础。须建立课程评价制度体系，对教师教学效果与学生学习成果进行评价，并给予学生应有的课程权利，让学生也参与到课程评价中，以此提升课程教学水平，实现人才培养目标。

3. 实现多元主体的管理目标协同

（1）政府的利益诉求需要通过自身参与高校课程管理制度改革来实现

随着社会市场经济的发展，政府的作用与职能日益显著。政府出资办学是高校发展的主要动力，对高校的课程质量具有间接影响。通过参与高校课程管理制度改革，转变自身的角色定位和职能，成为课程管理的"掌舵者"，制定课程管理的宏观政策，实现人才培养目标，以此获得政府宏观效益。

（2）高校发展离不开教育资源的支撑

随着市场经济的转型，高校逐渐拥有了办学自主权，可以自主进行课程管理。因此，高校通过课程管理制度改革，对课程资源加以整合和优化，充分利用和调动一切教学资源，制订科学的教学计划，并推行完全学分制和弹性选课制，确保课程的多样化和丰富化，满足不同层次人才培养的需求，实现人才培养目标，促进高校自身发展。

（3）为学生提供利益表达渠道

学生是学校培养的对象，是学校的最终"产品"，因此，学生的特殊身份，使其成为高校课程教学中重要的利益主体。高校应给予学生充分的重视，如让学生参与高校人才培养方案制订、教学内容选择、课程教学过程，使学生充分表达自己的想法和见解，以此发挥他们的主体作用。

同时，高校教师是课程教学主体，对高校课程和学生的需求最为了解，是人才培养模式设计不可或缺的利益主体，所以高校也应给予教师充足的课程权利，让他们参与课程方案制订、课程教学实施以及课程评价等，发挥教师的作用，提升课程教学水平，促进学生和教师的共同发展。

（4）社会力量也成了课程管理的利益主体之一

随着高校逐渐拥有办学自主权，开始面向社会开放办学，这将要求高校课程管理制度改革应顺应社会发展，满足社会发展的需求。通过课程管理制度改革，让社会力量切实参与课程编制和课程评价以及监督等过程中，为制度改革及时提供反馈意见，促进课程发展，实现人才培养目标，满足社会发展所需。

（二）高校课程管理制度改革的价值取向

高校课程管理是高校教学运行的核心，其制度改革的价值取向则是高校教学运行机制的方向和灵魂。不同历史阶段，高校课程管理制度改革的价值取向有所不同。在计划经济时期，高校课程管理制度改革秉持以社会本位为中心、人才本位为辅助的价值取向。随着计划经济向市场经济转型，传统的价值取向已不再适应社会经济发展，也与课程改革目标不相符合。

经济市场社会发展对高校课程管理制度改革的价值取向提出了新的要求，即要求高校课程管理制度改革应倡导"以学生为中心"的管理理念，提升人才培养质量，并实现多元利益主体参与的目的。

1. 提高人才培养质量

人才培养既是高等教育职能之一，也是高等教育的主要任务。从本质上来看，人才培养质量能具体体现高等教育质量的优劣程度。提高人才培养质量，不但需要改变人才培养理念，培养学生的创新精神，而且需要改革课程教学方式，提高学生的实践能力，促进创新人才培养。然而，无论是人才培养理念的改观，还是课程教学方式的改革，都需要通过高校课程管理制度改革得以实现。一般而言，高校课程管理制度改革是提高人才培养质量的重要途径，是教育理念转化为教学实践的运作范式。

（1）需从理念入手

高校应树立先进的理念，引领高校人才培养，把提高人才培养质量放到首位，坚持质量至上、内涵发展的质量观，围绕"培养具有实践能力、创新能力和动手能力的高素质应用型人才"的目标，以提升课程教学质量为基准，建立课程教学质量监控体系，健全课程教学评价机制，使人才培养过程更加规范化和科学化，以此保障人才培养质量。

（2）需从实践着手

一是学校应以"培养具有较强的创新意识、良好的人文、科学素质以及较强的独立学习能力的人才"作为培养目标，转变传统的课程教学方式，探索新的课程教学方式。在课程教学过程中，打破机械式、被动式的"传授—接受"教学传统方式，采取课程研讨式、案例分析式的"问题—发现"创新型教学方式，激发学生学习的创造力，培养学生的思维能力。

二是学校应以强化学生的实践能力和创新能力作为培养目标，进行课程实践教学。例如，通过创建实践教学的良好环境，完善实践环节的教学体系，鼓励学生参加各种实践活动，提高学生的实际操作能力。

三是通过构建专业课程与通识课程相结合、课内与课外相结合、人文素质与科学素质相互渗透的教学体系，使课程体系趋于综合化和多元化，从而为学生提供多样化选择，促进学生个性化发展及创新能力的提升，保证创新人才培养目标的达成。

2. 以学生发展为本

理论上，高校课程管理是"以学生发展为本"的实践活动，其中学生既是课程作用的客体，也是课程建设的主体，理应在课程管理过程中扮演重要角色。所以课程教学实践活动需要制度加以规范，以学生发展为本既是课程管理制度的出发点，也是课程管理制度的归宿点，以此实现学生发展。

（1）尊重学生的个性化需求，创建以学生发展为本的课程教学体制

①改革课程教学模式

以学生发展为本，把学生看作教学活动的主体，通过开展启发互动式课程教学模式，让每一个学生都参与到课程教学活动中，充分调动学生学习的主动性。

启发互动式课程教学模式实质上是在教师的正确引导和启发下，学生自主创设学习情境，自己提出问题、探索问题、研究问题，最终寻求结论。教师在进行课程教学时，应以学生为本，充分考虑学生的感受，并为学生提供自由发表见解的机会，给予学生充足的学习空间，促进学生自由发展。通过开展启发互动式课程教学模式，打破了"一言堂"的传统课程教学，鼓励学生参与其中，提高学生主体地位，促进学生自主学习、自主思考能力

的提升。

②创新课程教学内容

课程内容创新是培养创新人才的基本要素，通过课程内容创新，使课程以标新立异的姿态展现在学生面前，促进学生创造力发展。当然，教师自身应具备较高的审美观和创新思维，能站在学生的角度与立场实施教学，满足学生不同的个性需求，促进学生个性化发展。

（2）创建为学生服务的有效机制

①把以学生发展为本的理念融入课程管理全过程

一是课程决策方面。一般而言，高校课程决策是一个民主开放、自下而上的决策过程，其不仅包括高校行政管理人员和教师，还涉及学生的参与和互动。如果课程决策缺乏民主性，导致学生无法参与，那么校本课程开发工作就会阻碍学生发展。因此，应创造机会让学生参与到课程决策中，使其体会到在其中的主体地位，激发学生学习的热情，促进学生发展。

二是课程实施方面。课程实施的前提是课程实施方案的制订。而制订课程实施方案除了需遵照课程文件有关规定外，还必须依据学生的身心发展特点。同时，在教学实施过程中，教师的教学着眼点要放在促进学生发展上，并把教学主动权分给学生，促使学生主观能动性的发挥。

三是课程评价方面，学生是课程的实践者与体验者，对高校课程有不同的感受，能对课程做出客观的评价。因此，在课程评价方面应把学生视为评价主体，引导学生对课程进行自主评价，形成以学生为本的评价机制。这样，既调动了学生学习的积极性，促进学生发展，也使课程评价功能得以实现。

②人才培养是高校有关人员参与课程管理运行的系统工程

在高校课程管理过程中，每个成员都应秉持以学生发展为本的理念，为学生服务。

一是高校行政管理人员在课程管理制度制定上，应消除"自上而下"的管理理念，保障学生课程权利，满足学生发展的需求。

二是高校教师在课程教学设计上，应根据学生多元化和个性化需求，设计不同的模块化课程教学方案，为学生实现个性化发展服务。此外，其他人员在提供课程教学资源上，也应以为学生服务为前提，从实践出发有效引导和整合教学资源，把有助于学生发展的教学成果引入课程管理中，建立课程教学资源多元化。

3. 实现多元主体的利益诉求

就实践方面而言，课程不仅是高等教育活动的核心，也是高校课程教学的基本单元，直接影响人才培养质量。随着高等教育大众化发展，人才培养质量问题引起了教育界及社会人士的广泛关注，并期望通过课程管理制度改革提升人才培养质量。课程管理制度改革是否有效将会决定人才培养目标的实现程度，进一步影响多元主体的利益诉求。

（1）实现政府政治与经济价值的利益诉求

我国高校主要由政府出资办学，政府不仅作为主要出资人，而且是高校办学的监督者和管理者，他们希望高校能履行其职责，以获取自己的利益诉求。

一方面政治利益诉求。即通过高校培养高层次人才，促进政治社会化的实现，进一步推动国家民主政治的发展。

另一方面经济利益诉求，即通过与高校、社会的互动与合作，促进区域经济的发展，提升劳动者的综合素质，提高工作效率，进一步开发服务技术，培养所需的高端技能型人才。

（2）实现高校教职员工自身价值的利益诉求

就管理者而言，不仅包括校长，还包括院长、系主任以及其他教学管理人员。他们是课程教学管理的组织者和服务者，在课程管理过程中起到组织、领导和协调作用，他们希望用较少的课程资源和较低的教学成本，实现高水准的教学质量和课程质量，实现人才培养质量提升。

对教师而言，教师是教育产品的生产者和创造者，会直接影响人才培养质量，因此教师是最核心的利益诉求者。他们希望有权力参与课程管理，给予其应有的社会地位和人格的尊重，并以身作则完成教书育人使命，得到组织对其课程教学能力和成果的认可，实现个人自身价值。

（3）实现学生人力资本增值的利益诉求

高校之所以存在，学生是主要原因，无论是课程教学质量提升，还是人才培养目标实现，毫无疑问学生具有实质上的合法性。他们希望有权力参与课程管理，获得所需的知识和技能，提高综合素质和就业能力，以此满足自身发展需求，从而使个人资本增值的利益诉求得以实现。

（4）企业等社会力量投资回报的利益诉求

他们是课程教学和科学研究的主要合作者与支持者，企业期望高校能为其提供高素质人才，正如知识生产的溢出效应一样，对企业发展起到带动作用。同时，企业也是高校进行课程实践的投资者和提供者，通过为高校提供科研场所和实践基地，让高校能更高效地利用资源，提高办学效益，提升人才培养质量，为企业提供所需的技术和人才，以此实现投资回报利益最大化。

二、我国高校课程管理体制改革方略

（一） 健全政府对高校课程的宏观管理机制

随着我国高等教育体制改革不断深入的背景下，政府开始着手调整课程管理方式：从强调对高校课程的微观控制到加强对高校课程的宏观机制，通过完善政府课程管理与评估机制以及转变政府课程管理行为与方式，实现政府的宏观机制功能。

1. 完善政府课程管理与评估机制

（1） 转变高校课程评估管理体制

课程评估是高校课程管理系统中最基本内容，它是提高课程教学水平与课程建设的重要手段。当前，十分强调课程评估的客观性、真实性、全面性以及准确性，需要多元主体共同参与课程评估，转变高校课程评估管理体制。即转变以政府为主体的单一课程评估管理体制，实现多元主体的共同参与。

第一，随着经济的飞速发展，高校之间竞争愈演愈烈，以学生为中心、为学生服务的观念逐渐确立，学生参与课程评估受到重视，并且其评估的权重也随之加大。教师是课程的主要实施者，对课程问题最为了解，通过对课程进行评估，能及时发现并解决课程问题，推动课程改革与发展。

第二，高校开始面向社会自主办学，高校课程质量与人才培养质量直接关乎社会发展，因此，衡量高校人才培养质量是否满足社会需求，社会力量起着关键性的作用。政府应给予社会力量一定的权力，鼓励其参与课程评估与监督工作，这样不但增加了社会力量对高校办学的认可度，而且也激发了社会力量参与的积极性，促进课程管理整体水平的提升。

（2） 创建课程分类评估的管理机制

由于评估标准的不定性以及指标体系的单一化，导致评估结果没有说服力。因此，应创建课程与专业分类评估管理机制。为了使评估标准更加清晰化，各类高校可以依据学科性质的特点，对评估单位加以进一步划分，并根据不同的课程分类标准实行分类评估。从评估性质角度出发，教育部将高校划分为两大类：一类是已受过院校评估的高校，另一类是未受过院校评估的高校。

（3） 建立"官办评分离"的课程评估管理体制

高校不仅是办学主体，也是课程评估主体，落实高校自我评估是高校拥有办学自主权的根本体现。从评估者角度而言，面临教育环境的多变性、复杂性，高校课程评估除了包括学生评估、专家评估以及校内评估外，还包括社会人士评估。通过建立中介评估机构，使企业等社会力量成了高校与政府之间的"缓冲器"，协调两者之间的关系，同时参与高校课程评价。

实际上，世界绝大多数高校评估都不是由政府直接实施，而是通过建立具有法律授权地位的中介机构来承担。我国应在借鉴和学习国外经验的基础上，构建适合我国高校课程发展的"官办评分离"体制。

①政府向高校放权

在高校课程评估过程中，政府是宏观"指导者"和"规划者"，从整体上统一课程评估的指导原则与指导思想，负责课程评估政策制定、颁布课程评估指标等。如政府每年都会根据高等教育发展状况，定期进行国家精品课程评选与考核，加大对课程评估的宏观管理，而具体的课程评估则由高校实施。

②政府向社会力量分权

政府应分割权力给社会，通过建立课程评估中介机构，鼓励社会力量参与到课程监督与评估中。社会参与高校课程监督的主要依据，是以高校课程培养的人才质量与人才规格加以判断，并由社会中介机构通过开展课程评估活动得以实现。可见，通过建立官办评分离的评估体制既有助于政府管理职能转变的实现，也能鼓励社会力量参与课程管理，满足社会对人才培养的需求。

2. 转变政府课程管理行为与方式

（1）转变政府的行为，促进高校课程管理民主化

随着高等教育民主化进程的加速，课程利益主体趋于多元化已成为不争的事实，以政府为一元主体的管理体制受到挑战。鉴于此，政府应加大放权力度，赋予高校足够的课程管理权力，并为其他利益相关者提供参与课程管理的多样化渠道，使不同利益主体表达自己的课程意志，实现高校课程管理制度的公平化和民主化。

高校课程的具体实施者是教师，教师不仅对课程问题最了解，而且对学生也最熟悉，最清楚学生的需求，理应给予其充分的课程管理权，使教师自身的主体作用得以发挥，促进高校课程教学水平提升。

高校最终目标是促进学生发展。高校和政府部门的管理者应把学生的需求放到首位，认可学生参与课程改革以及相关高等教育问题的讨论，并把他们视为高等教育改革的主要参与者，在现行规定的体制内，参与高校的管理以及政策的制定工作。因此，赋予学生一定的课程管理权是高校课程管理民主化必不可少的一部分。

此外，高校课程管理也需要社会的广泛参与和监督。政府应适当的分权给社会，为社

会力量创建参与课程管理的民主环境，提高其参与课程管理的积极性。

（2）调整政府管理的内容和手段

第一，调整管理的内容。政府对高校课程管理的内容十分细致，具体体现为对本科"专业规范"和"专业目录"修订等做的规定上，如政府要求高校按照统一制定的教学方案实施教学；按照统一规定的专业目录设置课程，在很大程度上限制了高校办学的自由度，导致高校课程改革落后于社会发展的需求。为此，在课程内容管理权限上，政府应减少对高校课程内容的微观干预，适当加大对课程的宏观调控，让高校可以依据自身的条件和发展需求自主调整专业设置，进行课程建设。

与此同时，政府应加强课程质量调查和教学质量评估，不定时地发布一些相关的课程评估报告，不断规范课程管理建设，使其走向优质化；同时，建立教材选用机制，落实学校在机制中的主体地位，进一步促进高校教材市场的成长与完善。

第二，改革管理手段。随着高等教育各个阶段的形势变化，政府对高校课程管理手段也在不断变革。高等教育精英化阶段，高校课程管理方式主要以计划控制为主；到了高等教育大众化阶段，政府管理手段重心开始向宏观管理转变。进入"质量工程"时期，政府主要通过项目管理模式，对高校课程事务加以宏观管理。尽管在课程管理过程中加强了评估、督导以及法规等手段，但事实上，行政管理特征仍很明显，高校课程管理自主权仍十分有限。

因此，政府有关高校课程管理手段应从根本上进行彻底改革，即改变对高校课程单一控制的管理方式，综合利用政策规划与指导、信息服务、立法以及拨款等宏观的行政措施，以此减少政府的微观干预。

第三，增强财政支持。政府启动的专项基金支持"质量工程"项目建设，其中就涵盖了课程建设与资源共享、人才培养模式改革以及专业认证与结构调整等项目。此外，还资助大学生自主开展创新性试验、教师开展对口支援交流、建设人才培养创新实验区等。

由此，充分体现出政府希望通过财政投入，对高校教学改革起到辐射作用，激励高校在课程建设方面能发挥其自身优势，保障高校课程管理制度改革。

（二）完善高校内部课程管理权力制衡机制

高校的最终目标应是实现所有主体的利益整体最大化，而不仅是使少部分主体的利益得以最大化，否则将会顾此失彼。高校课程管理制度改革的关键是要完善高校内部课程管理权力制衡机制，保障院系、教师及学生的课程管理权力的实现。

1. 保障院系课程管理权力的实现机制

院系是高校教学的实体组织，它对所属专业、学科的实际情况最熟悉，就课程设置、课程实施等微观管理也最具发言权。为了保证高校课程管理的有效性，高校应走出微观管理的误区，完善院系机构设置，赋予院系课程管理权，调动院系工作的主动性。

（1）完善院系机构设置，建立课程管理委员会

反观当前高校内部课程管理组织，集中凸显院、校两级在课程管理中的职责错位、职权重叠等问题，导致在落实教学质量评估、课程建设和课程管理运行等方面的工作上，难以理清院校两级的职责分工，即本应由教学工作人员负责制订人才培养方案，却由行政管理人员负责计划和实施，致使课程管理运行效率低下。

因此，完善学院机构设置是院、校两级课程管理机制有效运行的基本保障。院系可以单独设立课程管理委员会，明确自身的地位和职责。教学管理人员遵照学院的课程规划和安排，负责本院系的专业课程、学科基础课程的建设和管理，并重视和协调教师和学生在课程管理中的地位和权力。

此外，根据高校教务处的统一要求，各个院系可以按专业成立培养方案制订小组，由各个学院院长作为组长进行领导，并吸纳一些专业骨干教师参与方案制定，以此改变师生与院系行政之间的管理关系，建立一种民主协商制度，提高院系参与课程管理的积极性，促进课程管理的有效开展。

（2）理顺院校两者之间关系，赋予院系课程管理权

在高校中，院、校都是课程管理的主体，都具有课程管理权力，两者的关系与地位应是和谐平等的。但由于受到传统管理体制的制约和观念束缚，院、校两级在课程管理过程中突显出两者之间关系的不协调、地位的不平等。具体体现为校级对课程事务管得过多、管得过死，并总在微观管理方面下功夫，促使校级行政管理人员走向一个严重的误区。而学院习惯听从于校级指令，使学校与院系之间形成了一种"命令"和"服从"的关系，影响课程管理的正常开展。

可见，在实践过程中，学校应从传统管理模式中走出来，摆脱对课程细枝末节的管理，赋予院系课程管理权力。

①改变传统的行政管理体制

在课程管理过程中，高校行政管理部门在课程管理上应通过制度建设，政策指导以及协调服务对院系加以宏观指导，具体的课程管理事务则应由院系负责管理，因此行政管理部门与院系之间应该是规划指导与操作执行的关系。

②赋予院系课程管理权力

作为课程教学的实践部门，高校应赋予院系一定的课程管理权，让院系走向高校课程管理的"前线"，使其积极地参与课程管理活动，加快对学科、专业的了解，获取学生对课程需求的有效信息，促进高校课程管理制度改革。

2. 建立教师参与课程管理的激励机制

教师是课程的实施者，课程内容的选择与组织、课程实施与评价都离不开教师，所以教师与课程的关系十分密切。教师参与课程管理积极程度会直接影响课程教学的效果，进一步会影响人才培养质量。因此，应建立教师参与课程管理的激励机制，提高教师参与课程管理的积极性。

（1）实行本科生课程教学质量酬金机制

教师的课程教学效果在课程督导专家、同行教师、学习同类课程的学生综合测评排名位居前列，才有资格申请教学质量优秀评定。申请资格通过后，学院依据制定的考核细则和教学优秀量化考核表，由督导专家、同行教师以及学生对教师教学进行评定，最后以课程为单位量化考核结果进行排序。

（2）实行研究生课程教学质量酬金机制

针对负责研究生公共课程教学工作的教师，申请教学质量优秀评定资格除了需满足课程教学效果在管理人员、督导专家、同行教师、学习同类课程的学生综合测评排名位居前列之外，还要求教师所进行的教学实践活动的成效性，即在教学过程中是否提高了研究生创新能力和实践能力作为其考核内容。如果达到申请标准后，即可以提交申请，学院根据条件遴选，并经过研究生院与领导审核和审定后，按照教学质量和效果在学院排名情况，给予教师相应的薪金。

（3）构建学生课程管理权力的实现机制

过去的教育制度，高校学生被当作实现教育目的的"工具"，使学生在课程管理中处于被动的或不利的地位，无法受益。因此，需构建学生课程管理权力的实现机制，赋予学生一定的课程管理权力，保障学生权利的实现。

（三）健全社会力量参与课程管理制度

就利益相关者理论而言，政府、高校、教师、学生、社会力量都是大学利益相关者，理应参与高校课程管理。从某种意义上说，任何一类利益主体缺失，都会对高校课程管理成效造成影响。社会力量在高校课程管理中仍被视为边缘群体，无法实现其自身的利益。因此，需健全社会力量参与课程管理制度，实现社会力量参与的权力及其作用的发挥。

1. 增强社会力量参与高校课程管理意识

从利益相关者角度出发，社会力量既然是课程管理主体，就应自觉地对自身在课程管理中拥有的权力和地位有清晰的理解和充分的认识。通过激发权力意识及构建组织机构，增强社会力量参与意识。

（1）激发并实现权力意识

随着高等教育体制改革，利益主体趋于多元化，社会力量的角色也从边缘群体向中心主体转移，逐渐拥有课程管理权力。在这样的背景下，社会力量应认识到自己具有课程管理权力，并相信自己能充分利用此权力推动课程管理制度改革，以此激发自身参与课程管理的内驱力。与此同时，社会力量应强化自身的课程管理权力，了解参与课程管理的途径和内外部环境，从而制定适当的参与策略，促使自己能积极参与其中，实现参与课程管理的权力意识与责任意识。

（2）建构并整合组织机构

既然社会力量是课程管理主体，就有必要表达课程的意愿和表达意愿的途径。但与完善的组织机构相比，社会组织机构相对比较分散，参与课程管理能力十分有限，课程权力表达渠道也并不畅通，导致难以正确认识到自身所具有的课程管理权力。

因此，社会力量应自觉进行组织建构和整合，保障权力表达渠道的畅通，如利用媒体、协会等媒介建立一个由个体或者社会人士组成的课程开发协会或服务机构，使社会力量通过所组建的机构表达课程意愿，并通过整合强、弱组织机构，实现社会力量的结构化和组织化。当然，为了保证管理制度的合理性与科学性，应对社会力量参与课程管理的权限和义务进行一定的规范与约束，促进社会力量参与课程管理的有效性，实现其参与意识的提升。

2. 创建社会力量参与课程管理的合作机制

随着高校开始面向社会开放办学，社会力量也可以自主参与高校教学活动。但是，当前社会力量参与高校课程管理制度仍不完善，导致参与渠道匮乏，高校与社会之间的交流与合作少之又少。为此，需建立社会力量参与高校课程管理的合作机制，鼓励社会力量参与其中。

（1）建立产学研结合机制

校企通过订单式培养的方式，使行业企业或用人单位参与高校人才培养中，为高校提供教学实践场所和科研基地，并在行业企业或用人单位的专家帮助和指导下，鼓励学生积极参与教学实践与科研活动，提高人才培养的综合素质，以满足行业企业或用人单位对人才的需求。高校作为主动方，应加强与行业企业或用人单位之间的交流与合作，深入了解行业企业或用人单位的利益需求，为他们提供多种参与途径和多样化服务，使行业企业或用人单位在获得自身利益基础上，积极参与课程管理，以此将行业企业或用人单位的课程项目资源改造成为高校课程的有效资源，共同促进课程质量提高，实现人才培养目标。

（2）建立"共同愿景"模式

"共同愿景"即以可持续发展为目标，以高校和社会力量的合作为基础，让双方就课程管理问题进行有效沟通和交流，使高校了解社会对高校课程的需求和渴望，以此引导高校对课程设置进行适当的调整，使课程内容更贴切于行业企业或用人单位实际需求，最终在课程价值方面达成共识。

例如通过构建会议、讲座、网络、现场调研或咨询等多种沟通方式和渠道，营造良好的交流合作环境，使社会力量参与高校课程管理的作用得到充分发挥。同时，为了能保证高校和行业企业或用人单位可以互惠互利、长期稳定地合作，双方应秉持实现彼此利益原则，共同遵守合作的规章制度。

实践证明，在教育系统内部，仅靠高校单一的力量进行改革，是难以实现理想的效果，唯有打破高校与社会之间的"隔离墙"，加强两者之间的联系，赋予社会一定的权力，使社会力量也成为参与者，才能为高校的有效治理提供发展空间。

3. 建立社会力量参与课程管理的保障机制

高校利益的相关者，社会力量也有自己的利益诉求，特别是以营利为目的的企业，为了获得自身的利益，会试图通过多种途径和方式主动参与高校课程管理。但由于保障机制的缺失，难以实现社会参与。因此，需加强政府支持力度，建立社会力量参与的保障机制。

（1）创建专门的中介服务机构

为了保证社会力量参与课程管理，满足社会力量参与的需求，政府应创建专门由研发机构、高校以及企业组成的中介机构，在职能上发挥其协调和支撑的作用。

（2）建立多元化的投资体系

一方面，应加大政府的投入。政府可以针对课程建设设立专项基金，为行业企业或用人单位和高校合作提供充足的资金支持，如制定产学研合作项目计划基金。政府也可以采取专项贷款和财政补贴等税收优惠措施，鼓励社会力量参与课程管理。

例如，通过专项拨款，建立实践基地、大学城或者科技园，让高校与行业企业或用人单位进一步合作，提高课程实践教学和课程质量，促进当地经济与高校发展。

另一方面，加大行业企业或用人单位的投入。社会力量凭借自身拥有的文化资本参与课程管理，如一些课程研发机构会直接参与课程决策制定，或会利用机构的研究成果转化，对高校课程管理改革施加影响。

此外，高校是依据社会对人才培养需求设置课程，如果要与社会发展接轨，高校课程开发项目需要行业企业或用人单位能为其提供资源，如实践场所、课程项目、企业专家咨询、专题讲座等。因此，应在满足行业企业或用人单位利益诉求基础上，进一步鼓励行业企业或用人单位加大对课程管理资源的投入。

第三节　我国高等教育学生管理体制创新策略

一、我国高校学生管理体制发展趋势

高校学生管理的目标应是促进学生发展，同时包含教育、管理、服务职能。在未来学生管理过程中以人为本，充分发挥高校学生管理的育人功能，注重学生思想品德素养，促进学生自主发展，采用服务型行政事务管理方法，满足学生合理性需求。高校学生管理者在学生管理过程中只是起着辅导的作用，充分体现学生的主体地位，信任学生的自我管理能力，以"思想政治教育+服务+学生自主发展"为理念开展学生管理。

（一）未来高等教育在校学生的特征

1. 个人负主意识彰显

随着社会经济利益分配沿着竞争规律流动，市场经济的一个突出特点是按照市场法则平等竞争。社会政策对个人利益表示承认和肯定。因此，市场经济不仅从经济上要求独立个人地形成，而且在观念上要求强化人的主体意识。

当前以及未来的高校学生处三市场经济这一大环境，首先应具有较强的自主意识。这种自主意识一方面表现为要求对自身价值、自我尊严的追求；另一方面表现为自我意识、民主意识、平等意识等新观念的蓬勃兴起。就业市场的竞争，关心个人发展机遇，自立、竞争、公平、效率等时代意识强烈，这使高校学生更加注重自我完善，表现出对市场经济亟须的新知识以及新技能的强烈求知欲。高校学生积极思考并明确自身价值，及时确定人生坐标，最大限度地实现自我价值。

2. 注重个人创新意识培养

未来的高校学生首先具有较强的自主意识，其次注重个人创新意识的培养。创新是一个民族进步的灵魂，是一个国家兴旺发达的不竭动力。知识经济的时代，知识质与量的不断更新与增加，技术革命成果不断涌现，要求高等教育必须把重视创新精神、注重实践能力、突出个性特色的人才培养作为我们未来工作的重要目标。

随着我国不断推进经济发展方式的转型，致力于将我国建设成创新型国家，而这需要创新人才的大量涌现。学生对事物所持有的兴趣与好奇心是培养学生创新意识与创新精神的前提条件，要激发学生的学习兴趣和好奇心，高校在学生管理过程中应做到以下几点：（1）营造利于学生独立思考、自由探索、勇于创新的良好校园氛围，尊重学生的个人选择，善于挖掘学生个人的潜力，鼓励学生个性发展、自主发展。（2）建立有利于选拔创新人才的制度。（3）制定评价创新人才标准。（4）制定灵活多样的课程选修制度，给予高校学生条件支持，开展国际合作等方式，从而培养具有创新精神和创造能力的人才。

（二）"思想政治教育+服务+学生自主发展"的学生管理理念

存在主义哲学理论与学生发展理论是学生自主发展理念的重要理论支撑，未来高校学生中应以哲学和心理学理论为基础，树立"思想政治教育+服务+学生自主发展"的学生管理理念。

1. 学生管理理念的理论基础

（1）存在主义哲学理论

存在主义强调人的存在先于思维、行动，重视个体独立性的存在。人不仅存在理性的一面，也有非理性的一面，追求的是多样的发展，而不仅只是掌握更多的理性。尽管个人发展方向不同，但自我提升的权利是平等的，因此应相信每个人自身都具备独立性、责任性和社会性。

存在主义认为，学生管理者应激发学生的主观能动性，培养学生的独立性、责任感和社会性行为，为学生的学习提供便利，促进学生自主学习。学生管理者应为学生自我合理需要提供服务，与教学工作者一起为促进学生的自主发展而共同努力。

（2）心理学理论

时至今日，美国心理学理论已相当成熟，我国也不断向其学习、吸收、借鉴。学生发展理论对高校学生管理工作有着重要指导作用，其中主要是关于人的发展，认知和道德的发展。

2. 学生的管理理念分析

"思想政治教育+服务+学生自主发展"理念主要基于哲学和心理学的理论提出，立德树人是教育的根本任务，为该理念的实现提供了强大的支持。在学生管理实践中，高校要加强对学生的思想政治与思想品德教育，应采用服务型行政事务的管理方法，促进学生的自主发展。

（1）加强高校学生思想政治与思想品德教育

提出"思想政治教育+服务+学生自主发展"的学生管理理念，首先应加强对高校学生的思想政治与思想品德教育。从古至今，我国就一直重视学生的品德、道德。树立道德是人生的第一位。个人的道德是社会公德的基础，只有个人的道德建立起来，才有资格谈及社会公德。

光有品行没有知识是脆弱的，但没有品行光有知识是危险的，是对社会的潜在威胁。教人做人是高等教育的重要目标，高校学生要做有道德的人，只有在道德的基础上，才能做人中人，即做追求真理的真人，在追求真理的道路中，敢于做有创造的人，敢于作为真理而献身的人，将真善美的人格集于一身，是高等教育未来应实现的宏伟蓝图。

对丰富高校学生管理理念，落实立德树人要坚持一切从培养创新人才出发，将科学精神、思想品德、实践能力和人文素养的培养贯穿于人才培养的全过程，着力提高学生的社会责任感，培养学生的创新精神和实践能力，加强学生的思想政治与思想品德教育。

（2）采用服务型行政事务管理方法

设立完备的学生管理机构服务于学生需求，更直接地为学生学习提供便利，将高校学生事务管理与学术管理结合起来，共同促进学生学习和个人发展。学生与学校的关系是平等对话的关系，学校尊重学生的权利与人格，关心学生的学业进步、品格塑造与心理养成，通过各种服务型事务类的管理，为学生的学习、生活服务及自主发展提供保障。

（3）深化学生管理体制改革，促进高校学生管理民主化

我国高校管理制度不断地深化改革，推进民主化。赋予教授在学术事务管理中更大的决策权力，是未来我国高校管理走向民主化的一大表现。而推进高校管理民主化的另一重要表现是在高校学生管理方面，给予学生更多的自主管理权利。

通过学生自我管理从而促进学生自主发展，是高校学生管理的最高目标。高校在学生管理过程中需营造宽松的氛围，让学生自主发展，尊重学生个体选择，充分发挥学生的个人兴趣与特长，挖掘每个学生的优势潜能，这是未来高校学生管理所追求的。而要达到学生自主发展，需要在教育价值取向上确立个体人的生命价值，而不是强调教育的社会工具价值。树立正确的学生观，在学生管理过程中重视学生的需要、兴趣、创造力和自由，充分尊重学生的尊严、潜能和价值，重视培养学生的主体性，使学生成为有进取意识和创造精神的社会主体。

我们要将"思想政治教育+服务+学生自主发展"的理念贯彻到高校学生管理工作之中,不仅在观念上重视学生的思想政治教育,最重要的是将学生的思想品德教育落实到实际管理中去。采用服务型行政事务管理方法,满足学生各种服务型需求。高校学生管理者在学生管理过程中只是起着辅导的作用,只有充分发挥学生的自我管理能力,营造宽松的氛围,才能促进学生的自主发展。

二、我国高校学生管理专业化取向体制

(一)高校学生管理工作概述

高校学生管理工作既是职业的一种类别,也是高校教育中的一项基本任务。

1. 高校的主要任务是培养高素质、高技能的人才

以满足社会发展对人才的需求,为国家的发展建设培养接班人。高校对人才的培养不仅是专业知识和技能的传授,还包括对学生的适应能力、人格形成、道德建设等多方面素质的培养。高校学生管理不仅为高校教学服务,更对学生形成正确道德观、价值观、人生观具有重要的作用。高校学生管理工作经历了长时间的探索和发展,在管理体系、管理理念、管理方式和人员配备方面日趋成熟。

2. 高校学生管理是一门具有很强实践性的学科

它将教育学、管理学、心理学等多种学科加以融合,具有综合性特点。随着教育改革的持续进行,高校学生管理工作不断探索、不断发展,已从单方面的强制性的说教、灌输模式逐渐向以人为本、服务化和制度化的方向转变。高校学生管理工作涵盖范围广泛,以引导学生思想的正向发展、为学生生活需要服务、指导学生就业发展、对学生进行心理健康的维护等多方面为工作内容。

3. 高校学生管理走科学化的发展路线

国内的高校长期以来并没有将学生管理工作作为一个单独的学科,高校的行政化管理机制使工作在一线的学生管理从业人员仅作为管理工作的执行者,管理实权和自由决策力的缺乏,使其并不属于真正意义上的学生管理。这一点,国内与西方高校学生管理方面有很大的差异,在本质和境界上都存在较大的分歧。要从根本上提高我国高校学生管理工作,就应该向西方国家学习,走科学化的发展路线,既要有明确的管理目标、完善的管理体系、正确的管理理念,还要有高素质的管理人员职业发展与培训规划、方法,建立职业化、专业化、高素质化的高校管理工作人员队伍,这对于高校人才的培养具有重要的意义。

（二） 高校学生管理走专业化发展道路的必要性

高校教育是国家人才培养的重要行业，为社会各行各业的发展培养专门的人才，是国家发展的主要推动者。任何一个行业的发展，都是从不成熟到成熟再到专业化的过程，每一种行业分工最终的发展趋势都是具体化、专业化。

1. 职业发展的专业化

无论是对于从业者本身的发展还是对于整个行业的发展都具有非常重要的意义。学生管理的专业化是将学生管理工作作为一个专门的学科类别，同会计、法律、金融等专业一样，具有更强的专业性。从业人员也同其他从事专门性职业的群体一样，具有更专业的知识素养，为社会培养本行业的专门人才。现今我国高校学生管理工作对管理和被管理两方来说，是服务与被服务的关系，强调的是双方间的互动性。学生是服务的主体，占据着主动的地位。为了满足对新一代大学生的管理需要，高校学生管理者必须了解现代大学生的心理特点，用更加专业的知识和理论，采取更加专业的管理方法，做好现代高校学生的管理工作。

2. 培养实践性和业务性强的职业素养

传统的观念认为，高校学生管理工作者不需要像高校中的专业教师那样具有高学历、高知识储备，无论谁来干都可以胜任此项工作。其实从本质上来说，高校学生管理工作是集教育学、管理学、心理学于一体的综合性学科，其专业性强，专业要求高，从事学生管理工作的人员在专业素质方面的要求更高，而且要具备丰富的实践经验。具体来讲，学生管理工作人员不仅具有教育学、管理学、心理学等学科理论知识的储备，还要具有能够亲力亲为指导学生的社会实践工作、学生的日常工作、学生的心理健康、学生学习生涯的规划、各种专业特色研讨会的开展、学生活动的组织以及学生就业指导等实践性强和业务性强的职业素养。

3. 为高校教育事业服务

在国外，学生管理工作从业人员都受过高校管理工作的专业教育，国家也会专门针对学生管理工作开展专门的业务培训。在我国国内的学生管理工作从业人员素质良莠不齐，理论知识储备欠缺，专业化程度低，而且执行行政式指令的工作模式，工作缺乏针对性，学生管理工作缺乏完善的管理体系和有效的管理制度，人员流动性大，学生管理工作很不理想。因此，学生管理只有走专业化的发展道路，才能从根本上提高学生管理工作的质量，为高等教育事业服务。

（三）高校学生管理工作专业化理念的建立

随着高校教育改革的深化，高校内部管理进行着根本上的更新和变革，学生管理工作已经呈现出专业化的发展趋势。职业经过分化和发展，必然形成专业，从而形成强调专业知识和技能的职业。

1. 职级分类的角度

专业是指群体经过专门的教育学习和训练，具有高深的、独特的专门知识和技术，按照一定标准进行职业活动，从而解决人生和社会问题，促进社会进步并获得相应报酬待遇和社会地位的专门职业，可以说，现如今高校学生管理工作已符合职业专业化的标准。

2. 社会的角度

现在学校管理学知识体系日益完善，在国内的高等院校的教育学院都有教授教育管理学的内容，在一些高校管理中已经有自己特定的管理方式和技术形成。另外，在高校内部对学生管理工作从业人员的知识技能已经有了一定的要求和标准，高校越来越重视学生管理工作从业人员的业务培训。而且，从社会角度来看，高校管理职业在社会中已经是一个职业阶层存在。

3. 专业发展的维度

作为高校教育管理专业人员，获得系统而明确的专业理论知识是专业发展的又一重要维度。高校管理的教育性、综合性与复杂性要求高校学生管理工作者更应具有符合教育者、领导者和管理者角色要求的知识结构。专业伦理是高校学生管理工作专业最根本、最直接的体现，它包括从业者的职业道德、行为规范以及高校学生管理工作者的专业态度和动机，而专业态度和动机又是专业特征形成和发展的动力和基础。自我专业发展意识是保证高校学生管理工作者不断自觉地促进自我专业发展的内在主观动力。

（四）高校学生管理工作专业化的制度保障

高校学生管理工作受多方面因素的影响和制约，学生管理工作制度不仅是高校学生管理工作中最重要的影响因素，而且是学生管理工作开展的基础，为学生管理工作的贯彻落实提供制度支撑和保障。对于高校的发展而言，不但要加强硬件方面的建设，努力提升学生管理工作的实用价值和实际效果，在软件方面要建立健全学生管理工作制度，为学生管理工作的开展提供有力的制度保障。

1. 以制度形式明确学生工作管理的地位

高校出台的一系列的制度、规则或者年度工作规划要明确学生管理工作的地位，不仅为学生管理工作提供制度保证，还要有一定额度的配套服务经费的划拨，在经济上给予支持，从制度和财力、物力等方面共司为学生管理工作的有效、健康发展提供支持和保障。随着教育形势的发展，高校学生管理工作应该与时俱进，根据形势的变化及时做出调整，使其与社会和教育的发展相适应。因此，明确学生管理工作在学校总体工作中的地位，遵循学生管理工作的服务宗旨，建立健全相关人员准入、考核、评比机制对提高学生管理工作显得十分重要。

2. 以制度形式确保学生管理工作岗位的职业化

高校学生管理工作岗位具体包括：对学生进行思想政治的管理，心理健康的管理，为学生就业提供指导，进行法律法规教育，进行学生社会实践管理等。这些工作细化到学生管理工作的各个部门，对于部门岗位，应该建立明确的制度和规则，为管理工作的执行提供保障，确保岗位工作人员具有过硬的专业知识和专业技能。

岗位人员在选拔和聘用的过程中，除了理论基础知识以外，对于思想政治岗位的工作人员要求具有本专业的知识素养；心理健康管理岗位的工作人员要求具有心理辅导的经验，并通过国家认可的执业资格认证考试；在法律教育岗位的工作人员要具有法律专业知识并具有丰富的经验；这些岗位都需要有规范的制度提供保障。

3. 采用艺术性学生管理模式、制度激励创新

高校学生管理工作的主要对象为大学生，大学生是青年群体中的典型，具有自身的特殊性。在大学生群体中工作，为他们提供服务，对各种事件处理的好坏直接对大学生人格的形成和社会认知以及人际关系的培养有着重要影响。因此，艺术化学生管理培养模式，使学生在接受学校管理工作过程中，不流于表面，而是发自内心的认可。将教育管理深入打动学生的内心，使学生在社会交往的层面上得到正确的认知，这是学生管理工作的意义所在。

以制度化的形式采取适度的激励，使学生管理工作人员优秀的工作表现和成果受到认可和鼓励，会激发工作人员的工作积极性，对工作更有兴趣，勇于创新，从而在整体上提高学生管理工作的质量。

综上所述，高校学生管理工作的职业化强调高校学生管理工作是一个独立的社会职业，而高校学生管理工作的专业化则要求提高高校学生管理工作从业人员的专业水平。通过高校学生管理工作专业化，进一步发展高校学生管理工作的专业精神、专业知识、专业能力和专业伦理，提高高校学生管理工作者的专业水平。

三、我国高校学生管理人本化取向体制

教育的发展、管理制度建设的出发点就是要把学生的根本利益和发展放在首要位置，真正将以人为本的科学发展观运用到具体的教育管理实践之中，针对高校学生管理制度人本化缺失的问题，首先要从建构人性化制度着手，从促进学生全面发展的角度出发，坚定"以生为本"的信念，赋予学生应有的权利并建立健全柔性管理机制，加强高校人本化学生管理来顺应当今高校学生管理制度的需求并且弥补制度的不足。

（一）坚持"以生为本"的管理理念

建构人本化高校学生管理制度，转变传统的高校学生管理思维，树立"以生为本"的管理理念，实现学生的全面发展是现代高校教育的出发点和落脚点，实现高校学生人本化管理制度是创新探索符合高校学生心理行为新特点的管理模式，是做好高校学生管理的基础和有效途径。"以生为本"的理念是人本化管理理念的题中之意，"以生为本"应以满足学生需求、促进学生发展、实现学生价值为本，"以生为本"最简单的理解就是"把满足学生的需求作为学生工作的目标和核心"。

做到以学生为先，把学生的培养放在高校一切工作的首要位置；以学生为重，不能因为突出科研工作、国际交流、教学质量等忽视学生管理工作；以学生为主，不仅充分尊重学生的主体地位，而且要在管理中以学生为主，让学生自我教育；以学生为荣，把培养高素质的学生和学生取得的荣誉看作各项工作最大的成绩。随着教育的发展、管理制度的改革，高校学生管理的出发点更是要把学生的根本利益和发展放在首要位置，真正将以人为本的科学发展观运用到具体的教育管理实践之中。

1. 坚持"以生为本"，构建生本位思维

长期以来，在高校学生管理工作中，管理者和学生这两个主体之间处于一种不平等的地位，高校往往把学生管理工作宏观地看成高校工作的一个环节，从学校利益衡量学生的管理。相比之下，忽略了学生主体的需求，严重束缚了学生的自我意识、独立意识和主人翁的意识。

"以生为本"的管理理念，要求学生管理工作者打破传统的"以师为本"或者"以校为本"的管理理念，充分认清"我是谁""管理依靠谁""管理为了谁"，从学生管理工作的实际、学生这个核心群体的实际出发，考虑主体的根本需要，针对学生的特点，尊重学生的权利，侧重发挥管理者的激励引导作用特别是在保护学生合法权利上，不能以片面的集体主义牺牲学生的合法权利，提高对每个学生个体的重视程度，使学生获得全面个性的

可持续发展，使国家与学校的人才培养目标和学生的成长需求相结合，从而得到真正的统一。

2. 坚持"以生为本"，凸显管理型服务

现代高校管理理念普遍认为对学生的管理实际上都是为学生的成长和发展而服务的。学生在发展的过程中需要什么样的管理，高校就应当把这种管理作为一种服务提供给学生，而不是把这种管理当作一种资本凌驾于学生之上。这种服务型管理把管理学生、教育学生和服务学生者有机结合起来，特别是要凸显管理服务于学生的理念。

在管理制度建设、规章制度的定制上、管理者的管理实践和实施上都要摆正自己的位置，树立管理服务而不是服务管理的意识。彻底改变过去片面强调学生对整体社会的价值义务，把学生的主体价值放在社会整体价值之内充分满足学生的生存和发展需求，促进学生个人价值实现和集体价值实现的有机统一。这既是现代教育的发展趋势，也是新形势下实现管理型服务的现实需求。

3. 坚持"以生为本"，彰显个性化发展

由于内外环境的多样化，每个学生必然存在不同程度的差异，并且这种差异很难随着主观意志的转移而转移。以生为本就是要承认并尊重学生的个体差别和个性差异，顺应学生身心发展规律，因人而异，因材施教。高校大学生都是具有独立思考能力的个体，是充满朝气和活力的，同时这个群体也引起社会各界的高度重视并给予厚望，因此在尊重学生个性差异的基础上，还要从整个国家和民族的高度对学生进行引导、规范和管理。

从学生个人的内外成长环境上看，在个人认知和性格特点上都存在差异，因此在注重学生差异化的基础上，还要对学生个人的成长道路、思想道德等进行有针对性的引导。在学习和生活当中需要让每个人的思想都能在这个群体中闪光，并不强调大家的思想高度一致，强调思想一致对一个大学的管理是非常不利的，完全不同的甚至对立的思想互相碰撞，这样的大学才是一个有创新机制的大学。

（二）更新优化学生管理制度体系

制度伦理化和伦理制度化都属制度伦理研究的范畴。制度伦理化是指社会体制的道德性，表现为内在于一定体制的制度、法律、法规、政策、条例等所分配权利和义务的公平性和合理性；伦理制度化是指人们把一定社会的伦理原则和道德要求提升，规定为制度，并强调伦理的制度化、规范化和法律化。无论是制度的伦理化还是伦理的制度化，对实现当代高校学生管理制度体系都有理论意义和指导意义。

1. 更新学生管理制度体系建设理念

（1）融入文化管理机制

在高校学生管理的实践中，全面提高学生的自我约束能力和理性自主能力是高校管理发展永恒的追求。人类的基本行为是由文化来决定的，由于文化的变化很大，所以对人性唯一正确的判断是它的可塑性很大。人与文化的关系是密不可分的，文化可以塑造人、引导人、管理人。高校人本化学生管理就是要突出学生在学习和生活中的主动性、主体性和自觉意识，高校管理文化不仅包含育人理念，学术发展空间，办学特色等要素，也包含管理人员所形成的管理文化，每一种文化的形成都是多种文化主体互相协调、作用而成的，高校人本化学生管理最重要的目的是唤起学生的文化自觉性，用优秀的文化潜移默化影响学生的行为，最终形成文化管理。

以文化来取代制度，当然不是取消制度，而是制度要人文化，具有人文色彩，充满以人为本的文化温情。因此，高校学生管理制度应该与人文精神，价值观念，行为准则和道德规范融为一体，得到学生对高校的管理理念和管理价值取向的高度认同，提升学生的使命感、责任感与荣誉感，增强学生对学校文化的向心力和凝聚力。刚性的制度管理为文化管理起到了重要的保障和支撑，文化管理使制度管理得到升华，文化管理充分体现了高校作为文化机构管理的科学化、人本化。

（2）建立柔性化管理机制

传统的高校学生管理理念强调的是对大学生的思想和行为进行严格的要求和规范，强制性特征明显，学生管理部门和管理者往往对学生采取"压"这种硬管理的方式，直接导致管理者和被管理者在情绪方面的对立。因此，要把传统的服务于管理的观念向管理服务的观念转变。建立柔性化管理机制，需要做到以下几点。

第一，要建立"以学生为服务主体"的观念，把服务学生作为出发点和归宿点，想学生所想的最主要的问题，关心学生关心的最主要的问题，解决学生最渴望解决的问题。

第二，柔性化的管理机制要把激励引导当作学生管理的主要手段，通过制度上的激励引导学生树立远大理想抱负，专注求学，养成科学的思维方法，特别是在学生的思想"总开关"上下文章，指引学生把个人的成才梦和伟大的强国梦有机地统一起来。

第三，柔性管理机制的建立要把学生的主体创造性放在重要的位置，不能像过去那样，只谈义务不谈权利，要明确告诉学生在校期间享有的合法权利和应当履行的义务，把权利和义务写进制度的高度并加以保护，在保护学生的权益方面，特别是在针对学生的处分决定，要做到程序正当、证据充足、依据明确、定性准确、处分恰当，避免学生和管理者产生硬性冲突，学生享有陈述、申辩和申诉的权利，学校要有明确的程序并予以确保。

第四，建立柔性化的管理机制要发挥学生主体能动性，变被动管理为自我管理。高校学生管理工作应当充分发挥学生的力量，变被动服从管理为主动参与管理，这种转变是民主理念的要求，也是缓解消除高校学生管理中的矛盾和抵触情绪的重要手段，这种管理不仅促进了高校学生管理的发展，而且培养了高校学生骨干的能力素质，有助于高校学生培养自主、自立的意识，逐步消除对家庭、社会、学校的依赖，使学生在思想上得到进步。学生参与到管理中也是对管理工作理解的过程，通过这种过程，高校学生不仅得到能力素质的锻炼，更是对制度存在的主观情感的转变。

第五，柔性管理机制的建立要与高校文化繁荣发展接轨。近年来，高校文化在社会文化大繁荣、大发展的背景下也日益呈现出多样化发展，这种软的因素对学生心理和思想因素的影响也日益凸显，从正式上讲，这种文化的导向集中体现在大学精神的凝练，非正式来说，就是存在高校各个角落的文化活动。这种蕴含在文化活动中的价值引导力，最容易被学生接受，对学生的作用力不容忽视。因此，在建立柔性管理机制的同时，应当深刻把握文化对学生产生的深远影响，特别是在西方文化大肆侵蚀青年学生的背景下，更要加强对学生的管理服务。

（3）建立制度反馈机制

及时做好学生意见的处理工作，是新时期制度改革所面临的重要任务。高校要建立健全有效的学生制度反馈机制，在信息交互和反馈的过程中，学生意见的反馈和解释直接关系到制度的合理性，执行力与落实情况。学生与管理者之间可以相互表达自己的想法、倾听他人的意见，有利于达成共识并形成共同的愿景。

学校应该设立学生管理制度反馈部门，收集学生对学校管理制度的意见，高校各职能部门将收集的信息进行分析整理，研究并制订改革方案。同时，要做到反馈及时化、经常化、规范化。学校要向学生公开学校工作计划、进程等相关内容，学生应享有对高校各个职能部门的监督权，确保高校管理制度民主化，规范化，高校要从人本化的角度对学生权利制度进行完善和重构。

2. 优化学生管理制度体系实现途径

为了进一步推进人本化高校制度建设的进程，顺应我国国情和时代的要求，做到如下方面。

（1）推进政校分开、管办分离

将现代学校制度的实施进一步深化，积极探索适应我国高校实情和学生发展的管理制度，从宏观的角度上，要努力构建政府、学校、社会之间的新型关系。克服行政化倾向，改变当前中国高校的隶属关系，把高校从国家的行政体制中脱离，取消实际存在的行政级别和行政化管理模式。

（2）落实和扩大学校的办学自主权

围绕办学自主权，以转变职能和改变隶属关系为重点，加强高校在办学方面的选择。具体来说，要自主开展教学活动、科学研究、技术开发和社会服务，自主设置和调整学科、专业，自主制定学校的规划并组织实施，自主设置教学、科研、行政管理机构，自主确定学校内部收入分配，自主管理和使用人才，自主管理和使用学校财产和经费。同时，要大力支持高校开展国际交流合作，提高国际化水平。

（3）完善学校内部治理结构

完善党委领导下的校长负责制，形成科学有效的决策方式。完善大学校长选拔任用办法，发挥学术委员会在学科建设，学术评价，学术发展中的重要作用。探索教授治校的有效途径，加强教职工代表大会、学生代表大会建设，激发学生参与管理的内在动力，发挥群众社团的作用，积极借助社会力量加强学校的学生管理。

（4）加强大学章程建设

教育主管部门要积极落实对大学章程的审批工作。及时出台相应的大学章程报送审批制度，制定各类学校的办学标准或按学校类别出台不同类型学校的章程样稿。多种形式宣传大学章程的价值和相关理论知识，提高相关主体对大学章程的认识和建设大学章程的自觉性。大学内要提高对大学章程的认识，成为学校章程建设的表率。学生管理的相关主体通过多种形式加强对大学章程的认识。

（5）扩大校企合作

探索建立高等学校理事会或董事会，健全社会支持和监督学校发展的长效机制。

（6）推进专业评价

鼓励专门机构和社会中介机构对高等学校学科、专业、课程等水平和质量进行评估，通过定量、定性的指标和不确定性指标的综合衡量，包括学生和家长的满意程度，学生的就业、发展情况，形成中国特色学校评价模式。

（三）发挥学生在管理制度建设中的主体作用

发挥高校学生在管理制度建设中的主体作用，既是符合高校学生管理特征的现实需要，也是推进高校学生管理制度确实服务学生发展的必由之路。

传统的高校学生管理制度建设无论是参与者还是制度本身的理念、内容，更多体现着校方意志和管理需要。随着现代高校管理理念被普遍接受和高校学生群体的自主性不断增强，传统的由管理者主导的制度建设越来越难以适应管理的现实需要。高校学生管理必须根据新时期大学生的年龄特征和心理特征，充分调动和激励学生的内在积极性、主动性和创造性，确立大学生在对于自身管理中的主体地位，发挥大学生在管理制度建设中的主体作用。

以生为本的管理理念在制度建设中的体现就是要尊重学生的主体地位，尊重学生的主体地位首要就是承认学生的主体价值。学生作为社会上的人，除了要致力于实现社会的整体价值，还要实现自我的价值，这种自我价值通常表现为对其自身生存和发展需求的满足，以及对学生人权的尊重等。因此，在管理制度建设中，要充分认清并尊重这样的现实状况，不能像过去那样片面放大集体价值的实现，过分抵制高校学生的自我价值实现，要在制度建设上尊重学生的主体地位，首要的就是要反映高校学生价值的实现。

1. 推进依法治国在高校学生管理领域的落实

从法律上确定高校学生参与学生管理制度制定的权利，特别是让高校学生在涉及切身利益、敏感问题，如收费、处分等方面有充分的参与权和自由的发言权。

2. 可以依托学生这个被管理群体，实现学生自主化管理

有效地减少管理主体和客体之间的冲突。最主要的是要在制度的内容上，多给予高校学生自主管理的权限范围，确实把学生看作一个可以信赖的、能动的主体，在尊重学生意愿的基础上，实现学生的自我管理和自我发展。

3. 依靠学生构建制度建设的矫正机制

实践是检验真理的唯一标准，人本化高校学生管理制度建设中，必须在管理实践中不断发挥学生的主体作用，及时收集反馈制度建设存在的不足，坚持以学生的发展作为出发点。学生主体也应当在矫正机制中起到主要作用。

当前，高校在学生管理过程中最重要的任务就是要增强其管理服务意识，传统的高校学生管理制度的影响还长期存在，要真正体现学生的主体意识还要彻底解放思想，要从传统的社会价值向注重学生的全面发展转变。学生实现自我管理的意识，学生地位由传统的管理客体向管理主体转变。特别是在制度建设中充分唤醒学生的主体意识，激发他们的积极性和创造性。

（四）推进学生管理的差异化与个性化

高校学生群体多样化已经成为高校最主要的特征之一，集中体现在每个学生的成长环境差异、发展需求上的差异等方面，要求在高校学生管理制度建设中正确把握其共性和个性，特别是对特殊学生群体的政策在制度建设上应当进一步完善。全面开展大学生特殊群

体普查工作，了解和掌握他们的真实情况。在加大日常管理力度的同时，还要特别注意以下几点。

1. 要更新高校学生思想政治教育的内容和体系

人本化高校学生管理要求高校必须把思想政治建设摆在各项工作的首位，贯穿在高校育人的全过程，成立专业的高校学生思想政治工作队伍，探索完善适应新形势和高校学生新特点的学生思想政治教育领导机制和工作机制。帮助高校学生特别是特殊学生群体树立正确的世界观、人生观、价值观，树立崇高的理想和道德追求，特别是要提高高校学生辨别是非的能力、忍受挫折和逆境的能力，学会正确地对待和处理学习和生活中出现的实际问题，学会融入环境实现发展。

2. 要健全高校学生心理疏导工作机制

高校学生中的特殊群体往往是心理问题多发的群体。当面对理想和现实的差距时，或多或少会出现失望、焦虑等负面情绪。如果自我调节无法消除这些负面情绪就容易发展成为心理问题。因此，高校学生的心理疏导工作必须立足帮助学生解决实际、现实的困难，消除心理的困惑，使其心理和人格向健康的方向发展。

3. 创造良好的人际氛围

高校有自己独特的文化和环境，人际氛围是由学生群体创造的，也影响着每一个高校学生。和谐、友爱、平等的人际氛围，不仅能陶冶学生的情操、开阔学生的胸怀，而且能消除或缓和人际交往上的矛盾。随着西方文化思想不断涌入，特别是个人主义理念不断冲击学生的思想和多年来构筑的精神世界，不良的社会风气在慢慢腐蚀部分学生的心灵，消磨高校学生的意志。一些特殊群体，特别是融入高校学生群体中出现问题的学生，如果受到不良风气的影响，将会使其思想态度形成恶性循环。高校必须从思想上宣扬主旋律，把提高学生的道德水平作为基础，营造互帮互助、民主平等、宽以待人的人际交往氛围，消除学生群体之间的隔阂，消除特殊学生群体的孤立感。

（五）完善大学生的维权机制

由于高校学生的利益纠纷往往局限在校内，因此高校学生的维权机制也应当立足于校内，在高校学生维权机制的构建中，虽然各个要素的地位和作用不同，但是整个机制运行过程中，每个要素之间都存在非常紧密的联系，每个要素都体现着整个维权机制的综合作用和功能，都是为了最大限度地保护高校学生的合法权益。

1. 高校要明确大学生维权机制的主体

进一步明确高校学生的权益由谁来维护，最要紧的就是要明确高校学生在高校中的地位及学生和高校之间的关系。高校应当主动承担维护学生合法权益的义务，不能像管理企业、教师、军人那样去管理高校学生，也不能把学生作为社会中的一般群体对待，更不能忽视、漠视高校学生的任何一项权益。作为学生管理者，不能把学生的管理当作简单一种制度维护，必须时刻记住自己是学生的服务者，是学生权益维护的第一责任人，高校的各个部门对学生的权益都有保护的义务，特别是不能因为学校的利益忽视学生的利益，为了部门利益侵犯学生的利益。

学生是权利的主体也是维护自身权利的维护者之一，既要明确、正确对待自己的权利和义务，不能容许权益被侵害，也不能因为维护自己的权益侵害学校或者其他学生的合法权益。

2. 需要对相关制度进行维权

高校学生维权制度的建立是完善高校学生维权机制的关键。制度是高校学生维护合法权益的硬件，维权机制是高校学生维护合法权利的软件，只有软硬件相结合才能确实保护好高校学生的合法权益。只有建立维权相关制度，高校学生的维权工作才有依据，才能有根本的保障，才能长期坚持下去。

从现实上看，大学生的维权仅停留在学生代表会，校长信箱之类的反馈上，而不是在涉及学生权益时介入型，特别是在维权制度建设上基本处于空白，大学生维权制度建立的迫切性远远超过其他群体的维权制度。我国高校应当参考国外高校做法，在坚持完善原有内容的基础上，建立学生参与高校管理制度，让学生作为一个独立的群体参与高校各项规章的制定，特别是在涉及学生相关利益的问题上，保证学生的全过程参与。

建立监督制度，赋予学生权利来监督高校方方面面的建设，必要时应当建立社会舆论媒体监督高校的渠道。特别是在高校处分学生的时候，让学生充分介入。此外，还应当建立相关的保护性、援助制度。保证学生在接受处理的过程中有依据为自己辩护，有地方为自己寻求帮助。

3. 要建立维权的传感体系

信息之间的有效传递是维护高校学生利益重要保障。不但能在侵犯学生利益的行为发生时采取有效的措施制止，而且能够在必要的时候给予帮助和挽救。此外，高效的传感体系能够将种种矛盾逐步反馈，避免量的积累达到质的变化。在维权机制尚未健全的过程中，高效的传感机制的作用是不可替代的。

既要在学校的党政组织内建立传感体系，又要在学生组织中建立，并且要实现两个系统之间的有机结合。

第一，高校要努力形成以学生为主、为学生服务的意识，让学生有地方说出自己的想法。

第二，要加强高校学生维权的意识和责任，不但能大胆说出自己的想法，而且要保证信息的真实性和客观性。有效信息的传递是维权工作变被动为主动的重要途径，也只有一个高效的传感体系，维权工作才能落实到每个学生的身上。

第五章 高等教育多维评价体系的构建途径

第一节 多元主体的参与

一、政府创造多主体参与的环境

在高等教育评估多主体参与中，政府需要通过宏观上的制度安排和引导来巩固影响力。

（一）定位政府在高等教育评估中的角色

1. 从理念上，政府要定位于治理行政

政府应该积极接纳社会评估中介机构，形成共治的局面。依据我国国情，社会评估中介机构在我国的建立和完善最初是离不开政府支持的，只有通过政府的推动和主动引导，它们才能获得生存的空间，政府可以通过资助、拨款以及其他一些政策来大力扶持。但是政府应该把高等教育评估中的一部分职能让渡给他们，或通过委托合同等方式与其合作，共同完成对高等教育的治理。

2. 从职能上，政府要定位于服务行政

政府要强化在高等教育评估中的社会服务职能，如可以提供一定的经费，人员培训，建立评估信息库，定期向学校或其他社会评估机构提供评估的信息数据，建立评估专家库，为高等学校及社会公众提供咨询服务，营造一个良好的评估环境。

3. 从行为方式上，政府要定位于规则行政

在高等教育评估中，政府应该重点做教育资源投入产出分析，检讨自己的资源配置绩效以及这种资源配置产生了什么样的政策导向；负责制定有关高等教育评估的法规与政策，使评估工作做到有法可依，有章可循，同时，通过立法来规范各评估主体的评估行为，使结果更加科学、公正和规范；负责建立各类评估机构的认证制度，对评估主体的资

格进行鉴定，对活动范围、责任与权限给出明确规定，规范评估行为，协调各评估主体之间的相互关系，使政府—高校—社会三者之间的权力既能够相互制衡，在功能的发挥上又能相互补充，从制度上维护评估行为的客观性和公正性。

（二）加强高等教育评估法律法规建设

完善的法律法规体系是高等教育评估正常进行的重要前提，是建立高等教育评估体制的支撑条件和重要措施。在西方发达国家，高等教育评估的目的、程序、评估机构的权利和义务，评估人员的资格认证甚至评估方法技术，都有翔实的法律法规进行规范，评估活动也严格按照法定程序进行。

在我国，高等教育评估存在无法可依或有法不依的状况，所以加强立法建设对高等教育评估的发展意义重大。因为法律的制定和修改要经过一定的程序，具有最大的严肃性和连续性，它以国家权力作为后盾，具有最高的权威性和最大的强制力。政府要尽快制定《中国高等教育评估法》，对高等教育评估在高等教育体制中的地位，评估的目的，评估系统的目标、内容和功能，评估由谁按照什么样的程序和方法组织实施，如何运用评估结果，评估者与被评估者拥有什么样的权利，需要承担什么样的义务，如何认证评估机构和评估人员的资质，评估需要按照何种专业标准进行，谁以何种方式负责监督评估的质量，评估费用由谁承担等一系列问题给出明确的法律规定，使我国高等教育评估实践能够在明确的法律框架内依法规范进行。

除此之外，政府还要建立信息发布制度、评估监督制度、评估激励制度、评估申诉制度、元评估制度等一系列评估制度，使高等教育评估在良好的制度环境下进行，并逐步实现制度化、常态化和规范化。

（三）完善高等教育评估体制

国外比较完整的评估体制，一般都是由国家控制、评估机构评估、高校自我评估和社会监督共同组成的。要完善政府在高等教育评估中的行为，就必须完善高等教育评估体制。

第一，要改变以教育行政部门设立并领导的评估机构作为唯一合法评估组织的状况，淡化政府评估机构的行政性及其对教育行政部门的依附性，增强其专业性、独立性，使其逐步发展成为相对独立的、专业化的、其权威建立在高质量评估基础上的评估机构为确保国家对高等教育的影响力，确保国家高等教育评估政策的贯彻实施，教育行政部门可以适时建立元评估机构，认证各种评估机构的资质，定期检查其评估政策，评价其评估活动的质量。

第二，要建立高等教育行业组织，实行行业自律，为高等教育行业质量承担集体责任。就我国而言，建立高等教育行业自律机制要发挥高教界和学术界的作用，一方面，要建立高教界的协调互动自律机制，即在各级各类高等学校之间建立常设性的互助、协作组织，发挥它们在统筹高等教育质量标准、开展高等教育质量评估与保证等方面的作用；另一方面，要建立学术界的质量认证机制，即依靠各种学术团体、专业协会、学会等学术性组织参与高校各学科、专业的资质认证、教育质量评估。政府要鼓励、支持、帮助高校建立行业性高等教育评估机构，代表高等教育行业参与国家高等教育评估政策的制定和执行，或通过制定高等教育质量行业标准并监督其执行情况，集体承担维护和不断提高高等教育质量的责任，为高校集体责任意识的形成提供动力，为高校履行其质量责任能力的提高提供支持。

第三，要鼓励各高校建立校内评估机构，建立健全校内评估机制，加强校内信息系统建设，不断改进评估方法和评估技术，形成以评估为手段的校内教育质量保障体系，为学校教育质的不断提高提供支持，为配合外部评估奠定基础。同时，还要积极培育民间评估机构，允许各行业组织依法建立专业性高等教育评估机构并独立开展评估活动，鼓励、支持社会积极参与对高等教育质量的监督和改进。通过努力，逐步形成在国家主导下，政府、学术行业和社会共同参与的高等教育评估体制。合理利用评估结果引导高等教育的发展方向，主要是如何解决评估体制的功能定位问题。即建立一个以鼓励高校自我负责、自主发展、服务社会的外部评估体制，引导和激励高校持续改进质量。这需要对评估体制作出合理设计，如淡化等级鉴定功能，减弱评估指标的刚性，按照高校的目标任务评估高校、强化对评估后续改进环节的管理等。

（四）加强对高等教育评估活动的规划管理

评估作为我国高等教育体制改革中政府管理高等教育的一种手段，对保障高等教育质量具有举足轻重的作用。为了取得良好的评估效益，达到评估目的，政府应对各类评估活动进行统筹考虑、合理规划。

根据高等教育评估工作开展的现状，结合高等教育大发展状况，教育部可以制定 5 年、10 年甚至更长时间的规划，同时要加强对规划的管理和实施。从世界各国高等教育评估实践来看，外部评估要在保障高校的教育教学活动满足公认的最低质量标准的同时，尽避免损害高校的办学自主权和对学校工作的干扰，外部评估不宜过多、过细、过频。如果评估带来的工作量太大或者缺乏规划，形形色色的评估对一个学校"轮番轰炸"，势必会造成学校教师和管理人员对评估工作的反感。因此，我国政府要尽快通过立法、政策和规划，对类型各异、名目繁多的评估活动进行整合、协调，使相互分离或相对独立的评估系统的目标、功能、内容及组织实施方式有机地结合起来，作为一个整体发挥作用。从我国高等教育评估的长远发展来看，应在"普通高校本科教学工作水平评估"和"学科、专业评估"的基础上，今后政府主要开展以院校为对象，以院校所有工作为内容实施评估的"院校鉴定"和以专业评估为对象、以全部专业培养活动为内容组织实施的"专业评估"这两种评估活动，实现本专科教育评估和学位与研究生教育评估的一体化，诸如课程评估、实验室评估等微观层面的评估应该交由高校自主评估，切实减轻高校的评估负担。

（五）在评估实践中不断改进高等教育评估方法和技术

我国的高等教育评估，迄今为止，多采用指标体系及加权求和的方法进行，多是区分优劣的总结性评估；评估指标体系的制定者主要是一些学科专家和行政长官，真正具有评估专业知识的人员很少，故对指标体系的建立、指标权重的确定也还存在一定的偏颇，并且对所有高校都采用统一标准；在评估前，被评学校有较长的准备时间；评估专家多是政府聘请的学校领导、教务处长和学科专家；评估结果的公布也是评估程序的重要一环，其意义并不亚于评估本身，我国目前能公开的仅仅是学校自评报告和评估结论，至于对评估结果的处理也往往是评估者与被评估学校领导者之间的内部交流。

高等教育是一种复杂的社会现象，很多内涵不是完全不能用数量表征的，高等教育评估所采用的这些技术和方法在一定程度上严重影响了评估的真实性、客观性，使评估结果严重失真。为了保证评估结果的公平性和正确性，必须在评估实践中不断改进和完善高等教育评估的方法和技术。在这方面，我们可以借鉴西方发达国家的先进评估经验，并根据中国高等教育的实际，把定量标准和定性标准合理地结合起来加以应用，对不同层次、结构和类型的学校，采用不同的方法和评估指标体系，使之能正确反映高等学校的多样性和各自的个性，特别要加强在自然状态下开展分级、分层、分类的评估，采用随机与定期评估、形成性与总结性评估、国家与省市级评估充分结合的方式，防止和克服评估实践中的频繁性、盲目性、急功近利的心态和形式主义的做法；评估专家中还要吸收学生代表及企业界代表参加，条件成熟时还有必要聘请精通本国语言的外籍专家；为了让评估过程更规范、更透明，除了将学校自评报告和评估结论对外公开外，外部考官报告、专家评估报告等资料也要向社会公布，接受社会监督，同时还要加强对评估后续工作的管理，即采取有力措施督促、支持、帮助被评高校解决评估过程中发现的问题，使整改工作真正落到实处。

（六）重视高等教育评估信息管理系统建设

评估的过程是一个系统地收集分析利用有关数据资料的过程。只有客观地收集数据资料，多一些自然性，少一些人为性，才可能进行正确的分析，做出准确的判断，对高等教育这种复杂的社会现象做出客观、公正、准确地评价。信息的全面性、客观性、真实性、准确性和有效性，在相当程度上决定了评估的质量和效益。因此，构建科学合理的高等教育评估信息管理系统已是当务之急。

在高等教育评估信息管理系统建设中，必须以尽量少的有限指标综合反映学校基本工作状态，且具有较强的表现力、较高的鉴别力、较强的导向作用和较好的可采集性。该系统可以由高校基本办学状态数据库及数据处理子系统、高校教育评估信息管理数据库两部分组成，前者主要反映和描述高校办学状态的基本状况，后者侧重于评估方案、评估机构、评估专家队伍、评估工作与评估报告等信息的管理评估信息管理系统建立并正常运作以后，各类教育评估包括高校进行自我评估时所需的基本数据、资料均是从数据库直接提取。这样，既可减少评估时收集信息的工作量和对学校日常工作的影响和冲击，又可保证数据的客观、真实、准确、可靠，评估专家也可以利用数据库提供的数据资料和以往各次评估的信息，核实、评价被评客体的自评报告，进而提高评估的信度和效度；各级教育行政部门可以据此定期发布信息，公布高校办学状态的基本数据资料，评鉴者或研究者可以从中总结经验、发现问题，提出改进意见和建议，提高评估技术方法的可靠性与有效性；可以为各类评估中介机构提供来源可靠、数据准确的信息，从而提高了其评估的权威性。

另外，高等教育评估信息管理系统可以从纵向与横向两个方面向高校提供该校与其他学校办学状态的基本数据资料以及平均值、评估值和各种标准值等信息资源，为高校自我诊断问题、调整目标、制定规划提供依据。构建高等教育评估信息管理系统，也是政府运用发布信息的方式进行宏观调控，以引导学校开展正常竞争，充分调动学校的办学积极性。

（七）加强高等教育评估研究，建设中国特色的高等教育评估理论体系

只有科学的理论做指导，高等教育评估工作才能健康发展，才能更好地指导评估实践。经过百余年的发展，教育评估已经形成了一定的理论体系，并已成为教育科学的一个分支。现代教育评估理论形成于西方，有它特定的历史和文化背景。我国高等教育评估实践的开展，主要是凭着评估专家的经验进行，缺乏系统评估理论的指导，因此，我们必须加强高等教育评估理论的研究。

第一，要关注国际高等教育评估理论与实践的发展趋势，注意研究和总结高等教育评估、教育测量、教育统计等一般规律，并积极扩大与国际评估组织、国外高校的交流与合作。

第二，要注意结合我国的实际开展高等教育评估理论与方法的研究，并逐步建立健全我国高等教育评估的理论体系。

第三，要把评估理论研究与评估实践有机地结合起来，克服理论研究和评估实践相脱节的问题。

有关部门也要注意用科学理论指导评估活动，以更好地调动有关人员从事高等教育评估理论研究的积极性。通过多方努力，逐步形成具有中国特色的高等教育评估理论体系，并用于指导我国的评估实践，以提高评估的科学性。

（八）积极开展评估教育，培养专业化评估人才

推进高等教育评估文化建设，良好的评估实践需要适宜的评估文化的支持。从我国高等教育评估的实践来看，很多高校对评估作用、功能的认识不充分，仅仅注重评估的结果，不注重挖掘评估的内涵，这就使得原本作为手段的评估逐渐蜕变成目的，高校围绕评估而进行，评估成了行政工作的组成部分，也导致高校在评估过程中"心态失衡"，不能以平常心对待评估。所以，政府要从不同层面、不同方面，采用多种方式和途径加强对高等教育评估的正面宣传，培育和建设良好的评估文化。一方面，可以通过高等教育评估杂志、高等教育评估网络等媒体，广泛传播评估知识，大力宣传高等教育评估的意义、开展高等教育评估理论探讨和交流、批评高等教育评估中的不良现象和错误观念等；另一方面，通过积极开展评估教育，促进良好评估文化的建设。

二、社会提高自身的参与力

随着市场经济的发展，社会在教育市场资源配置中扮演着越来越重要的角色。在教育评估领域，社会需要自主创造参与机会，提高自身的参与能力。

（一）理顺社会力量的导入机制

1. 建立以社会需求为导向的评估项目形成机制

传统评估项目的形成与运行多数在体制内进行，评估项目关注体制需要而忽视社会对高等教育的诉求，高等教育评估无须社会机构的参与。但是，公民社会是"国家和市场之外的所有民间组织或民间关系的总和"，政府不可能在评估中长期"一家独大"，必须保

持权力和权利的协调性，让所有利益相关者共同参与、共管共治，实现政府与民间的互动性。因此，必须重建评估体系，加大社会诉求在教育评估体系中的比重，如社会参与项目的遴选、指标的设定、评估专家的遴选等。同时，对于一些政府指令性的评估项目要运用市场的竞争机制进行招标，从中选择更合适的评估机构，甚至引入一些社会评估机构对官方或半官方机构完成的评估项目进行绩效评估，更好地促进评估机构的自身建设。

2. 建立透明的信息公开机制

高等教育评估的目的不仅是对高校办学效益的考核，还是为公众的教育选择提供客观信息。因此，高等教育评估的相关信息需要通过一定的机制对社会公开，让公众了解不同高校的教学质量，以此决定自己的高等教育选择。评估信息公开机制首先要公开评估过程以及评估结果，让社会公众在信息对称的条件下对评估结果进行判断。信息公开机制是教育主管部门合理引导社会理性选择高等教育的有效途径，可以促进高等教育的均衡发展与质量提升。同时，透明的信息公开机制可以使社会对评估工作的各个环节进行有效监督，最大限度地压缩权力的空间。

3. 建立合理的竞争机制

社会需求的多元性促成了评估机构的多元化，这些机构代表着不同群体对高等教育的诉求。社会市场的存在决定了评估机构之间竞争的存在，由于传统评估体制的影响，我国高校评估机构以官方形式为主、权力过于集中而且效率比较低下，而社会性评估机构刚刚起步且比较式微，因此，教育主管部门首先要赋予高校根据自身需要选择评估机构的权利。以保证多样化评估机构的合理存在；要制定合理的博弈机制，保证评估机构之间的有序竞争与有益互补。在必要的时候还要针对社会评估机构制定阶段性的优惠政策、让社会美誉度高的社会评估机构优先得到政府的评估资源，促进它们的快速健康发展。

（二）创新社会评估机构的培育机制

1. 建立社会评估机构的激励机制

当前我国一些省份的教育评估机构基本属于代理政府行政权力的半官方机构，无法独立于政府与高校之间，并且很难给出令社会信服的评估结果。因此，在市场竞争的背景下，政府必须在宏观方面通过采用适当的行政干预手段或启动立法程序，建设完善的法律法规体系，为其发展创造良好的制度环境；在微观方面要制定评估机构的设立标准，鼓励社会化教育评估机构的多样化发展，可以成立社会团体法人性质的评估机构，也可以成立基金会法人性质的评估机构，既鼓励同质化竞争也鼓励错位竞争，使高等教育评估机构生态性发展。另外，非营利性（公益性）评估机构的行为具有很强的利他性，在运行逻辑上遵循的是文化道德逻辑而不是市场逻辑，因此，政府应该通过税收政策、补贴政策，甚至政府购买服务等方式来支持这些机构的发展。

2. 健全社会评估机构的监督机制

评估机构的多元化并存与竞争可以激发活力、提升评估质量，但是，有很大一部分非官方评估机构具有营利性特征，它们属于公民社会更属于市场社会，当缺乏有效的制度规约时，它们的逐利性就会异常彰显，使评估异化为一种交易行为。因此，政府的核心任务就是要通过制度建设来规范社会化评估机构的市场行为，推动社会化评估机构的规范化与组织化建设，使这些评估机构真正成为公民有序参与高等教育质量建设的中介与平台，如健全监督与问责制度、制定规范化的评估秩序、评估成本的核算与公开制度、外部审计制度、收费制度等。政府还要加强对不同类型的评估机构进行资质审核与绩效评估，对有问题的评估机构进行跟进指导、责令整改、停业甚至撤销退出；政府还要对评估专家进行资质认证或者实行教育评估师执业资格制度，促进高水平专家的成长以及专家队伍的形成，提高社会化评估机构的专业性与权威性。

（三）建立社会参与高校评估的筛选机制

社会化的评估机构与市场的联系最为紧密，可以敏感地发现公众的需求并适时地调节。因此，政府与社会化评估机构之间要建立互信机制，政府可以通过招标等形式将一些评估项目委托有相应资质的社会化教育评估机构，在项目来源、指标设置、专家遴选、评估资金等方面，形成合理的竞争。但是，高等教育评估市场向社会机构开放也不是无条件的，而是要从三个原则把握其适合性。一是合法性原则，评估机构的选择与项目的招标等环节必须在法律框架之内，而不能跨越已有的制度规约；二是合理性原则，按照评估项目的性质、内容等选择最恰当的评估机构，使高等教育评估既体现评估的本质与目的，又关注评估的效率（社会性效率和本身的运作效率）；三是现实性原则，评估工作必须与历史发展背景相适应，不能超越历史阶段，如在我国社会化评估机制尚未完全厘清的情况下，高等教育评估全部实行社会化评估是不现实的。对评估项目与评估机构之间的切合度或适合性考量的目的就是建立合理的社会参与高校评估的筛选机制，让一些与社会公共利益关系度极高或者关系到国计民生的大项目能够得到客观、具前瞻性的评估，达到质量与效率的最优化。

三、高校加强自我评估

高校自我评估更能发现高校自身存在的不足，对高校改进教学工作，提高教育教学质量有更强的推动力。

（一） 高校教学质量自我评估的内涵和作用

1. 高校教学质量自我评估的内涵

自我评估是指高校作为评估主体，自己组织的对校内教学进行的各种评估。自我评估是学校拟订较为具体的目标来自我检讨、自我调整、自我改进，是学校师生员工对自己学校的潜力与效能所做的自我分析，是对学校人才培养目标实现程度的价值判断和认识。评估的权利在学校，评估的主体是学校，评估的标准是能体现学校个性的质量标准。自我评估工作要抓住学校的主要工作，不宜过多。学校内部经常性的评估要规范化、制度化。

自我评估的性质是自主的、自愿的，其目的是促进学校进一步地发展与改进，其过程以科学的系统程序来进行，其方式主要有：一是目标达成的程度，作为外部评估的依据；二是系统的功能，即问题的解决强调由学校所有的成员参与，经由自发的动力机制进行评估，借以达到不断提高教学质量的目的。

2. 高校教学质量自我评估的作用

高校教学质量保证由内部质量保证和外部质量保证两部分组成。以自我评估为核心的高校内部质量保证在整个高校教学质量保证中处于基础地位，内部质量保证是外部质量保证的前置条件。自我评估是教学质量内部管理中不可或缺的环节，是进行教学质量动态管理的首要条件，也是实施教学质量保证与监控的重要保证，是高校教学质量保证体系有效运行的硬手段。

高校通过自我评估，不仅可以判断学校教学工作社会价值的高低，而且可以获得教学系统的输出信息，建立信息的反馈渠道，使教学系统真正成为闭环系统，从而得以优化。同时，也向政府和社会证明学校是存在不断提高教学质量自我约束机制的。一方面，建立自我评估机制有利于直接推动高等学校建立校内自觉保证和加强教育质量的机制。另一方面，建立自我评估机制有利于高校质量文化的建设。自我评估机制的建立和有效运行，可以使学校师生员工形成自觉的质量保证意识，促进本校质量文化的形成。

概括起来，教学质量自我评估有三大作用。一是导向作用，这主要是通过评估指标的科学设计达到的。二是监督作用，因为评估对教学目标制订得怎么样、学校管理怎么样、教师教学怎么样、学生学习怎么样，都有一定的反映，这就会促进大家去改进。三是促进作用，评估指标是经过向学生、教师、领导反复征求意见形成的，具有科学性、合理性，教师就可根据评估信息改进自己的工作。另外，教学评估也起到决策支持作用，如对管理者的决策支持作用，对学生选课的支持作用。

（二）高校教学质量自我评估的内容

高校自我评估是教学质量保证与监控体系中教学评价与诊断子系统的内容，评估结果可以全面反映学校教学工作状态，找出与体系目标子系统的偏差，并通过教学反馈与调控子系统进行调控，最终达到不断提高教学质量的目的。各项评估都要有科学合理的评估指标体系和易于操作的实施办法。

教学工作涉及面广，内容很多，并不是所有的内容都需要评估，必须选择对教学质量影响大又可以进行评估操作的内容进行评估。自我评估的内容包括学校教学质量评估、学院教学工作评估、专业建设评估、课程建设评估和教师教学质量评估。学校教学质量评估与学院教学工作评估是两个不同层次的评估，专业建设与课程建设是决定人才培养质量的两个重要载体，教师是直接关系教学质量的主体。

1. 两层面的评估：学校教学质量评估与学院教学工作评估

（1）学校教学质量评估

学校教学质量评估是学校层面的质量监控，可以参照教育部的评估指标体系，在教学改革方面加大创新的力度，凸显学校自身的特色。也可以建立学校教学质量年报制度，通过信息采集，问卷调查的方式，对学校的教学工作进行分析总结、诊断，提出教学调控措施。

学校教学质量评估可以使学校对教学系统的运作和成效有更清晰的了解和把握，由此比照学校的总体办学目标来做出科学的决策和管理。有了校内评估，学校的基本数据和运作状况可谓一目了然。

（2）学院教学工作评估

学院教学工作评估是自我评估的重要内容。高校中各二级学院是教学的基层单位，学院的教学管理包括了教学系统运行的全过程，学院也是学校与教师、学生沟通的重要桥梁，是获取各种教学信息的主要渠道之一。因此，学院教学工作水平直接关系着学校的人才培养质量，影响着学校的教学质量。

通过学院教学工作评估，学校对各学院的教学工作有全面的了解，学院也可以更全面地认识自身，由此科学合理地规划学院发展并力求人尽其才、物尽其用。学院教学工作评估可以有效地引导学院把注意力集中在专业建设、课程建设、教师、学生等教学过程的核心要素上，真正参与到学校的质量保证活动中。

学院教学工作评估是对各院教学工作的全面评估，要建立并实行学院本科教学工作水平评估制度，针对学校实际出台《院本科教学工作水平评估方案》和详细的评估指标体系，定期对各学院教学工作认真进行全面评估。学院教学工作评估的主要内容有：办学指导思想、师资队伍、教学条件与利用、专业建设与教学改革、教学管理、学风和教学效果、特色项目等。

2. 两载体的评估：专业建设评估与课程建设评估

（1）专业建设评估

高等教育是一种专门化教育，通过专业教育来培养人才。因此，专业是培养学生的重要载体。一所高校的专业教学水平高低直接影响人才培养的质量。在一定程度上反映了学校的办学水平。因此专业建设评估在自我评估中占有重要的位置。自我开展的专业建设评估，其作用在于改进，即通过评估，发现问题，分析问题，找出解决问题的办法，从而推动专业建设。

专业建设评估的目的是提高教学质量，通过评估促进学校和学院对专业建设及专业建设效果的宏观管理和指导，重视专业基本建设，促进各本科专业自觉地遵循教育教学规律，不断明确办学指导思想，强化专业建设管理，深化专业教学改革，全面提高专业教学质量和办学效益。

专业建设评估的主要内容包括专业建设规划与改革思路、人才培养目标与培养模式、师资队伍、教学条件与利用、教学建设与改革、教学管理、教风与学风建设、专业建设效果八个方面。

（2）课程建设评估

课程是根据专业培养目标来选择和设置的，是专业的基本要素。课程建设是高校教学基本建设之一，课程建设是专业建设的基础，它要受专业建设的影响和制约。课程建设评估的目的是促进师资队伍建设，推进课程内容、教学方法、教学手段的改革，加强课程教学条件的建设。

课程建设评估的主要内容包括课程规划、师资队伍、教学内容和课程体系、教学条件、教学方法与手段、教学管理、教学水平和教学效果七个方面。

3. 教师教学质量评估

课堂教学是教学的主要形式，其质量取决于课堂教学的各个阶段、各个环节。因此，对教师课堂教学质量的评估是学校教学质量管理中最基础的质量评估工作。教师教学质量评估的目的是帮助教师改进教学工作，激发教师的工作热情，让他们自觉地投入教学质量保证活动中。评估的方式通常有督导组专家评估、领导干部评估、教师自评、学生网上评教等。评估内容一般包括教师的言行风范、教学技术、教学效果等方面，要根据不同的评估方案科学设计相应的评估指标体系。

要使评估真正有助于教师改进工作，首先，要使广大教师了解评估的指标体系和具体做法，这样他们在教学中就知道应该怎样要求自己；其次，要通过学生和专家的评估结果，使教师知道应如何改进自己的教学。

作为接受教育服务的主体，学生对教师教学工作的评价尤为重要。开展"学生评教"工作，应遵循科学性、可行性与导向性相结合的原则，设计出包括教学态度、教学内容、教学方法和教书育人等几个方面在内的各项指标。学生评教工作可以由教务处牵头，学生辅导员配合，专人负责实施。学校把每位教师的得分情况，反馈给教师本人。在反馈意见中，把教师得分低的几项指标单独列出来。有些教师的整体情况较好，但可能在"师生关系""作业布置"等单项指标上存在一定的问题，这样可以让教师更好地了解自己。每位教师可以根据班级平均分、学科的年级平均分和部分低分指标，对自己的"学生评教"结果进行分析。

（三）　高校教学质量自我评估的原则和流程

1. 自我评估的原则

（1）内部评估与外部评估相统一

高等教育是开放的教育，高校培养的人才只有得到社会的认可，高校的教学质量才是好的。政府评估、社会评估属于外部评估。内部评估和外部评估都是为了树立学校的责任意识和质量意识，保证教学质量。内部评估才是高校不断提高教学质量，持续发展的有力保证。高校应该积极发挥作为内因的内部评估的主要作用，使外部评估能够通过内因发挥积极的作用。因此，在进行教学质量内部评估时，内部评估要与外部评估相统一。

（2）目标性与有效性相统一

所谓目标性是指自我评估必须努力体现国家的教育方针政策，国家和社会对高校教学工作和人才培养的要求，充分体现现代教育质量观，遵循教育教学规律，全面而充分地反映学校的教学目标，教学质量标准符合学校的定位。评估的有效性在很大程度上取决于各项评估所设计的评估标准的有效性，这是自我评估赖以生存和继续的基本条件。

（3）导向性与激励性相统一

自我评估具有很强的导向功能。通过一系列评估，可以不断强化全体师生员工的质量意识。自我评估可以发现和诊断教学工作中存在的问题，及时制定整改措施。要使自我评估深入人心，成为师生员工的自觉行动，还必须以激励为主，要使他们认识到，评估带给自己的不仅仅是奖惩，最主要和根本的是对教学工作的改进。教师在教学质量保证的过程中发挥着重要作用，同时在自我评估活动中，教师又是被评价者，是被监控的对象。要充分考虑教师这种地位的二重性带来的矛盾心理，通过引入激励竞争机制，使教师能够自觉增强质量意识，主动投入教学研究，减少对评估的逆反心理。因此，在进行校内评估时，要坚持导向性与激励性相结合的原则。

（4）科学性与可行性相统一

要对教学质量进行客观、准确的评估，构建的评估机制就必须符合高校的教育教学规律，符合教学系统的特点，符合本校的校情。评估内容和评估指标体系要科学、合理，要能反映和覆盖教学系统的方方面面。但是，各级各类评估项目不宜过多，一定要切实可行，易于操作。学校要根据不同的对象、不同的目标确定各级各类的评估项目，对院系教学工作、教师课堂教学质量、学生学业水平、专业建设、课程建设等进行有计划、有组织地评估。

2. 自我评估的流程

实施自我评估，学校要独立设置评估机构并成立教学评估专家组，在分管校长的领导下进行。校评估专家组一般由 7~9 人组成，组长由聘请的教育部资深评估专家担任，常务副组长可以由校内资深的教育专家担任。校内评估机构成员必须有丰富的教学和管理经验，熟悉学校教学的各个环节。校级评估一般每两年开展一次，或由院（系）评估后提供的年度评估报告决定评估时间周期。学院评估专家组一般由 3~5 名专家组成，组长由校级评估专家担任。院级评估每学年开展一次，将各项评估的结论进行分析后形成专题报告，并提交校评估专家组，供校内评估机构全面掌握各学院的运行情况。

学校对各种评估都要有规范的评估流程，有方案、有评估指标、有评估标准、有反馈渠道。各项校内教学评估的基本流程包括：

第一，自查自评，各院（系）提交自评报告。

第二，专家组现场考察，对院（系）本科教学工作水平、专业、课程或实验室建设情况进行评估。

第三，专家组合议评价，对照评估指标体系进行总体评价，整理书面评估意见并给出评估结果。

第四，研究确定评估结果，学校有关部门对专家组评估结果进行审核，确定评估结论，并报主管校长批准。

第五，反馈专家组评估意见，各院（系）根据专家组反馈意见制定整改措施，逐项进行认真整改。

第六，总结评估工作，由学校发文向全校公布评估结果。

第七，检查各单位整改措施落实情况及效果。

四、评估中介机构积极参与

政府、社会和高校的利益平衡需要评估中介机构的参与。评估中介机构能比较全面地掌握零散的教育评估信息，避免因利益相关而造成的评估失真。中介机构的形成、发展不仅需要政府提供宽松的政策环境，更需要中介机构充分发挥自身的能动性。

第一，鉴于我国评估中介机构还没有形成独立的生存环境，生存空间狭小，评估中介机构要增强自身的权威性和公正性，建立一支具有专业评估素养的评估专家团队，自觉规范自身行为，树立评估服务意识，以高质量的评估赢得政府、社会和高校的信任，提高自身的影响力。

第二，引入市场竞争机制，促进中介机构内部的优胜劣汰。评估中介机构的生存需要政府和高校的选择，这必然存在各个评估机构的竞争。中介机构需要深刻体会到服务质量对自身发展的影响，融入市场的自由选择中，摒弃对政府的依赖，提高竞争意识，在竞争中提高评估质量，实现长远发展。

五、大学生参与高等教育评估

我国高等教育评估很大程度上是一种政府行为，尽管近来越来越重视利益相关者的作用并出现了第三方的中介机构，但从学生参与角度的研究少之又少，而学生参与高等教育评估在国外已经有了较为完善的体系，尤其是欧洲。高等教育评估中的学生参与需要一个从无到有、由不完善到比较完善的渐进式的过程，为提高学生在高等教育评估中发挥的作用，可以从以下方面尝试。

（一）主体观念与能力的改进

在教育领域，学校与学生之间存在的听其自然或者我行我素的关系已是古老的传统，其中的深层次原因无外乎学校薄弱的民主管理理念与学生匮乏的参与意识，除此之外，校方与学生具备的能力也不足以承担和胜任让学生参与到高等教育评估中。因此，有必要改进作为主体的学校与学生的观念及能力。

学校对学生参与高等教育评估的态度取决于校方的信念、价值观以及对这一方式的理解判断与执行经验。学校的态度同时影响着学生参与的过程、方式与程度。如果说学校的观念对学生参与高等教育评估是一种软的制约，那么学校能力则是一种客观存在的硬性限制实现学生参与的作用需要校方对学生参与高等教育评估这一事务做出计划，包括目标的界定、人财物力资源的统筹与配置、组织机构与程序的保障等，这些都对学校能力提出要求。对此，学校应落实以生为本的民主管理观念，积极作为；口头支持、表面宣传或书面表态的泛泛执行而不做任何实质性的工作就等同于不作为。学校改进包括学生学习、教师教学以及学校管理层面的改进等内容，这里只从学校管理角度简单论述。学校管理的改进可以主要从科学设置并管理学校组织机构、定位与设计学校品牌两方面努力。学校的组织机构应是一种扁平的组织，同时这也是去行政化的要求，冗杂的机构与程序不是低效的症结，真正的原因在于利益相关者对管理体制的不信任。学校的品牌意义在于帮助学校定位，分析自己的强势与弱势，找到发展特色与目标，树立权威。总而言之，学生是学校最重要的资源，学校必须在各项管理中尽可能吸纳学生参与的力量，增强意识，提高能力。

学生匮乏的参与意识一方面存在个体主客观因素的限制，另一方面在于学生参与的程度与范围有限并且参与起不到自然的效用。然而学生通过参与学校管理评估反映出的现象或问题之所以不能全部被纳入管理者工作范畴也是因为学生的能力仍是有局限的，也就是说学生对参与教育评估的意义、重要性若没有正确的理解或者不具备作为"学生专家"进行评估的能力，那么，往往会出现学生参与的悖论，即一方面寄希望于学生的参与可以提高高等教育评估的科学性，另一方面学生的参与的客观效果又导致违背初衷的错误。为此，学生首先应该增加参与意识，将参与内化成一种精神，积极寻找参与学校管理的途径，并学会正确合理表达自己的意愿与主张。其次，学生参与高等教育评估要求学生掌握关于评估的标准与方法等相关知识与能力。学生的参与应会是一种趋势，并且发挥重要的作用，为此有必要进行前瞻性的统筹。学校可以选拔学生代表进行培训，建设一支学生专家评估队伍，这在国外早已成熟。

（二）学生参与机制与程序的改进

如果把学生参与高等教育评估看作一辆前进的汽车，那么学生代表大会可以被看作刹车系统，学校的管理机制可以比成安全带装置，而独立的监督则是充气装置，要想步步推进则必须保证遇到风险时这些避险机制可以及时启动，足以看出完善学生参与高等教育评估机制与程序的必要性。

学生代表大会不应做学校的橡皮图章，它应当切切实实审查、质疑学校提出的方案并代表学生的意愿行使权力。应该发挥学生代表大会的最大效力，借鉴国外的经验，探索学生参与评估计划制订、外部评估小组、院校自我评估、现场考察与评估报告发布的路径，不断健全学生参与机制，创新现有的参与平台，强化渠道建设，拓展参与的范围，加深参与程度。

改进学生参与高等教育评估程序的核心在于"程序性正义"与"补偿性正义"间的矛盾。"程序性正义"即一种适用于任何相关者的中立程序而无论结果如何，忽视政府、社会、学校与学生间的固有的差异。"补偿性正义"则是考虑到利益相关者的状态与条件而有偏向地制定程序，以尽量去靠近公平的结果，但评估本身就是依据客观事实来实现的一种主观行为，利益相关者强势与弱势的判断同样也是一个实际中不可避免的可操作性问题。肯定的是，学生参与高等教育评估需要的是一个科学并能够切实保障学生参与权利的程序，以保证学生参与各个环节的行为能得以转换为实实在在的效力。

除了要加强立法建设，强化监督是保证主体行为不走样的有效手段，监督可以形成目标与执行效果的良性互动，有效的监督能够避免执行组织的拖延执行，并能及时发现与目标偏离和违背的行为问题，进行微调或处理，此外通过对过程的监督而获得的反馈信息可以被用于分析学生参与高等教育评估理论，形成良性循环。

第二节　分类分层进行评价

一、多元评价新体系的构建基础

高层次人才是知识创新和科技创新的核心力量，是高等教育发展的中坚力量，是人才强国的关键因素。构建与高层次人才发展相适应的评价体系，不仅是对高层次人才的激励和肯定，最大限度调动他们的工作积极性和主动性，充分挖掘他们的发展潜力，在另一层面上，还能为学校改革对其他各类人才的评价提供基准和参照，推动高校有效、良好管理秩序的形成。高层次人才多元评价新体系的构建首先要全面考虑到高校高层次人才的特点，其次要联系高校的实际情况，适应新时期高等教育改革发展的要求，坚持公开公正公平的原则，以实现高校与高层次人才和谐发展、共同进步为目标。这个新体系构建的要素主要有以下几个方面。

二、多元评价的目标制定

教师多元评价的目标定位是促进教师的专业发展。然而对于高层次人才的考评，不只要达到促进教师的专业发展，还有更多其他的功能。高校高层次人才的多元评价新体系要结合学校的实际与学校对高层次人才的发展要求，以及高层次人才自身发展的愿望。具体做法是依据学校总体发展的战略定位，根据高层次人才具体的岗位要求和他们期望达到的学术成就，经过学校、院系、教研室、高层次人才等多方的讨论与商议，确定年度工作计划和远期计划，同时以文件或合同的形式做出书面承诺，至此多元评价的目标就正式制定出来了，之后的评价都应以此为基准展开。

三、多元评价的主体组成

多元评价体系的主体组成，也可以说是评价委员会的组成，应由学校以及学科建设相关教研室组建，委员会既要包括校方管理人员代表、校内外同行专家，这属于"专家评委"，也应该包括评价对象自己、同事、学生、学生家长，这相当于"大众评委"。专家考评组要求保证一定数量的人数，一般不少于 9 人，其中校方管理人员代表应该有 1~2 人，校外同行专家不低于 2 人，对成员的职称、业内评价等有一定的要求，要求有正高级以上职称。"专家评委"给出的评价信息，是多元评价形成结果的主体部分，他们对高层次人才的工作表现、学科贡献做出正确、中肯、客观的评价，对高层次人才未来的发展是非常有用的。"大众评委"数量不限，但有一定的素质要求，他们给予的评价信息较全面，包括高层次人才的道德修养、个性特征等。高层次人才从中可以获得对自身较深刻的认识，不过对于这些信息的使用，在评价过程中要做出理性分析，把握信息的效度。

四、多元评价的指标创建

内容的选择是多元评价体系指标创建的基础，将这些内容作为一级指标，细分下去，相应的有二级指标。通过对高校高层次人才的内涵、所赋予的使命等分析，建立由知识素质、创新能力、道德修养、工作绩效、社会影响五个基本要素组成的高层次人才评价指标体系，详见表 5-1。

表 5-1　高校高层次人才多元评价指标体系

一级指标	二级指标	评价指标解释
知识素质	学历层次	受教育的文化经历和文化程度
	专业水平	从事专业的水平程度
	知识结构	基础知识、专业知识、业务知识构成情况
道德修养	职业道德	爱岗敬业、甘于奉献
	思想品质	政治方向、人生观、世界观
	个性特征	个性心理特征、情感特征

一级指标	二级指标	评价指标解释
创新能力及其他能力	想象能力	对未知事物进行想象的能力
	质疑能力	对已有见解、观点进行质疑、批判的能力
	资信能力	独立自主性
	洞察能力	正确而深刻的预见能力
	实践能力	应用知识的能力
工作绩效	科研成果	科学研究取得的项目及影响力
	人才培养	培养、指导学生和教师情况
	工作效益	为学校发展做出的贡献
社会影响	成果社会效益	对社会、经济、文化等发展做出贡献
	参加社会团体	参加学术组织情况

根据高层次人才的不同类型，各种类型人才的评价指标所占权重也有所不同。不同人才采用不同的评价标准，更有针对性，激励效果更明显、有效。

五、多元评价的流程

规范多元评价新体系没有固定的评价流程，而是根据采用的评价方法有不同的程序。多元评价主要的评价方法有问题反馈式、面谈式、自我评价式。

（一）问题反馈式

根据评价内容，设定一些与高层次人才过去工作表现、现在工作进度、未来发展方向的相关问题，通过对这些问题回答做出评价，发现优点，找出缺点和不足，提出改进意见。

（二）面谈式

一般是对高层次人才的质量评价，具体过程是：①充分准备阶段（宣传评价目的、确定评价委员会、基本拟定评价内容等）。②初次面谈，对被评价对象有基本的认识和评价。③评价委员会依据初次面谈获得的信息进行信息分析，完善评价目标，完全确定评价内容，然后进行正式面谈。这种评价方式一般需要结合量性评价才能得出准确的评价结果，比如高层次人才的创新能力、工作绩效等。

（三）自我评价式

这是高层次人才多元评价新体系的创新方法，主要强调评价对象的主体地位，突出评价以评价对象的创新与发展为本的理念。主要评价内容是高层次人才总结过去工作成绩，对未来的工作计划、在计划执行过程中自我评判是否符合学校要求、是否达到自我预期。

第三节　多重制度的保障

一、高等教育质量保障体系创新的多维视角

高等教育质量保障体系在现行教育管理体制下寻求创新的边界有多宽？以及因教育资源的垄断性、教育程度的分化而使高等教育不应有地承担起界定个体的生存发展路径和固化阶层的利益分化格局的"不能承受之重"角色，其创新的阻力有多大？这是高等教育质量保障体系创新不可绕开的两个根本性问题，涉及大学自主办学需怎样的运行机制保障和如何实现特色发展适应社会多元需求两个发展命题。因此，从多视角全面阐释高等教育质量保障体系的创新，有利于厘清高等教育改革的种种误解，重新厘定质量保障体系创新的价值、趋向和发展意义。

（一）教育创新主义视角

教育作为一个公共政策和对社会特别是个体发展甚至命运影响深远的"政治"命题，质量保障体系创新政策不仅影响高等教育未来发展，更直接与间接冲击现存的社会结构。

"创新理论"认为创新是一个"内在的因素"，相应地，经济发展是"来自内部自身创造性的关于经济生活的一个变动"，并特别强调组织创新、管理创新、制度创新、社会创新和技术创新之间的联系。作为"知识创新、传播和应用的主要基地，培养创新精神和创新人才的摇篮"的大学教育也就应该是一个"新的或重新组合的或再次发现的知识被引入社会经济系统的过程"，通过创新回归教育的本真，即给所有阶层提供突破权力、金钱、人际关系等方面的阶层封锁、提升自我及为社会贡献价值的机会。

高等教育创新应该是一场教育的彻底变革，首先是教育思想与价值观的创新，应从社会本位向社会发展和个人全面发展相统一转变，从急功近利向追求可持续发展和科学发展相结合理念转变，从片面知识观向素质主导的多元化质量观转变；其次是教育概念的创

新，应从关门办学向大爱育人转变，培养大学生高端的"读书观"，学会如何做人，成长为社会人，学会如何思维，成长为理性人，学会掌握必要的知识及运用知识的能力，成长为自我实现的人；再次是教育模式的创新，建立多元化的人才培养环境，打破学科和专业限制，培养学生多领域的知识结构体系，打造数字校园，建设共享型的知识资源平台，引进高端师资，鼓励教师与学生"走出去"，树立教育全球化视野；最后是运行机制的创新，学生评价标准真正要从单纯的考试成绩与僵化的思想考评相结合向学业成绩与社会服务能力相结合的综合评价方式转变，避免"冰山一角"式评价，教师评定应从奖惩型评价与情感管理向形成型评价与制度管理相结合转变，避免绝对化科研导向评价。

（二）新制度主义视角

经由经济学说史的研究路径，新制度主义理论是建构起对制度的反思及制度与个体之间关系的重新思考的新制度主义分析范式。新制度主义认为制度本质上是一系列被制定出来的规则、守法程序和行为的道德伦理规范，它旨在约束追求主体福利或效用最大化利益的个人行为。并提供人类相互影响的框架……构成一种经济秩序的合作与竞争关系。大学、高等教育就是典型的正式制度安排，存在于一定的教育合约权利制度环境中，而教育的制度创新是非正式制度安排，是高校教育变革的最主要内容，是推动高等教育发展的主要动力。

在当前的高等教育系统中，多元化的层次结构、多样化的表征结构、跨学科的专业结构、非均衡的地区结构、金字塔式的资源配置结构同在，使高等教育形式在性质、内容、结构、功能上差异巨大，导致高等教育质量保障体系存在巨大的层次、地区差异。因此高等教育质量创新要以教育分类为基础，开展制度创新。制度创新是在教育市场失败和不完善的教育市场非均衡发展的结果，当内在约束成本大幅超过预期的净收益时，通过克服"风险的恐惧心态"，产生创新的内外部动力，一项制度安排就会被安排，从而增加教育的投资收益。

高等教育质量保障体系的创新在经由"四重过渡"，即高等教育在性质上从精英教育向后大众化教育过渡、服务对象从不发达的封闭的农业和产品经济向面向全球的外向型经济过渡、高等学校的地位从社会边缘向社会中心过渡、体制化背景从中央集权的计划经济体制向市场经济体制过渡后，旧有的体制红利、人才红利、政策红利、人口红利、特权红利逐渐式微，在政府社会教育投资一定的情况下，随着扩招和教育成本的增长，教育质量无可避免遭受前所未有的危机，而由教育质量的下滑直接导致高等教育的信任危机。因此制度创新势在必行，但又面临多重制度逻辑的制约，一是高校既得利益者的功利性行为保守选择；二是基于梯度发展的社会、政府、家庭、个体对高等教育的层级化投资、评价价值判断；三是基于阶层流动、分层与封锁判断的高等学校合法性认同危机。因此，当前的教育质量创新应遵循均衡投资—重塑大学—变革体制—创新模式—朝向市场—公众认同制度创新逻辑，使政府主导的强制性教育制度变迁能准确切进入民间推动的诱致性教育制度变迁中，形成一种"恰当性逻辑"的教育制度安排。

（三）利益相关者理论视角

质量管理的基本出发点在于对于顾客等相关利益群体利益的持续关注，服务于组织内外的所有个人、群体、机构，为他们提供满意、合乎道德、符合审美情趣、合格的产品与服务，并结成忠诚的利益共同体。因此，从某种意义上说，利益相关者理论是质量管理变革的先导性理论命题。教育作为一个影响广泛的公共政策领域，教育质量的好坏不仅直接影响到高校本身的声誉和发展，更涉及多领域的群体利益，特别是高等教育走向社会中心舞台，被动地成为社会阶层、利益分配的"标尺"。所以，政府、家庭、社会、个体都是高等教育质量的相关利益群体，政府关心的是高校是否能有效利用公共教育资源，改善绝大多数社会成员的教育处境，实现"帕累托改进"；家庭关心的是通过不菲的教育投资能否在毕业后换来更好的工作并进入更高的社会阶层，改善家族的"非强势"命运或巩固强势地位；个体关心的是通过纠结式的教育学习能否按照自己意愿实现匹配式就业，实现自我价值的提升；社会关心的是教育能否实现更好的人才分布，促进国民财富的生产和增长，优化整个社会的智力结构和阶层结构。

事实上，中国高等教育和高校本身不断受到公众挑剔式的批评，质疑其教育质量，社会渴望得到易于理解的、关于是什么造就一所好的高校的信息。从实然角度看，高校利益相关者思维还集中在市场化经营领域，功利色彩比较浓厚，而且由于高校本身的非透明化、功利化，阻隔了公众对高校的信息获取、认识判断与利益参与。普通民众、政府机构等对高校的评价、判断与选择都是非理性和直观的，认为"好"的大学只有"学"与"学后"的好处，没有"术"的价值要求，一所高校有多少院士、博士点、顶尖科研成果成为衡量一所学校的最主要标准，教育主管部门的评估主要是大学学术生产力的评估，而不是大学教育核心竞争力的评估。因此，高等教育质量创新首先要建立社会问责机制，向利益相关者负责，提升教育的价值质量、过程质量、结果质量和服务质量，才是应然之举。

当然，学生是高校质量保障体系的关键一环，也是最重要的利益相关者，是高校的当然主体。高校应高度关注学生在高校中有什么样的权力，获取权力的方式与途径是否易得，学生能否参与大学的各项教育改革决策，学生参与获得怎样的政策和运行保障等，而不是因为热衷批项目、搞经费、弄课题而只关注高校外部教育资源分配者等外部利益相关者。

二、高等教育质量保障体系创新的政策选择

中国高等教育已经经历了两次革命性的变革，一是概念性变革，从应试教育走向素质教育；二是技术性变革，从以"教育扩招"导向的教育规模化发展走向以"教育评估"为导向的教育指标的技术量化。高考人数的连年递减、大学生的退学风潮及大学生的冷漠式学习等无不暴露了大学教育的脆弱质量，既保证不了学生"学得好"，也无法确保学生"学而优"，学生用脚投票放弃大学教育无疑是一种现实的理性选择，因为大学无法改善大学生的发展境地。因此，即将开始的第三次变革必将是一次理念性变革，改变高等教育长期的粗放式发展模式，向内涵式发展模式转变，实施全面的高等教育质量管理。

（一）社会问责——高校内外部的持续关注

亚历山大·阿斯汀认为有两种高等教育质量观，一为质量的声誉与资源观，二为最好的高校能够最大限度促进学生的学习与发展的"才能发展"质量观。但由于高等教育发展的现实，大学普遍处在一种公众的不信任发展处境中，公众对高校普遍存在发展的焦虑感。在此情况下，提高大学的质量声誉与学生的才能发展是当务之急。而通过建立社会问责机制是重塑公众对高校信任的唯一路径。

1. 要创建一种强劲的问责制和透明文化

改变高校半封闭的运作方式，为外部群体审视和检查大学内部的财政状况与教育活动开启方便之门，在问责制的要求下，大学必须就诸如成本、价格、学生学习结果等事务进行报告和证明，与学生及其家庭等利益相关群体分享信息，使高校时时有一种紧迫感与压力感。

2. 改变"公报"式的总数据发布方式

建立从市—省—教育部建立统一的高校发展综合数据网，包括各院校的特性、毕业分类数、人力资源、毕业率、财务、学术项目等，弱化原有的综合性数据，完善各级各类各省市的完整的教育详细数据，具体到每一个教育单元、财政微支出、科研单元、人事变动、学生注册，为社会公众的监督与择校提供翔实的数据支持，使社会问责"落地"。

3. 建立自愿式社会问责体系

包括学生特征、财务状况、院校特性、学科发展、教师特色、学生经验与感受调查的

结果及学生学习评估的结果，鼓励各高校资源加入，政府对其实施一定的倾斜性财政支持，同时，由于政府与公众给予的更高的信任度，实现"信任的外部化"，社会奖赏性评价更高，使高校在学生择校与就业市场更具竞争力。

（二）政府行为——从行政管理走向战略管理

随着教育在国家发展中发挥着越来越重要的作用，政府对高等教育的重视不断深化，突出表现在以财政梯级配置建构起各级高校的"财政依赖"，以教育立法和教育行政手段实现政府公共教育权力向高校内部的延伸，以科研项目差别化分配建构起各高校及内部的"学术依附"，以教育评估建构高校声誉层次体系，政府行为体现在高校生存与发展的各方面。应该说，政府凭借社会制度优势和资源占有优势，具有承担发展高等教育重任的天然优势。但是，高等教育除了公共性质，更多的是自治性质和私人性质。因此，政府应重新定位自身的教育管理角色，尽可能地减少对教育的行政干预，更多地战略管理。

1. 重新制定教育发展目标

教育的任务是毫不例外地使所有人的创造才能和创造潜力都能结出丰硕的果实，高等教育的目标应从当前的"寻找与培养下一个打工者"向"寻找与培养下一个未来领袖"转变，不能矮化教育的作用，要以信息经济时代为着眼点，以培养适应未来社会需要的创新人才为基本价值取向，以劳动者在未来社会的"角色需要"为出发点，高瞻远瞩制定《中国未来教育发展战略》。

2. 规范发展社会各种高校评级机构和认证机构

使之成为真正的脱离政府、高校直接管治的第三方独立运行组织，政府通过对第三方认证、评级机构的注册管理实现对高校的监督，建构起政府、市场与学术的三方配置力量，"在中心—边缘之间合理化并大规模重新分配职责"。

3. 落实高校自主权

除了科研项目自主申报权、教材选用权、培养方案设置权、教学事务决策权继续全部下放外，尽快推动学科发展的自主权包括学位授予权、学位文凭决定权、二级学科研究生学位点设置权、重点学科设置权、二级学院设置权及本科专业设置权的下放，改变学校在政府与高校之间的严重示弱状态，给予学校相应的自我发展的空间与自由，使高校自主权限的边界不断得到拓宽。

（三）学生参与——被动接受者到主动参与者

传统的国家中心与行政中心的治理模式中，政府与高校之外的利益相关者的利益往往处于被忽视、被边缘，而由于缺乏回应性机制和利益表达机制，利益相关者的公共教育权受到侵害时缺乏正当的利益诉求渠道。在当前公共教育不断市场化的过程中，适当引入学生参与模式区别于学生参与管理长期缺位的行政管理模式，对学生赋权与分权，有利于教育权利的"归位"。

第一，"学的自由"，学生可以在学习内容与大学生活方面拥有自由选择权，包括学生选课、学生择师、转学、转专业和使用图书馆、课本的自由，"从而在知识和追求生命的热情之间架起桥梁"。

第二，明确学生的地位与作用，应明确学生是高等教育的正式成员，是国家高等教育区建设过程中有能力的、积极的和有建设性的合作伙伴，应鼓励学生全面参与高等教育治理。

第三，丰富学生参与的内容，不仅是学生日常生活学习的职能管理，如教育管理、后勤管理、图书馆管理与教学管理等，应着重提升参与的层次，对学校发展目标战略规划、学科发展定位、专业设置与课程体系的优化、课程改革与行政学术权力变革的决策等进行深入的参与，不能停留在摆设层面上。

第四，整合高校学工处、团委、青志协、学生会等参与职能机构，理顺关系，避免这些机构退化成学生评奖评优、入党、评干的逐利场合，特别要增强青志协、学生会等纯由学生组成的组织的独立性，弱化其依附性，使其成长为评教议事、利益表达的校园内第四方监督评估组织，从根本上保障学生的参与权益。

（四）制度创新——建构现代大学制度

"大学从来都不是静态的，而是随着环境改变和调整的机构。"大学成长于大学制度的建立，大学发展于大学制度的创新。在知识经济时代，由于人才培养的多样性、科学研究的社会化、大学责任的厚重化、办学方式的国际化与高校管理的多元化，各高校在建构现代大学制度基础上，都应朝向建立"进取型大学"这一新型大学而内化为自身的发展使命。

在当前，由于现有的行政体制的强大束缚力与管理惯性、经济体制的强大诱惑力与功利导向以及大学制度变革的脆弱动力基础，应着眼于以下几方面的工作。

第一，推动举办权、管理权与办学权的分离，教育行政部门不能直接参与高校的管理，从关注"做什么"转向关注"怎样做好"，即只管教育公平与教育质量，高校自身通过三权的分离，逐步去行政化，实现学术权力与行政权力的分离，并组建教授治校委员会及评议委员会，明确学术权力的主导地位，形成对行政权力的有效约束。

第二，对大学制度进行章程式立法，西方国家大学章程普遍是在法律框架范围内根据自身的发展特点由立法机关自身打造的，使章程成为国家立法体系的组成部分，从而在法理上赋予高校独立法人地位，实现高校管理的人格化，当前，中国各高校应根据法律制定省特色的章程，并经人大讨论通过从而具备法律效应，高校按自己的章程运转，确立办学自主权。

第三，完善校长的生成与退出机制，高等教育法规定我国高校实行校长负责制，但在实际运行过程中，实行"党委领导、校长负责、教授治学、民主管理"管理架构，只是一种模糊的校长负责制，应改校长委任制为选任制或聘任制，既可以从全校正教授中择优选择校长人选并经教工大会表决通过，也可以根据学校的地位有选择地在全国或在全球公开招聘校长，校长只对高校本身发展负责，而不对政府高校宏观管理负责，形成大学强有力的领导机构。

第四节　信息技术的支持

一、大数据的概念与价值概述

大数据，是指总量极为庞大且快速增长，需要以最新信息处理技术才能够汇总、储存和管理的数据。大数据具有四个显著特征，可表示为"4V"，分别为容量大、种类多、时效快以及价值高。从统计的角度分析，大数据的"4V"特征源于数据覆盖全样本，并且全程记录动态数据，反映数据之间的消长变化，以及不同模块数据之间的联系。大数据的出现深刻地改变了社会各领域，从大数据中发掘的价值推动了实践形态的更新。

当前，大数据正不断地深入教育领域，深刻地改变着数据密集型的评价活动样态。在高等教育的语境下，大数据是指与高校教育活动有关的全部数据，包含多主体产生的数据信息，可以由不同的部门记录和提供。随着高等学校信息化装备水平不断提高，在办学各环节中生成的全部数据都可以由计算机完成归档、保存和处理，作为开展评价活动的基础。每个高校都拥有丰富的大数据资料，是学校办学的重要参考依据。

二、大数据背景下构建高等教育评价体系的意义

（一）转变高等教育评价理念

大数据可促进高等教育的评价理念从经验主义向数据主义转变。从宏观层面看，传统

的高等教育评价往往依赖专家驱动，具有一定的主观性和随意性，而且评价的价值导向并不明确。不同地区与类型高校的发展环境与办学定位不同，教育产出存在显著差异，套用共同的评价指标不尽适用。从微观层面看，在传统的高等教育评价体系下，高校教学与研究人员凭借经验分析和利用评价结果，存在许多现在的分析盲区，许多关键难点未能凸显出来。部分重要的评价指标未纳入评价体系，地位被边缘化，长期受到忽视。基于大数据的评价可以更清晰地揭示办学各要素的特征，分析数据与数据之间的隐性关系，准确地定位关键问题，以便更科学地认识对象，并促进高校内形成重视数据与质量的办学文化。

（二）提升评价的广度与效度

传统的高等教育评价对数据的利用大多表现在学业评价、课程质量评价、学生就业评价等模块，形成描述式的评价报告，以具体的数据表现出来。但是，对学生的综合素质评定、学科建设、校园文化建设等重要模块，却缺少有效的评价依据，仅以组合教育活动事实的方式进行概要表述，其对教育对象的具体作用并不明确。并且传统的评价报告大多仅是给出客观的数据，对造成数据的原因缺少有力的分析，缺少阐释数据的能力。使用大数据开展高等教育评价，则可以提升高等教育评价的广度，将大量学习过程与结果方面的数据整合进体系中，从各方面展示教育证据，使高校教育评价建立于更为广阔的基础上，建立精细的分析模式。高等教育各主体能够对教育质量形成基于多因素模型的全面认知，并有效地利用评价数据指导教育活动，以发挥评价对于教学质量调控的间接作用。

（三）丰富教育评价参与主体

评价主体的差异与评价尺度的差异息息相关，评价主体的多元化可以丰富评价的标准，形成有益的高等教育发展监督环境，促进高校以符合学生发展需求和符合公众利益的路径办学育人，是当代高教质量评价发展的必然趋势。

传统的评价方法以高校和学生为主要的评价主体，学校先期设立评价指标的思路会影响解读评价数据的方式，并且学生主体发挥的作用较为有限。学生的评价结果多用于指导教学活动的调整，仅为学校主体提供借鉴，无法作为外界的参考数据。大数据背景下的高等教育评价体系依托于互联网展开，强调要使用信息技术连接一切数据，为多元主体提供了参与教育评价的便捷路径。教师、学生、学生家庭、用人单位、社会机构、高校办学出资单位等相关主体都可以成为评价者，从不同的角度给出评判，可提升评价结构的开放性与多样性，从而避免传统高等教育评价体系下评价指标与结果的内部指涉现象。

（四）推动教育决策的科学化

大数据是开展科学教育决策的重要依据，可以使决策者掌握客观的数据，形成基于数据驱动的决策机制。

对教育活动做出的决策，特别是涉及专业与学位设置、办学政策、招生调整等方面的宏观决策，实行后就可造成全局性和持续性的影响，影响全体学生的发展与学校的未来走向。传统的评价策略具有滞后性，缺少有效的纠偏机制。评价指标以既往的教学模式为基础生成，所反映的多为教学活动本身的情况，对高校内外部环境的变化适应能力不足。虽然高校面临的发展形势不断变化，部分教育评价活动仍沿用约定俗成的指标体系。基于大数据做出的决策可体现科学性，促进对教育资源的高效利用。依托大数据形成的分析技术，又可反映在教育决策背景下生成的新数据。通过对数据开展纵向对比，可以明晰教育决策的有效性，减少传统决策环境下信息不对称的问题，促进决策的循环调整，以实现高等教育机体的整体性改善。

三、大数据背景下构建高等教育评价体系的策略

（一）科学采集多模块教育数据

1. 数据的来源

高等教育评价体系的源头可分为"人"与"物"，"人"包括相关各主体，"物"则指在教育教学过程中需要使用的各项设备。按照高等教育的实施样态，又可将教育数据分为两个方面：

第一是结果性数据，如学业评价数据、学生发展评价数据、课程质量评价数据、用人单位评价数据、学生就业率与就业质量评价数据等。这部分数据大多以结构化的方式储存起来，对应不同的教学时段。在数据生成时，包含了大量的量化内容，也是既往的评价活动中较为系统化的模块，便于提取、整理和分析，并与教与学的质量密切相连，其中许多数据可以整块直接调用。

第二是阶段性数据，如学校的专业设置数据、师资队伍数据、课程结构数据、科研项目数据，教学环节中产生的讲义、微课程、在线教育视频点播、学习平台的使用数据以及学生主体的基本信息、书籍借阅、社交自媒体的使用、课堂出勤等方面的教学与管理数据。其中也包含了部分与学生在校生活有关的数据，如门禁出入、在校消费、校园网络的使用等。这些数据显示了教育的过程，体现学校在一定时间节点上使用的教育手段、高校

教师的教学策略和学校的学生管理方法，可以为回顾教育事实提供重要的参考依据，反映学校运作的全貌，同时提炼结果性数据与阶段性数据，使不同的数据模块共同存在并且相互印证，是开展数据分析的基础。

2. 数据采集方式

高校可以使用系统日志采集、网络数据采集以及人工采集的方式来汇总数据，构成动态化的数据中心。

首先，针对能即时联网的数据，可以定期采集各系统内的日志文件，了解一定时期内学生与教职工的状态，以及教学资源与硬件设备的使用、管理、折损率等情况。

其次，针对以结构化的形式储存在专项系统中的数据，如学生学籍信息、科研课题项目及进度、MOOC 平台学习数据、学生终期成绩评价等，通过 API 接口对接的方法采集这些数据，将数据汇总到学校的教育数据中心。

最后，对部分数据运用人工采集法。人工采集法是指以人工查询、整理与录入的方式来实现对部分数据的采集。人工采集涉及教育软件资源的上传，由教师或教学管理人员来完成操作。此外学生出勤率、教师基本信息、学生就业以及教研活动信息中存在部分内容，有待教师或行政人员录入信息，将其上传至数据中心，以完整地记录高校教育与科研痕迹。针对以上几种数据采集方式，高校在构建大数据评价体系初期，应当重视提前规划设计，明确各模块信息的采集渠道、更新机制和责任人，以提升评价数据的覆盖面和精确度。数据的粒度应体现适宜原则，对应特定的评价需求，将粒度层级不同的数据储存于不同的单元中。粒度小的数据信息容量大、精度高，包含详尽的内容，适宜课程教学质量评价、学生学业评价、创新创业成绩评价等项目；粒度大的数据便于使用，能够方便快捷地进行查询，适宜办学水平评价、专业建设质量评价等项目。

此外，应当兼顾数据采集的全面性和数据隐私问题，对涉及学生个人信息的数据设置访问限制。针对所采集的有关隐私的数据，可以取百分比分布的形式进行利用，对部分隐私数据应用多重网络安全保护策略。

（二）形成教育数据分析方法

以符合教育规律的方法分析数据，是有效利用大数据的必然要求，数据的意义经过解读才能够呈现。高校可以按照评价指标的区别将数据中心划分为多个功能区，聚合相关联的教育要素，以支持大数据分析的实施，如在办学条件方面，可综合学校优势专业数量、学生数量、教师队伍规模、学校固定资产现状等方面的因素进行分析，以反映优势和劣势指标。

与此同时，要重视将数据与数据之间建立横向联系，为教育结果的原因分析提供便利。如针对在线课程质量的评价，可以将学生对在线课程的评价数据、平台自动记录的课程访问量、课程基本信息统合起来，再将其与学生学业数据对比，分别了解主观原因与客观原因的占比，进而明确影响课程使用的关键因素。重视挖掘数据之间的纵向联系，以时间段作为分析线索，反映变化趋势，并以问题为导向，显示出异常情况，形成可视化的分析结果，定期出具评价报告。

教育数据分析要体现定量与定性相结合的原则，首先依据学校数据系统的内置程序，通过高效的计算机算法列出影响因素的排序，重视"通过指标的类属关系，进而确定各指标的层级及指标权重"。除以量化方式体现各因素的实际形态外，更应表明变量与变量之间的联系。其次，学校组建教育分析小组，从各专业中选取专家，对突出的因素进行全面研讨，结合教学活动并深入分析细节，以分类指导相关教学工作的开展。

（三）目标管理与过程监控相结合

高等教育评价改革的基本逻辑是通过提升评价效度，影响教育目标的达成度，因此对教学过程的监管是实现目标管理的载体。鉴于此，应发挥大数据挖掘技术的核心优势，实现目标管理与过程监控的有机整合。高校的人才培养活动是环环相扣的体系，教育过程的完成度对育人目标的实现起决定作用。对课程教学过程，应以分解目标的形式进行数据采集和分析，将评价标尺与教学目标结合起来，以评价促教改。可以设立面向过程监控的评价活动定制，改变传统的在学期末等时段集中观察与分析评价数据的方式，在高校教育教学全过程中提取数据进行解读，使评价活动贯穿于学期始终。

为实施基于大数据的有效评价，通过数据挖掘初步提取出有关教学过程的粗糙知识后，应对知识进行"二次挖掘"，即借助关系分析模型，结合以价值判断为基础的教研活动，透彻理解在教学期间生成的过程性数据。学期结束后，将过程性数据和评价目标对照，明确后者的达成度，指导后续的教学活动。过程性评价体系应当与目标性评价体系融合，体现教育教学要素之间互为影响的动态发展过程。

（四）创设数据考核与反馈机制

基于数据开展考核与反馈，可以实现大数据的应用价值，使技术优势转换为学校的育人优势。从考核的角度而言，学校内部要形成基于数据的科学考核方法。学校应当成立对教职工开展考核的长效化机制，依据促进学校内涵式发展的要求，将要求分解细化，促进各节点上教育工作的改进。应基于相关的数据生成科学可行的标准，作为人员评价与质量评优的尺度。对于学生，应当改变过去单纯以学业终期评价结果定优劣的方法，结合过程性数据生成全面的学生发展评价报告，以督促学生在校努力向上，专注于知识学习与社会实践。评价策略的应用可反过来影响学生的学习观念，通过准确的数据引导学生形成正确的自我认知，提升学生调控和管理个人学习活动的能力。

在教学反馈方面，应建立向学校管理部门进行反馈的机制，促进学校管理层掌握可靠的教学数据。此外，应当建立向外部反馈的有效机制，应依据教育大数据，撰写并发布专项教学监测报告，面向教育管理部门、社会公众公开部分数据，如教学质量评价报告、年度就业报告、各专业学生人数增减趋势报告等，以提升高等教育过程的透明度，使相关的利益主体对高校办学活动形成准确认知。应向第三方评价机构公开部分数据，以促进高等教育评价的多样化。随着全社会对知识变现要求的不断提高，高校应打破传统的封闭式评价模式，将教育活动与社会要求相对接，全程接受监督。对于重要的教育教学事项，高校要以专项报告形式陈述教学整改过程，结合数据分析中体现出的关键教育节点提出所应用的具体教改措施，说明教改效果，进而为教育质量的改进提供持续性的动力。

（五）配套应用评价活动改进措施

1. 评价指标要具备可调适性

应参考在不同时间段内形成的评价数据，对照综合数据评价结果，调节评价标准，以促进指标与实际的教学活动相适应。只有评价指标合理化，才能有效地考察教学活动。通过对评价指标向身的调适，可以建立对学生发展、科研活动的合理期望值，为教育教学质量的改进提供引领。

2. 大数据评价体系的分析模型要具备可调适性

随着高校办学活动的推进，教学制度、教学环境、软硬件设备发生改变，可能出现全新的影响因素。应当对接生成性的要素，不断将新的影响因素加入大数据评价体系中，提升评价结果的解释能力。对于在既往的评价活动中被证明影响性较小的因素，要降低其在大数据评价体系中的权重。

3. 解读各个子体系之间的数据捕捉关键性问题，改变对宏观评价体系的设计

可针对由家长、社会、学生提供的评价数据，调整原有的目标设定方式与评价方式。

四、构建大数据教育评价体系的保障

（一）技术保障

虽然高校普遍具有较高的信息化水平，但是"信息孤岛"现象也比较突出，不少有关教育的信息并未被整合进数据网络。很多部门和个人虽然长年累积大量教育数据，如高校的网站平台中保存着众多的课堂实录、数字化学习资源等数据，学校网络中心长期保存计算机使用、学生上网行为等方面的数据，各院系教师也拥有许多关于学生平时学业的数据。但是，许多数据的价值未能得到有效应用，而是分别被用于支持不同主体的教学与管理活动，尚未形成体系。加强技术与技术之间的互联，使之被整合成为统一结构，是构建大数据教育评价体系的重要课题、高校要重视进行技术层面的顶层设计，搭建数据库共享与集成平台，再在此基础上开发计算机分析程序，以支持对海量信息的处理。

学校可以对部分信息采集终端进行升级改造，以提升计算机网络的效能，并改进其与学校网络中心的连接方式，使其更便于在教育评价活动中使用。

（二）组织保障

大数据评价体系涉及高校的多个部门，因此促进各部门之间的高效协作，便成为创新评价体系的应有之义。高校要改善现有组织构架的合作方式，理顺各种流程和制度。部门之间应当在信息收集和分享上高度配合，不同的教育主体要协同互联，形成沟通交流的长效机制，以组织部门的高效协作打通信息模块之间的壁垒。在信息的利用和反馈上也应当密切合作，以充分发挥大数据的能动性，形成采集—反馈—改进的良性循环，使大数据真正成为高价值的数据资源。教学评价部门要及时向教学活动负责主体反馈评价结果，将数据以条理化的报告整理出来，促进各院系教师理解教情。

高校的教育评价活动主要由教学管理部门完成，在现有的组织架构基础上，高校应扩大教育评价部门的规模，更新对部门职能的要求，使其在促进部门协作方面发挥积极的能动作用。

（三）人才保障

高校要重视人才梯队建设，增加有能力从事大数据分析的人才，促进大数据评价体系的落地。

1. 要增加技术型人才

构建大数据评价体系，要求将粒度细、容量大的教育数据稳定地储存于网络空间中，并且支持随时访问、调出和使用，与学校的网络融为一体，这样的活动必须以高素质技术型人才队伍为后盾。

2. 学校创设条件

引进具有统计学专业素养的数据分析人才，促进其与学校教师、各学科研究专家相对接，依据实际教情，形成具有实效性的教育分析模型，使评价活动体现学校的发展特色；同时要对教学管理岗位的人员进行培训，以提升人员对评价体系运行要求的理解，使其更好地配合专家开展工作。针对从事教学研究活动的教师，应引导教师依据大数据评价体系下的要求进行授课，以构建完整的教育教学生态。当各方面的保障被落实时，大数据评价体系才可发展为学校的常规化制度，构成高校核心竞争力的一部分。

第六章　高等教育教师的教学能力发展

第一节　高等教育面临的新形势

一、新时代的高等教育

（一）"新时代"

"新时代"是中华民族从站起来、富起来到强起来，中华民族面貌发生前所未有变化的伟大时代；是中国特色社会主义道路自信、理论自信、制度自信、文化自信不断增强走向成熟的伟大时代；是中国国际影响力、感召力、塑造力不断提高，日益走近世界舞台中央，为解决人类问题贡献中国智慧和中国方案的伟大时代。

（二）"新时代"的中国高等教育

高等教育发展水平是一个国家发展水平和发展潜力的重要标志。办好高等教育，事关国家发展，事关民族未来。加快一流大学和一流学科建设，实现高等教育内涵式发展，是党和国家在中国特色社会主义进入新时代的关键时期，对高等教育提出的新要求。发展公平而有质量的教育，特别强调以经济社会发展需要为导向，优化高等教育结构，加快"双一流"建设，支持中西部建设有特色、高水平的大学。这是新时代高等教育发展新的动员令，是高等教育最紧迫的战略任务。

新时代高等教育面临着新的形势，中国高等教育是不是强国，必须在国际视野下看我们有没有影响力、有没有感召力、有没有塑造力，是不是开始走近世界舞台中央，在世界高等教育发展中有没有中国声音、中国元素、中国方案。

（三）"新时代"高等教育的变化

1. 目标更高

党的十九大报告指出，建设教育强国是中华民族伟大复兴的基础工程。优先发展教育，才能面向新时代、赢得新时代、领跑新时代。因此，高等教育强国要在教育强国建设中先行实现，高等教育不是适应新时代的问题，要赢得新时代，最重要的是要有领跑新时代的能力。

2. 任务更硬

要遵循教育规律和学生成长规律，因材施教，教学相长，才能够"落实立德树人"；要培养学生的家国情怀、团队精神，敢于冒险、不怕失败，才能够"发展素质教育"；要健全教育质量标准、强化教育扶贫意识、强化对农村地区教育的支持力度、强化对民族地区教育的投入力度，才能够"推进教育公平"。

3. 需求更迫切

我们对高等教育的需要比以往任何时候都更加迫切，对科学知识和卓越人才的渴求比以往任何时候都更加强烈。这意味着，高等教育今后的使命神圣、任务艰巨、责任重大。高等教育只有真的把一流本科教学这件事情落实了，真的做好了，才能让"更迫切、更强烈"的事情梦想成真，否则就是空想。

4. 地位和作用的变化

以前我们强调更多的是高等教育的基础支撑作用，现在我们要强调高等教育支撑和引领作用并重，而且引领的分量要加大。我国经济社会发展要想保持中高速、迈向中高端可持续发展，最大的红利、最重要的牵引力就是高等教育。

5. 发展阶段变化

中国高等教育已经从后大众化阶段向普及化阶段迅速迈进。中国高等教育只用了十几年的时间就将完成从大众化向普及化的转变。一个国家的高等教育进入普及化阶段，意味着高等教育开始成为其国民的基本需求，高等教育开始成为国民职业生涯的"基础教育"。

6. 类型结构变化

当一个国家高等教育发展到高级阶段，引领国家发展的一定是多样化的高等教育，而不是单一的"同构化"高等教育。不同类型的学校都可以成为国家队，在人才培养方面尤其如此。

7. 环境格局变化

我们的舞台是世界舞台，坐标是国际坐标，格局是全球格局。因此，我们不仅要参与国际竞争，还要参与国际高等教育治理，参与高等教育标准制定。

（四）"新时代"高等教育的使命

1. 正确认识中国历史

中国是一个有着悠久历史的文明古国，中华民族在 5000 多年的发展进程中创造了辉煌灿烂的文明。高校集聚了专业的研究者，具有学术话语权，影响着主流价值评价标准。我国高校应有中国的思想、中国的气节、中国的担当、中国的情怀，通过自己的研究和教学，让国人对中国历史、中华文化有更深刻的认知、更深切的体验，让中华民族的历史更好地进入国人的文化认知中，让中华优秀传统文化更好地进入国人的立身实践中，让中华民族精神更好地进入国人的价值观建构中。

2. 坚定走中国特色社会主义道路信心

选择什么样的发展道路，决定着民族和国家的未来。坚定走中国特色社会主义道路信心，凝聚建设中国特色社会主义的强大合力，是塑造中国人精气神的基本任务，是确保中国人的精气神"不走偏"的思想保障。在这方面，高校责无旁贷。高校是意识博弈的前沿阵地，是退不得、失不得、丢不得的阵地，捍卫中国特色社会主义道路是我国高校必须坚守的第一座堡垒。讲台就是阵地。高校教师在什么能讲、什么不能讲，宣扬什么、反对什么上必须有鲜明的"底线"和"红线"，绝不能以学术自由之名而口无遮拦，甚至宣传资本主义发展道路，绝不能以所谓的个人见解、一家之言抹杀高校教师立言立说的政治责任。高校教师应该用自己的学术影响力、社会活动力、教育感化力，影响教育大学生和更多的人走中国特色社会主义道路。

3. 建构中国人理性丰满的精神世界

当今时代，随着思想观念、利益格局、行为方式日益多元化，人们精神世界中的浮躁、表层化、戾气现象在一定范围有所抬头。高校是知识精英的集合地，是崇高价值、科学理性、创新文化的集聚地，在弘扬社会主义核心价值观、建构国民的良好精神世界方面有着不可替代的作用。高校要通过专业化的研究力量、多样化的传播与实践形式，成为弘扬社会主义核心价值观的主要基地，让社会主义核心价值观成为引领各种社会思潮的"龙头"。高校的专业研究力量不仅要解决社会主义核心价值观的理论化问题，更要着眼于人民群众的知识结构、审美习惯、接受心理等，探索社会主义核心价值观如何从概念、从书本走入生活、走入实践、走入内心的现实策略与路径，探索如何在思想教育与社会舆情应对中让社会主义核心价值观"虎虎有生气"，始终对社会观念和社会舆论具有指导意义。高校还要为培育良好国民心态发挥应有的作用。成熟的国民一定要有成熟、理性、向上的心态。高校师生应成为培育良好国民心态的中坚力量，始终坚持正确的历史观、文化观，以民族振兴、国家繁荣和人民幸福为己任，以知识分子的理性、平和、开放引领国民心态培育。尤其是在社会突发事件中，高校师生应发出科学理性的声音，及时疏导社会情绪，使我们这样一个发展中大国更加理性地面对"成长中的烦恼"。

4. 推动中华文化走向世界

作为一个开放与负责任的大国，中国不仅应塑造国人的精气神，而且应有充分的自信向世界展示中国人的精气神，这就要求推动中华文化走向世界。在这个过程中，我们要积极借鉴与吸收人类优秀文化成果，让中华文化更富于时代性，使中国人的精气神更加饱满。与此同时，不同文化的交流、交融甚至交锋，也会让中华文化经历洗礼、考验与提升，中国人的精气神会因此而更加昂扬与饱满。高校是国家对外文化交流的重要平台，要切实发挥自己的职能，使中华文化走向世界的过程成为中华文化创新发展的过程，成为中国人的精气神不断丰满与充实的过程。高校要充分发挥人才集聚、资源汇聚、文化荟萃的优势，利用自身的学术研究基地、文化创新基地、人才培养基地、艺术传播基地、对外交流基地等，打造一批对外文化交流品牌，构建一批由高校牵头的校际交流、校地交流平台，努力向国外展示中华优秀传统文化、展示中华民族精神与时代风貌，展示新时期中华文化发展的最新成就，增进国外大学生以及社会各界人士对中华文化的认知、理解，提升我国文化软实力和中华文化的国际影响力。

二、高等教育的任务与挑战

（一）高等教育的作用

高等教育是人受教育过程的一个环节，具有教育更加专业化，教育模式更加先进的特点，所起的作用仍然是教育人，培养人。教育的目的包含两个方面：第一是知识文化的传承。作为人类重要的社会性活动，教学过程主要就是为了让学生学习与继承过去先辈们所总结出来的文化知识、哲学思想、科学理论，站在巨人的肩膀上，以期让学生高屋建瓴，推动文化与科技的发展。第二是培养人的价值观体系的作用。在教育的过程中，一定会有对人的道德品质进行培养的内容，高学历与高素质应该是相辅相成的，培养人形成正确的价值观念，用高尚的道德准则去约束自己，这才能输送社会发展所需的人才。一个人的精神面貌也是教育作用的集中体现。教育的作用是培养人具有渊博的学识和崇高的品德，提升人的社会责任感，培养人在社会发展进程中的个体意识，充分认可自身的作用，才能实现自身价值与社会价值的统一。

（二）高等教育的主要任务

高等教育的主要任务是培养具有创新精神和实践能力的高级专门人才。作为高级专门人才的大学毕业生不能仅仅是求职者，还应在创新精神的引领下成为工作岗位的创造者。实施创新创业教育，必然要求将培养学生的创新精神与创业能力置于高校教育教学的中心地位，教育教学活动始终围绕培养学生创新精神、创业能力而展开，把学生培养成视野开阔、学习主动、反应敏锐、勇于创业的高级专门人才。

（三）互联网为高等教育提供的机遇

1. 推动教师专业发展的变茧

"互联网+教育"改变了教师的工作方式，将教师专业发展推向了另一个高峰。一方面，在教育信息化大背景下，对于教师的专业能力素养提出了新的要求，教师要不断适应新课程改革与教育信息化的相应要求，特别要提高使用多媒体等工具的能力；另一方面，互联网的普及给教师的专业发展提供了便利，使教师专业发展不再受到时间、空间的约束。同时，数字化网络资源使教师形成学习共同体，教师可以随时与同事、专家合作。

2. 促进学生学习方式的多样化

在信息化背景下，互联网促成"人机结合"（人与计算机结合），人机结合也会促进学生的学习方式实现多样化。"互联网+教育"使学校形态变成了自组织的智慧学习环境，学生可以根据自己的兴趣爱好、时间特点，制定个性化的学习课程和教育服务。把正式学习与非正式学习融合，通过位置感知、二维码等学习，让学习不再受到时间、空间的限制。"互联网+教育"深刻影响着学生的学习方式，泛在学习已经成为数字化学习的重要发展方向。

3. 教学模式多样化

随着云技术、大数据的发展，教学模式从灌输式转向互动式。教师成为学生学习的辅助者与指导者，其从教学生知识转向教学生如何学习知识，这一转化使得教师与学生的互动性增强。微课、慕课、翻转课堂等教学模式正逐渐走进课堂，甚至还出现了"弹幕教学"模式，即在教师讲课的同时，学生通过互联网把自己的疑问发送到教师的课件屏幕上，增进了教师与学生的互动，既可以使问题及时得到反馈，又不会打乱老师的步调。

第二节　高等教育下的教师教学能力

一、教师教学能力概述

（一）教师教学能力的概念

在教育学研究领域，能力是指人们为了完成某一特定任务所具备的个人心理特征、知识、技能和态度的集合。教学能力是指教师为达到教学目标、顺利从事教学活动所表现的一种行为特征。由一般能力和特殊能力组成。一般能力指教学活动中所表现的认识能力，如了解学生学习情况和个性特点的观察能力；预测学生发展动态的思维能力等。特殊能力指教师从事具体教学活动的专门能力，如把握教材、运用教法的能力、深入浅出的语言表达能力；教学的组织管理能力；完成某一学科领域教学活动所必备的能力，如音乐教师对音高的辨别能力，语文教师的写作能力等。教师的表达能力、组织能力、诊断学生学习困难的能力以及他们行为的条理性、系统性、合理性与教学效果有关。高校教师教学能力是指支持在各种教学情境中有效教学所需要的个人特征、知识、技能和态度的综合。

（二）教师的教学能力分析

1. 钻研和组织教材的能力

教师要上好课，必须事先要备好课。所谓备好课，首先要深入钻研教材，把教材的知识弄懂，并融会贯通，使之转化为自己的知识；其次要研究教学大纲、教材内容和学生，明确教学目的、重点及要求，使之转化为教师教学的指导思想；最后要进一步研究教学目的要求、教学内容和学生实际之间的内在联系，找到使教学内容适应学生接受能力、促进学生智力发展、实现教育目的的途径，要实现上述三个方面的转化，教师就必须要有一定的钻研和组织教材的能力。这种能力越强，备课的效果就越好，十分有利于提高课堂教学质量。

2. 了解和研究学生的能力

深入了解研究学生，这是教师进行教育教学工作的出发点，也是教师的一项基本功。教师要善于根据学生的外部表现了解他们的个性和心理状态，如思想状况、道德水平、知识基础、智力水平以及兴趣、爱好、性格等。只有了解学生的实际，才能做到有的放矢，长善救失，因材施教。

3. 组织教育教学活动的能力

为了保证教育教学工作顺利而又生动活泼地进行，教师应具备较强的组织能力。例如，开展教育活动，教师必须善于制订计划、动员发动、培养和使用骨干、组织指挥、总结评比等；组织教学活动，教师必须善于启发诱导，激发学生兴趣，集中学生注意力，善于机智地处理偶发事件等。教师组织教育教学活动的能力，包含一定的创造性，既需要知识经验，又需要满腔热情，更需要在实践中坚持不懈地研究、总结和磨炼。

4. 良好的语言表达能力

语言是表达和交流思想的工具，教师语言表达能力如何，直接影响教育教学工作的效果。在教育教学中，教师的语言要发音准确，使用普通话教学；要简练明确，内容具体，生动活泼；要合乎逻辑，语法正确，流畅通达；要富于感情，有感染力。这也是教师的基本功。

5. 进行教育科学研究的能力

教师在工作中，要善于及时总结自己的经验，并使之不断升华，达到理论的高度；要能够自觉地运用、验证教育理论，从大量的现象中研究探索出有规律性的东西。教师只有具备一定的教育科学研究的能力，才能以先进理论为指导，不断改进工作，才能充分发挥自己的才干，有所突破，有所创新，为教育事业做出更大的贡献。

二、高校教师的教学能力

（一）基本教学能力

1. 教材处理

知识、能力、价值观目标是否明确，教学目的是否符合课程标准的要求和学生实际，知识技能、能力培养、思想教育的要求是否明确、恰当、可行。是否体现教学目标，知识讲解是否具有科学性、系统性，是否做到理论联系实际，教材的理解与处理是否具有科学性。教学安排得循序渐进性、层次分明性、系统完整性、密切适中性如何。

2. 教学基本功

教学语言是否清晰、准确、简练、通俗、生动、逻辑严谨，是否运用普通话教学。板书设计是否具有科学性，是否工整、完美、简明、扼要，条理清楚。能否熟练运用现代化教学设备、仪器和现代化教学手段进行教学、演示、讲解，演示和讲解能否有机结合。

3. 教学方法

方法选择是否灵活多样，是否与教学目的和教学内容相适应，是否与学生的年龄特征相适应，课堂教学机制如何。是否以教师讲解为主，学生的课堂主体性体现得如何，教学原则的选择是否科学合理，符合学生的实际。教师的课上各环节讲、练、演示、板书及主次内容的时间分配是否合理，能否做到精讲多练，加强能力培养。是否有意识、恰当地运用生动的实例激发学生的学习动机，培养学生的学习兴趣，以提高教学效率。

4. 教学效果

课堂上教师能否及时掌握学生反馈的信息，并采取相应的调控措施进行教学。学生是否认真听讲，积极思考，大胆发言，学习积极性是否被充分调动起来。

（二）高校教师教学能力评价指标

1. 教师基础智力

教学智力是教学能力的基础，在众多智力要素中，对教学能力影响最为关键的是分析性思维、批判性思维、创造性思维以及实践性思维。

分析性思维是遵循的规则，通过推理而逐步得出正确答案的思维方式。针对所考虑事物，从部分把握整体出发，对整体作一定的分解，划分出对象的因素、属性和特征等不同成分，从而做定量分析，基本形式是概念、判断、推理、证明和分类等。分析性思维与直觉思维是一对范畴，在教育环境中，教师需要具备良好的分析性思维，与在教学中思想开放的传递性，课程设计的灵活性以及培养学生发现问题、解决问题的能力具有密切的联系。

批判性思维是对所研究事物的性质、价值、精确性和真实性做出自己科学合理的判断，对于不符合逻辑和客观事实的对象敢于否定和怀疑，并给出自己特定独立的正确见解。批判性思维对学生不盲从于完全认同书本知识具有很强的引导作用，大多数学生只是被动地接受知识，并不能发现和思考学习中存在的问题，高等教育的大学生不应再接受这种填鸭式的学习方式，批判性思维是教师引导学生思考问题的重要因素。

创造性思维是在创造、发明、想象等活动中所散发出来的一种思维方式，是思想的源泉，发现新大陆的动力所在。良好的创造性思维是提高科研能力的法宝，科研能力最能代表学校的实力，科研就是探索、发现与实现的过程，其与教师的知识技能、教学内容、教学技能密切相关，对向学生传播新知识、开拓新领域和引导学生发现新知识至关重要。

实践性思维是面对问题时，解决实际问题，为了完成"从精神变物质"活动时所运用的思维方式。在高校的教学环境中，教师面对的问题都是不特定的、突发的，既没有确定的时间与空间，也没有明确的答案，是教师解决实际教学问题、处理突发状况能力的关键因素。

2. 教师工作能力

工作能力主要从专业建设能力、课程开发能力、学术研究能力、知识更新能力和培养学生能力五个方面展开。

（1）专业建设能力主要是在了解国家的教育发展规划、人才市场需求和学生职业生涯规划的基础上，发展和规划本专业的能力。教师参与本专业培养目标、培养方案的制订，能系统地把握本专业的培养目标，专业核心能力、教学环节、课程体系及专业的发展走向，并能解决教学过程中出现的专业问题，属于教学能力构成要素的宏观层次。

（2）课程开发能力主要是指通过学生的需求分析和了解课程的内容、地位与作用，对课程目标、课程内容、课程资源进行计划、组织、实施、评价和修订，并形成一套完整的课程体系，属于教学能力构成要素的中观层次。

（3）学术研究能力主要是指教师的科研能力水平，是在某一领域的研究成果，主要从期刊论文、出版专著及教材、参与项目课题基金的数量和质量来体现。高校教师要有紧跟学科前沿和参与本学科发展的能力，还要有指导学生进行学科研究的能力，是最能够代表高校教师教学能力的主要指标，属于教学能力构成要素的微观层次。

（4）知识更新能力是指紧跟学科前沿，善于探索和研究新知识。在现今快速发展的时代，随着知识的不断推陈出新，有些知识不再适应时代的发展要求，必然会带来知识的老化问题，不断学习和更新知识是教师的义务。

（5）培养学生能力主要是指培养学生终身学习的能力。学习应是一个持续不断的过程，教师应引导学生发现学习的乐趣与奥妙，训练学生主动学习的思维，而不仅仅是传授知识，"授之以鱼，不如授之以渔"就是这个道理。

3. 个人特质

个人特质由知识、技能、态度和气质决定。个人特质并不是专一针对教学活动本身所散发出来的特质，而是自身独特的品格形成的一种品质，可以从亲和力、领导力、博学、逻辑思维能力、责任心和进取心来体现。个人特质直接影响教师在教学活动中的态度，如教师是否很愉快地、耐心地与学生在轻松的氛围中进行有效沟通，教学态度直接支撑学生吸收知识的程度，但不能直接作为教学能力的主要支撑。教学技能作为教学能力的支撑要素，也是教学能力中最表层的部分，直接取决于教师所具备的专业知识，而掌握的知识又直接决定教师在教学活动中所表现出来的态度。

第三节 教师的教学能力

一、教师的教学能力研究意义

（一）教师教学能力是教育"内涵式发展"的需要

近几十年来，高等教育的规模扩张和飞速发展呈全球化态势。我国高等教育规模的急剧扩大，必然会带来经费投入、师资队伍建设等诸多因素导致教学质量隐忧。而高等教育"内涵发展，质量立校"，主要取决于教师的教学能力。教师是高校的核心资源，教学能力的提高是高校教师发展的关键内容。

（二）教师教学能力发展是信息时代的必然要求

我们处在知识经济时代，知识的产生、更新、流动、消亡速度和知识总量均呈指数式上升。我们处在信息化时代，信息技术的广泛应用改变了信息在社会上的分布形态。高校作为知识生产和传播的重要基地，面对全球化、数字化、知识创新化的知识时代的挑战，置身于信息时代大背景下，其教师专业发展必定带上教育信息化的烙印。教育的全球化和信息化形成一个日新月异的世界，信息社会下，学生学习形式和创新人才培养模式的变革，置身于互联网当中的教学系统各要素产生了近乎无边界的拓展，教学能力不断被赋予新的内涵，被提出新的要求，使贯穿教师的终身教育过程的教师教学能力提升更具紧迫感和必要性。

（三）教师教学能力发展是高校教育质量提高的关键

教育大计，教师为本。有好的教师，才有好的教育。教师要普遍具有良好的教学道德素养、先进的教育理念、扎实的专业知识基础和较强的教育教学能力。各地各高校要从制度、环境、组织管理上采取有效措施切实提高青年教师的思想政治素质和师德水平，提升青年教师专业发展能力。提高质量是高等教育发展的核心任务，而提高教师教学能力是高校教育质量提高的关键。

二、教师教学能力理论基础

（一）终身教育理念

终身教育是完全意义上的教育，它包括了教育的所有各个方面，各项内容，从一个人出生那一刻起一直到生命终结时为止地不间断发展，包括了教育发展各阶段各个关头之间的有机的联系。只有通过不断地努力学习和研究，人才会有更大的潜在可能性去有效地迎接他一生中遇到的各种挑战。

终身教育理念下的高校教师教学能力培养和发展无法一蹴而就，不能一朝一夕速成，是一个贯穿教师教学生涯的长期的、持续的过程，是在外因和内因作用下的不断积累。

与终身教育理念相关的理论主要包括成人学习理论、自主学习理论和协作学习理论。教师属于成人，积累了丰富的知识经验，具有较强的学习能力和自我价值观，其能力的发展遵循一定的客观规律。

终身教育理念对本研究的启示：第一，为本研究分析教师教学能力的结构和构建教师教学能力体系模型提供理论指导；第二，为本研究提出教师教学能力发展机制和策略提供终身学习方法指导。

（二）教师专业发展理论

教师专业发展阶段理论是一种以探讨教师在历经职前、入职、在职以及离职的整个教学生涯发展过程中所呈现的阶段性发展规律为主旨的理论。教师专业发展主要是教师个体在教学水平上不断提高的过程，也是教师提高专业精神、专业知识、专业能力，更新教育观念，从一个成长阶段不断进入更高成长阶段的过程。从教师教学专长发展将教师教学分为五个阶段：新手教师、熟练新手教师、胜任型教师、业务精干型教师、专家型教师。教学能力发展是教师专业发展的核心内容。

教师专业发展理论对本研究的启示：第一，在宏观层面上为教师教学能力结构模型的构建提供了分类归纳分析的模板，指导教师教学能力体系的构建；第二，为本研究提出的教师教学能力专题培训机制提供理论和方法指导。

（三）多元智力理论

美国心理学家霍华德·加德纳教授提出了多元智力理论，认为人类的智力至少应该包括以下几种类型：语言智力、逻辑数理智力、视觉空间智力、音乐节奏智力、身体运动能力、人际交往能力、自我认识能力、技能智力等。多元智力理论启示高校教师教学能力是多维的、多层的综合性能力结构。

多元智力理论对本研究的启示：第一，从智能的分析视角为教师教学能力的结构要素分析提供方法论；第二，多元智力理论为本研究的教师教学能力发展策略研究提供理论指导。

（四）学习动机理论

动机是对所有引起、支配和维持生理和心理活动的过程的概括。学习动机是指能够直接推动学习者进行学习活动的内部动力，一般分为内部动机和外部动机。学习固然需要兴趣等内部动力，但外部诱因有利于激发和维系学习活动。学习动机理论包括强化理论、人本主义的需求理论、认知心理学的成就动机理论和归罪理论、社会学习论的期望价值、班杜拉的自我效能感理论、马斯洛的需求理论等。

学习动机理论对本研究的启示：关注教师的自我效能感和需求，综合使用多种有效的外部机制，更好地激发教师对教学能力提升的内部动机。

三、教师教学能力内涵与特点

（一）教师教学能力内涵

1. 能力结构分析的视角

《教育大辞典》将教师教学能力定义为：教师为达到教学目标，顺利从事教学活动所表现出的一种心理特征，由一般能力和特殊能力组成。教学能力作为一种特殊能力，其特殊可以区分为不同层次，即教学能力的智力基础——一般教学能力——具体学科教学能力，其特殊性依次升高。强调教学的科学性和艺术性、客观性和主观性、创造性、一般性和特殊性等特点，其中，一般能力主要指教师的智力，特殊能力主要指教师实施教学活动的能力。

2. 教学任务完成的视角

教学能力是指在有限的时间里高质量、高效率地完成教学任务。教学能力是顺利完成教学活动所必需，并直接影响教学活动效率的个体心理特征；是通过教学活动将个人智力和教学所需知识、技能转化而形成的一种教学素质，它依托于一定的智力，是以认识能力为基础，在具体学科教学活动中表现出来的一种特殊能力（专业能力）。突出教师完成教学任务所必备的基本知识和技能。

3. 教学实施流程的视角

国外学者认为高校教师的教学能力一般由四个维度组成：教师应具备良好的专业技术知识、课程设计的能力、与学生沟通交流的能力以及教师进行教学实施和教学管理的能力。

4. 知识结构分析的视角

教师的知识结构可分为本体性知识、条件性知识和实践性知识；本体性知识是指教师所授学科的专业知识；条件性知识是指教育学、心理学、学科教学法等知识；实践性知识是指教师通过对自己教育教学经验的反思和提炼所形成的对教育教学的认识。作为一名专业的教师，应该具备普通文化知识、学科专业知识和教育学科知识三大方面的知识，这些知识的掌握和运用程度是衡量教师专业化水平的最重要标志。

5. 学科研究的视角

教学能力包括教学认知能力、教学设计能力、教学操作能力和教学研究能力等。"大学教师教学能力包括两个方面：一方面，大学教师要具备不断更新知识和调整知识结构，提高自己学术水平的能力；另一方面，大学教师也应该具有研究治学规律、寻求最佳治学方法的能力"。应该包括"统驭学科内容的能力、教学自控能力、教学的科研能力、教学的组织管理能力、信息沟通能力、操作计算机的能力、培养学生自学的能力"。教师教学能力可归纳为以下四个方面：教材转化能力、教学研究能力、教学创新能力和科研成果的转化能力。

6. 师德养成的视角

大学教师发展的内容应当包括三个方面：学术水平——基础理论、学科理论、跨学科的知识面；教师教学知识和技能——教育知识和教学能力；师德——学术道德、教师教学道德。"学高为师，身正为范"，态度和意识对于教师这一教学角色非常重要。缺乏高度的责任感，教学态度和行为就会失范，严重制约教学能力的发挥和发展。师德是教师教学能力提升的道德基础，教师需要具备一定的教学情操，具有较强的责任感与义务感。

7. 综合素质分析的视角

教学能力包括组织管理能力、运用现代教育技术的能力、教会学生学习的能力、教学实践能力、教学反思能力、教学监控能力、教学研究能力、终身学习能力。包括教学设计能力、知识组织和传授能力、教学活动组织能力、课堂管理能力、语言表达能力、人际交往能力、教学研究能力以及教学反思、监控和改进能力等，主要体现在教学活动中。

8. 能力评价的视角

第一，教育教学能力。包括教师素养、知识结构、教学技能。

第二，课程开发与建设能力。包括课程改革与建设、专业建设、与行业企业合作开发工学课程、校企合作开发教材、精品课建设等能力。

第三，课程资源开发及利用能力。包括校内外实习实训基地、图书馆与阅览室等资源的利用能力、虚拟资源与网络等信息化资源的利用能力。

第四，实践教学能力。包括实践操作、实践教学设计、实施与考核评价、实践指导、示范讲解等能力。

第五，教学科研能力。包括教学基础建设、学科建设、承担教研教改课题、发表教研教改论文及论著、科研成果获奖、教研教改获奖能力。

第六，社会服务能力。包括与企业合作开发课程和教材、知识和技能培训、技术指导、对口帮扶、企业实践。

第七，其他。包括学历、继续教育、创新理论的学习与实践。从评价角度看教学能力的内涵更具实操性和可评价性。

（二）教师教学能力特点

1. 复杂性

教师的劳动是塑造人的劳动，即从事劳动力的再生产、科学知识的再生产和社会成员的再生产的一种特殊的劳动。教学原本就是一个十分复杂的过程，具有过程和结果的突发性和不确定性。它既涉及教师、学生、教学内容、教学资源、教学环境和教学活动等诸多要素，又受到教师、学生内部的身心状态和外部条件的影响，远非课堂上"照本宣科"式地讲授那么简单。教师要在复杂的教学中取得有效的教学效果，其应该具备的教学能力也具有像教学一样的复杂性。正是这种复杂性决定了教师是一个专业程度很高的职业，须是经过专业训练的人才能胜任。

2. 专业性

教师素养的高低直接影响未来国民的素质，直接关系到国家和民族的未来。作为一门古老的教学，随着社会的发展，新知识、新技术、新发明的不断涌现，对人才的素质要求越来越高，教师在培养人的过程中必须掌握专门的知识，经过专门的训练才能胜任教师教学。教师是履行教育教学职能的专业人员。

在这里，专业即指的是拥有专门的知识论基础，具有特定伦理定向的特殊教学；专业还意味着一种资质——从事某一特殊行业所必须具有的资格；只有具备了这个资质，取得了相应的资格证书才能从事这个行业。

3. 实践性

教师的教学能力具有很强的实践性。其一，教学能力是一种行动能力。教师的奇思妙想不是教学机智，如果教师不具备将思想转化为行动的能力，则不会拥有教学机智。其二，教学能力发生在特定的教学情境中。教师的心血来潮不是教学机智，心血来潮是完全不顾时空背景的限制任性而为；而教学机智则对教学情境具有独特的敏感性，其行动必与当时当地的情境相契合。其三，教学机智是教师在教学中的即席创作。教学机智具有相当的灵活性，所以它不是单纯的教学技能或技巧，而是教师创造性行为的表现。教学机智又具有一定的严肃性，所以这种创作不能随心所欲，其依据为特定的教学情境和教师对该情境的认识及把握。

四、高教师教学能力模型

高校教师的教学能力模型主要包括教学知识（文化、专业、教学法、实践）、教学技能（设计、实施、管理、评价、教育技术应用）、教学特质（素养、意识、兴趣、态度、智力）、社会责任（发展观、价值观、公平、师德）4 个主范畴和 16 个子范畴。

（一）教学知识

所谓教师教学知识是指教师掌捏的、能够有效支撑自身教学活动所必需的各种知识，是"教师在揭示其教学哲学以及为攻策制定者提供建议的时候，所表现出来的知识、观念、见解以及理解"。专业知识在教师的成长与发展过程中居于核心地位，是教师从事教育教学工作的必要条件和自身素养的集中体现。高校教师想要能够较好地完成教书育人的任务，必须具备较为广阔的知识视野和完备的教学知识体系。

教师的教学知识体系一般由普通科学文化知识（通识性知识）、学科专业知识、教学知识和实践性知识四部分构成，其体系结构如下。

1. 通识性知识

通识性知识是指教师所拥有的、有利于开展有效教学工作的普通科学文化知识。这种知识是教学之树的庞大"根系"，是营造"教书育人"氛围的主要内容。教师的通识性知识需要通过广博的阅读才能获得，广泛阅读可以最大限度地汲取人类的优秀文化和科学智慧，为教师的教学培育底气、滋养灵气。教师成长的力量可以从前人的智慧中得到，教师热爱阅读，必将带动他的学生也热衷于阅读。

2. 学科专业知识

学科专业知识对高校教师而言，其知识结构要求博大而精深——清楚学科的专业知识的历史沿革、当前发展、趋势与前沿。

专业化的学术能力是构成高校教师教学能力的基础，高校教师全面深入地掌握本专业知识是进行教学活动的基本前提。教学过程中，避免照本宣科需要教师具备扎实的学科专业知识和学术功底；教学内容与时俱进需要学术敏感性，对学生产生感染力需要高深学识。

3. 学科教学法知识

学科教学法知识是教师专业发展理论研究中早已成熟的概念。其提出者第一次将"学科知识"与"教学法知识"联结起来，形成了教师的专业核心知识结构，成为教师专业发展的核心内容。"技术知识"也是教学知识的一个重要组成部分。

（二）教学技能

所谓教师教学技能是指教师得以顺利乃至完美地完成教育教学任务所具备的教学活动能力，具有实践性、稳定性、发展性和差异性等特征。它包括教学设计能力、教学实施能力、教学管理能力、教学评价能力和教育技术应用能力五大方面。

1. 教学设计能力

教学设计是根据教学对象和教学目标，确定合适的教学起点与终点，将教学诸要素有序、优化地安排，形成教学方案的过程。教师的教学设计能力主要包括分析专业课程标准、教学内容和学习对象，设定教学目标，确定教学重难点，精选和补充教学资源，确定教学方式和方法，编排教学过程和教学活动等能力。

2. 教学实施能力

教学的组织实施主要包括教学方式、方法和教学手段的应用、教学活动的组织、教学进程的调控、应变突发情况等能力。教学方式、方法和手段，对教师组织和实施教学、落实教学目标至关重要，直接关系和影响着学生的学习效果。教学方式、方法与手段，是相辅相成的关系。教学方式，是教师组织教学的活动方式；教学方法，是教师实现教学活动方式的具体方法；教学手段，是配合方式和方法借助的工具。不同的教学方式需要不同的教学方法和手段支持。

3. 教学管理能力

教学管理能力是指教师在教学过程中调动学习者的积极性，有效控制教与学的进程，最大限度地实现教学目标的能力。主要包括：激发学习动机、带动积极参与、管控教学过程、调节教学进程和监控教学活动的能力。

4. 教学评价能力

教学评价能力是指教师按照目标多元、方式多样、注重学习过程的原则，将量化评价和定性评价相结合，构建一个多元、连续、注重表现的评价体系，从知识与技能、过程与方法、情感态度与价值观等方面对学生进行全面评价的能力。通常教师应该采取定性和定量相结合的综合评价方式，重点突出定性评价。除了给出评价和等级评分外，还应根据平时观察积累的资料，进行分析归纳写出有针对性的总结性评语，使学生明确前进的目标。教学评价能力包括：选择或编制评价工具的能力、实施评价的能力、获取反馈信息的能力。

5. 教育技术应用能力

现代教育技术是指在现代教育理论指导下充分运用现代信息技术改善学习的理论与实践；现代教育技术应用能力参照"教育（学）技术"概念的 AECT 定义，包括对学习资源和学习过程进行设计、开发、利用、管理和评价的能力。

（三）教师教学特质

教师教学特质包括个人智力、教学意识、教学兴趣和教学态度四部分；它们之间相互依存，相互支持，相辅相成，成为一个不可分割的整体。其中，教师个人智力是教师教学意识、教学兴趣和教学态度的基础；教学意识和教学兴趣直接决定了教师的教学态度；而教师的教学态度则在很大程度上决定教育质量的高低和教师专业发展的未来。

1. 个人智力

根据斯腾伯格的成功智力理论，可以将智力分为分析性思维能力、创造性思维能力和实践性思维能力。在高校工作的教师应具有卓越的智力水平，成为社会发展的脊梁和精英。

2. 教学意识

能够敏锐地认识到高等教育在社会发展中所处的地位和作用；自觉按照高等教育发展规律和大学生身心发展规律为每一位学生提供优质教学资源；有良好的专业发展和团队合作意识。

3. 教学兴趣

热爱高等教育，对高等教育发展十分关切；将从事的教育工作视为终身事业，勇于追求事业上的成就。

4. 教学态度

尊重、关爱、信任学生，有强烈的教学理想和敬业精神。

（四）社会责任

在高速发展的现代社会，教师的责任已不仅仅是在课堂上把知识传授给学生，对学生进行科学技术教育，使其具备必要的技能为国家的建设做贡献，还要对学生进行思想道德教育，使其树立正确的世界观、人生观和价值观，树立为人民服务的远大理想。教师的社会责任包括：师德修养、教师对于教育公平的执着、教师的教育核心价值观和教师的教育全面发展观。

1. 师德修养

师德，准确地说应该是教师公德、教师道德、教学道德，是教师为了维护社会公共利益应该遵守的社会公共道德，是教师和一切教育工作者在从事教育活动中必须遵守的道德规范和行为准则，以及与之相适应的道德观念、情操和品质。师德，是教师应有的道德和行为规范，是全社会道德体系的组成部分，是青少年学生道德修养的楷模之一；从实践的角度看，具有高尚情操、渊博学识和人格魅力的教师，会对其学生产生一辈子的影响。教师教学道德，是教师从事教师劳动所应当遵循的行为规范和必须具备的道德素质，可以用"师爱为魂，学高为师，身正为范"概括其内涵。

2. 教育公平观点

所谓教育公平是指国家对教育资源进行配置时所依据的合理性的规范或原则；这里所说的"合理"是指要符合社会整体的发展和稳定，符合社会成员的个体发展和需要，并从两者的辩证关系出发来统一配置教育资源。高校教师必须执着于教育公平，致力于教育公平，并通过教育公平保障社会公平与正义。

3. 教育核心价值观

教育的核心价值观是社会主义核心价值观在教育中的具体反映，是保障学生全面发展的核心理念。

4. 学生全面发展观

我们教育的培养目标是使学生成为德、智、体等方面全面发展的人。这里的全面发展有一个范围的要求，即"德智体"等方面：德，要求学生具有优良的道德品质；智，要求学生具有较高的文化修养；体，要求学生是一个具有健康体魄的人。学生的全面发展是一种可持续发展，更是一种和谐的发展。教师应该十分重视学生的全面发展，成为学生发展道路上的指导者和引路人。

第四节　教师教学能力发展实施

一、教师教学能力发展原则

（一）长期性和发展性原则

无论是对于教师，还是对于专注于教师教学能力发展工作的管理人员，教师教学能力发展与高等教育发展一样，始终是一个持续性和长期积累的过程，永远没有终点，在由低到高、由浅入深的规律中，在教师个体和学校总体两个层面上，呈螺旋式上升态势，进行高度上的提升。

（二）阶段性原则

根据高校教师教学发展的五阶段理论，高校教师经历从新手教师、高级新手教师、胜任教师、熟练教师到专家教师的五个发展阶段，学校需要分别针对每个阶段的教学能力发展需求建立有针对性的发展机制。

（三）关键期原则

青年教师在入职前几年是教师教学能力发展的第一个关键期，表现在以下几个方面。

第一，最迫切需要提高教学能力，大部分新上岗教师认为教学方法、教学技能是上岗前最大的障碍。第二，意愿性最高的阶段，愿意为教学付出努力。第三，坏的习惯尚未养成，可塑性强。如果在这一阶段能提供及时的平台，制定鼓励措施，可以及时激发青年教师提高教学能力的自主意识，事半功倍。

（四）自主性原则

柏拉图认为，"凡是自动的才是动的开始"。除了需要教师本身对教学能力发展的最原始的、自我的、主动的意愿外，学校还可以通过上面所提及的一些机制（如评价、在学习共同体中的反思）等，明晰现状和差距，唤醒和强化教师自我发展意识和意愿，产生认同感，培育教师教学能力发展的内在动因，借助学校提供的平台，认清方向，制定目标，"用已有的发展水平影响今后的发展方向和程度，用未来的发展目标支配今天的行动"，通过自我的监控、学习和调整，提升自身教学能力。

（五）全面性原则

高校教师教学能力是多维的，相应的高校教师教学能力发展机制也应该是全面的，覆盖结构模型的各个部分，多措并举，多管齐下，全面推进。

二、教师教学能力发展方案

（一）建立教师教学能力发展中心

教育部把"加强重点专业和教师发展中心建设"列为工作要点。要求示范中心以提升高等学校中青年教师和基础课教师业务水平和教学能力为重点，完善教师教学发展机制，推进教师培训、教学咨询、教学改革、质量评价等工作的常态化、制度化，切实提高教师教学能力和水平，建设高素质教师队伍。主要工作包括：

1. 开展教师培训

面向学校全体教师，重点是中青年教师、基础课教师和研究生助教开展培训，促进教师更新教学理念、掌握必要的教育技术和教学技能、提高教学能力。

2. 开展教学咨询服务

面向学校全体教师，重点是新进教师、中青年教师和公共基础课教师提供教学咨询服务，满足本校特色化人才培养和教师个性化专业发展的需要。

3. 开展教学改革研究

借鉴国内外先进的教育教学理念、成功经验和有效做法，着重研究公共基础课和核心课程的教学内容更新、教学方法改革、教学模式创新；促进教师更新教学理念，掌握必要的现代教育技术，改进教学策略与技巧，提高教学能力；推动营造重视和研究教学的氛围，建设具有本校特色的教学文化；推广教学改革实践经验和成果，促进教学质量持续提高。

4. 开展教学质量评估

会同校内有关部门，加强对教师特别是中青年教师的业务水平、教学能力、教学效果等考核、检查、评估和交流，确保教学改革卓有成效、教学质量不断提升。

5. 提供优质教学资源

汇聚本校教学名师、优秀教师等高水平师资，集成校内优质教学资源，形成共享机制，为提高教师业务水平和教学能力实施全方位服务。

6. 引领辐射作用

承担促进区域内高校加强教师教学发展中心建设的相关任务，组织区域内教师教学发展中心管理人员培训；开展教师教学发展中心建设实践研究；组织开展全国或区域内高校公共基础课骨干教师培训工作；为区域内高校开展师资培训提供优质教学资源和特色专业办学经验，发挥"中心"的示范、辐射、引领作用。

（二）建立规范与制度

1. 招聘考核制度

根据教师教学能力结构模型，建立专任教师的招聘考核制度，遴选具备教学特质的优秀人才充实教师队伍。

2. 岗前培训制度

根据教师教学能力结构模型，建立教师岗前培训制度，促使新上岗教师全面掌握教学知识体系，为教师教学能力提升奠定扎实的基础。

3. 教学能力评价标准

根据教师教学能力结构模型，建立教师教学能力评价标准。

4. 岗位退出机制

根据教师教学能力结构模型，建立健全教师岗位退出机制，不符合教师专业能力标准的教师可以退出转移到其他工作岗位。

5. 建立教学档案数据库

由教师在网上填写，学院审核，包括教学计划、教学大纲、教案、实习、毕业设计、毕业论文、毕业设计等教学文档；教师研究成果；教师进修、培训经历等数据，通过这些学校教学活动的真实记录汇总而成的大数据和大样本，可以协助管理部门了解本校教师教学能力，为教学能力发展提供科学依据和参考，在此基础上，分析教师教学能力发展的现状和存在的不足之处，进行需求分析，制订恰当的发展计划。

6. 制定评价评估标准

建立高校教师教学能力发展性评价、教学质量评估等评价指标体系。评价标准和制度的确立，可以为教师提供开展自我评价和自我监控的依据，认识自身的优势和不足，进行准确定位和发现弱点，制订个性化培养目标和计划，实现自我发展，以评促教。

7. 健全激励制度

健全激励制度鼓励和引导教师投入教学。应该从国家及省的更高层面实施激励措施，调动教师教学的积极性，把教师的精力集中到人才培养上。进一步完善教师评价制度，把教学作为教师考核的主要内容，引导教师加大"教学性投入"，努力营造教师以教为本、以教为荣的育人氛围。

（三）建立导师制和团队制

发挥导师制和团队制的传、帮、带作用，建立学习共同体，提升教师教学知识和技能。导师制和团队制的传、帮、带模式主要包括以下内容。

1. 参与课程文本编写

在课程实施过程中应形成四类文本，即现成文本、教案文本、课堂文本和教后文本。教师通过参与编写课程标准、课程大纲、教材、教学日历、教学设计方案、教案、PPT 电子演示文稿等现成文本和教案文本，更好地领悟课程。

2. 建立相互听课制度

教师通过担任助教、听课等方式直接汲取导师的教学实践应用等隐性知识，获得语言表达、板书、课堂活动等课程具体实施过程形成的课堂文本信息，协同处理教学中可能出现的突发事件和偶然事件，参与运作课程，提高驾驭课堂的能力和教学技巧。

3. 开展教材教法研究

参与阅卷与学生成绩评定、分析、总结，撰写教学叙事、教研论文等，综合分析积累形成教后文本。

4. 上岗前的强化训练

新上岗教师需要进行试讲，试讲后进行导师和团队公开评课，暴露存在的问题，通过参加岗前培训解决部分问题，正式上课之前，继续参加试讲并参与前面的活动。

5. 形式多样的教研活动

除了前面所提及的课堂观摩、示范教学、共同研习、个别化指导，还可以基于问题、基于项目等形式组织工作坊、圆桌研讨会、头脑风暴等教研活动。"没有了对话，就没有了交流；没有了交流，也就没有真正的教育。"教研活动实质上是为教学知识和经验的分享提供基于校本研究的对话和交流平台，创设学习共同体形成的支撑环境，促进显性知识与隐性知识之间的转换和产生。

（四）建立以赛促教机制

教学竞赛是提高教学能力和教学水平的有效手段，竞赛的高要求促使教师精心设计和实施教学，通过比赛过程不同专家的点评，在观摩学习与交流过程中，达到以赛促教的目的。

（五）建立教、研互助模式

教学、科研、社会服务一直被认为是高等学校的三大功能，教学处于"基本功能"的位置，在此基础上的提升成就了科研与社会服务功能；三者相辅相成、相互促进、相互服务，和谐统一。教学即科研，科研即教学，科研是教育教学工作的延伸，使教师能以科学研究的视角和严谨态度对待自己的教育教学实践。教师需要关注学科领域的前沿信息，掌握科研方法，提高科研能力，把作为立足之本的教学与发展之源的科研相结合，在教学过程中融入科研过程，在教学内容和课程体系中充实科研成果，保持课程的先进性和实用性，提高学生的学习兴趣和动力，以科研促进教学和人才培养。

（六）建立教学反思机制

反思是教师以自己的教学活动为思考对象，对自己所作出的行为决策以及由此所产生的结果进行审视和分析的过程，是一种通过提高参与者的自我考察水平来促进能力发展的途径。

教学反思需要考虑到其广度和深度。广度上主要包括对课堂教学（教学内容、教学方法和策略、教学效果、教学改革等）、学生发展（成绩、兴趣、能力、学习方法、心理和人格、师生关系等）和教师发展（专业知识、专业能力、人格魅力、教学提升等）的反思。从技术上升到理论分析，从思考到行动研究的实践，是一个自发性地逐步发展的过程。教学案例、叙事研究和行动研究是依赖于教学反思作为其主要介入手段的教育研究方法，并被认为是教师专业发展的有效途径。

1. 教学案例和叙事研究

教学反思适合以教学案例或教育叙事的形式记录，两者均属质的研究方法，是教育行动研究的主要表现形式。

教学案例描述的是教学实践。它以丰富的叙述形式，向人们展示了一些包含教师和学生的典型行为、思想、感情在内的故事。叙事探究是校本教学反思的常用方式，立足于日常的教学实践，记录他人或自身的经历，通常以故事的形式，叙述事件发展的原因、场景、人物、过程、结局，结合结构性访谈、观察，借助语言文字的表达方式，重组模糊的感觉，使其清晰化和逻辑化，进而诠释意义，透视了教学经验获取的历程，并隐喻了叙述者可能会应用这些教学经验的决定和基于个人问题解决的方法。

两者均从教育实践出发，在一定的教学情境和背景下，针对具体的事件、存在的冲突和矛盾，进行观察、分析和反思，并叙述思考的过程和解决的过程，通过对行动的描述揭示教师与学生的情感、态度、动机等内心世界的变化以及行动背后所隐含的思想、理念和理论。教师通过叙事和案例的记录进行反思，在反思过程中深化教育教学的认识和经验，修正行动计划。

在形式上，教学案例和叙事研究均可以通过教研论文、博文的方式发表，可包括的内容有：标题、作者和单位、教学背景、存在问题、解决策略、教学过程、解决效果、学生反馈、教师反思。教师以自身或同伴的教育教学活动作为研究的对象，通过审视、深思、探究与评价日常的教育教学行为，把实践上升到理论层面进行分析和总结，更好地指导教育教学实践。

2. 行动研究

行动研究是教学反思的有效开展方法，从行动寓意实践，研究寓意理论，通过研究行动，以行动促进研究，达到理论与实践相结合的一种研究方法。通过教师的教育研究有目的、有计划地解决教育教学过程中遇到的问题，对教育教学实践主动地进行持续的、系统的反思，通过行动研究寻找教学策略与教学效果、人才培养之间的规律，可以较好地促进教师的专业成长与发展，在教育教学过程中获得更高的成就感和专业价值感。

行动研究的研究主体是教师和教育管理者，其首要事情就是发现问题，行动研究的问题来自实践，特别是解决来自研究者自身的实践的问题，对于在具体的教育教学情境中所需要面对的教育教学问题在教育教学行动和学术研究活动中开展行动研究，提高行动的理性水平。

（七）组织能力提升专项培训

对知识时代的挑战，人类给出的答案就是变革我们的学习内容和方式，其中最重要的就是学会学习和持续不断地进行终身学习。终身学习是教师教学能力提升的基础。

1. 设置积木式和菜单式培训内容

积木式和菜单式课程教学能力提升专项培训内容设置是指按培训内容的知识结构或能力模型的组织结构，形成系统的内容体系结构，分成若干相对独立的单元模块，从底层到高层，教师学完一个模块后，可以根据实际情况选择其他模块的学习，既保证内容的系统性，又能满足教师的个性化需求。

2. 采取先进的培训教学模式

教学模式是指在一定的教育思想、教学理论和学习理论指导下，在一定的环境中教与学活动各要素之间的稳定关系和活动进程的结构形式。教师教学能力发展培训，其培训课程和主讲教师本身应该就是一个优秀范例，能体现出教师高超的教学能力。对具有一定经验的高校教师，进行教学能力提升的实践性培训，可以从情境理论中获得充足的理论支持，设计教学情境及情境中的教学内容、教学活动，采用"抛锚式教学""基于问题的学习""认知学徒制""基于案例的推理""基于项目的学习""课堂学习共同体""参与式模拟""学业游戏空间""实践共同体"等情境化教学策略。这些策略可以根据教学内容独立或结合使用，形成相对稳定的教学模式。

（1）案例教学模式

案例教学最早起源于美国哈佛商学院，是各专业领域培训的主要方式之一。教学案例是理论与实践的纽带和中介，基于真实的教学环境。优秀的案例承载着丰富的教学经验，可模仿性高；存在问题的案例可被反复剖析，产生深刻印象。案例教学模式的应用，还有利于校本案例库的研发和积累。

（2）任务驱动式教学模式

任务驱动式教学把教学内容分解并设计在一个个可完成的任务中，由于任务的介入，使培训发生质的变化。任务驱动式教学模式与基于活动理论的教学通常互相结合，因为任务完成需要在活动中实施，活动需要以任务为体现，在具体实施过程中，任务还可以是具体教学改革研究项目。

（3）灵活的培训实施模式

高校教师具有较强的学习能力和在工作中学习的能力，较难抽出专门的时间来开展学习，因此，需要采用灵活的培训实施模式；理论学习与实践训练相结合；集中讲授与自主学习相结合；网络学习与课堂讲授相结合的混合式学习等。

（八）信息技术促进教学能力发展

信息化教学能力成为信息社会的基本生存手段，现代教育技术应用能力是教师教学能力的重要组成部分，也是教师自身发展的迫切需要。信息技术为教师提供现代化教学手段和管理手段、数字化学习工具和环境、先进的教学理念与教学环境。信息社会，信息技术是高校教师教学能力发展的必需手段。

第五节　教学反思

一、教学反思的重要性和必要性

（一）重要性

高校教师教学能力的高低对高校教育工作能否高效开展有着至关重要的影响。我国著名心理学家林崇德提出"优秀教师＝教学过程＋反思"的教师成长公式。前人的总结充分阐释了在教学实践中获取经验并进行教学反思对教师成长及教学能力提升的重要性。

（二）必要性

如果没有教学反思，教师的教学就会仅仅是一种重复单调的工作，教师就像流水线上的工人，学生则如同千篇一律毫无新意的产品，没有办法满足社会及科技日新月异发展的需要。这样的教师和学生，终将会被学校和社会所淘汰。因此，教师应该主动反思、勤于反思、总结经验、捕捉问题，不断提高自己的教学能力。

二、教学反思三部曲

（一）课前预设

课前预设属于前瞻性反思，主要由三部分组成：教师个人备课、教师说课和集体议课。

1. 教师个人备课

教师个人备课的过程主要着眼于教学设计。教学设计需要教师根据课程标准的要求和教学对象的特点，有序安排教学诸要素，确定合适的教学方案、设想和计划。教师要充分分析课程性质、学情、教学目标、教学内容和教学重点及难点，对教学内容进行合理分解，根据学时分配、教学资源、采取的方法手段及考核评价方式等制定教学策略。新教师由于经验不足，大多比较关注合成和教学相关的内容，容易忽视对学情的分析，以及课堂上采取的有效的教学方法手段，在备课中需要多加关注。

2．教师说课

说课是教师向同行专家表达对课程的理性思考和重新审视，这一过程对于教师来说是十分必要的。教师在备课后在教学团队或者教研室内部进行说课，或者参加说课比赛，向相关的专家说课，请同行专家对课程的定位、设计、内容、方法、条件、效果等进行评价，并提出宝贵的建议和指导。然后教师根据同行专家的建议和指导，反思自己对课程的分析和理解，并反思自己的教学设计，根据反思的结果修改自己的课程设计，使之更加完善。

3．集体议课

教师可以在说课反思修改后，再次组织集体议课，和教研室的老师一起进行课堂预设，共同探讨"教学目标是什么？课堂上应该设计哪些活动来达到教学目标？"等问题。教师再根据研讨结果，再次反思并修改教案。这样，经过课前的三步反思预设，教师可以对教学目标的确定、教学难点的突破、教学方法与手段的设计等有充分的理解和把握。课前三步前瞻性的反思集中了集体的智慧。

（二）课中应变

课中授课属于监控性反思，由三部分组成：教师上课、学生听课、专家听课。

1．教师上课

在上课过程中，教师主要将教学设计方案付诸实施，使教学预设转化为教学生成。基于信息化教学平台，整个的教学过程可以分为课前、课中、课后三步。传统教学过程比较关注课中实施部分，实际上，在使用了信息化教学平台后，课前和课后这两部分的重要性越来越凸显。教师如果经验不足，往往更加需要根据学生课前预习的情况，来调节课中的任务安排和讲授的知识，并且根据课后作业完成情况及学生的反馈内容，充分反思教学内容的讲授情况和教学方法的运用是否恰当等，以便对后续课程进行及时调整。

2．学生听课

在课中实施环节，教师根据学生听课的状态、对任务及知识的理解程度，监控教学局面、调整教学过程。这种监控、调整的思维过程，一般作为一种半隐形思维伴随教学实施过程而存在，不是教学过程中的主导性思维形式。这种监控、调整思维，对于年轻教师来讲，是很难和授课过程同步进行的。如果教师在课堂上把更多精力和心思用于自我监控和评价，或用于对学生的观察与掌控，势必影响和阻碍教学实施的正常进行，很难保障教学内容的清晰表达、教学过程的顺利进行和教学任务的及时完成。因此，对于年轻教师来讲，要在将教学方案执行好的基础上，再运用监控、调整之思来完善教学过程。初期，如果两种思维过程无法并行，则要充分利用课前和课后的反馈结果，去对教学内容和教学过程进行反思，以便调整后续教学过程。学生在听课过程中或者课后反馈时，把对教师的教学方法、对知识的理解程度及时反馈给教师，以便教师课后反思和调整。

3. 专家听课

教师在上课期间，可以邀请专家或者督导团队进行听课。听课过程中，请专家做好听课记录，并对上课过程进行录像。教师后期可以利用录像进行复盘反思，并针对专家在听课记录中的评价、提出的建议等进行反思。

（三）课后感悟

课后反思属于批判性反思，主要有学生反馈、专家评课、反思提升、一课多上及成果巩固几部分。

1. 学生反馈

采用信息化手段，在每次上课结束后对学生进行随堂测验或课后作业和意见反馈。通过随堂测验或课后作业，可以掌握学生对教学目标的掌握程度，以反思教学预设是否达成。通过课后意见反馈，可以了解学生对教学方法、教学手段的认同程度，确认反思教学方法运用是否科学、恰当。

2. 专家评课

课后，及时组织听课的专家，或者通过观看课程录像，组织复盘评课交流活动。以教学目标的达成情况、课中学生的听课状态、亮点及不足的探讨为主进行评课。复盘时评课一般分两步进行：第一步，复述、回顾课堂、细化过程，这个步骤可以让教师充分回顾课堂的情况，将上课过程中没有注意到的细节再次回顾，以便反思教学过程中的方法运用是否合理、恰当；第二步，审查盘点，分析诊断。专家围绕教学目前的达成及课堂亮点和不足展开讨论，剖析成败得失原因，研究改进教学过程的策略。

3. 反思提升

教师针对学生反馈和专家评课意见，以及自己课前、课中各个环节的反思，撰写课程反思记录，并针对反思记录，再次进行备课，完善教学设计，并且对与此课程性质、内容相近的同类课程的设计形成规范完善的教学设计思路，以便后续讲授同类课程时有经验可循。这一反思的过程对于教师教学能力的提升至关重要。

4. 成果巩固

教师可以重复上述整个过程，不断优化教案，撰写教学案例，并且可以将经验成果在团队内外以课后说课等形式进行分享。以上过程可以多次重复进行，使得教师的教学能力逐渐呈螺旋式上升。

三、教学反思内容

（一）教学目标

教学目标是教师在备课过程中初步设定，并在随后的说课和议课过程中逐步完善的，一般分为知识目标、能力目标和素质目标。教学目标的实现需要一定的考核方式，通过考核，能够让教师反思学生有没有达成知识和能力目标，通过学生反馈和专家评课，可以进一步了解反思整个教学过程中是否达成了教学目标预设。如果目标有效达成，则教师在写教学反思的过程中可以纪录并反复巩固目标设定、教学设计和实施过程中有助于教学目标达成的亮点；如果教学目标暂未达成，则教师需要在复盘的过程中，细细思考哪些步骤和环节有碍于目标达成，并反思改进的策略。

（二）教学内容

在教学分析过程中，教师主要基于专业目录和课程标准，根据学生们的认知特点，科学处理教学内容。在授课过程中，教师需要对处理过的教学内容，进行完整、全面的表述，并确保学生的理解没有偏差。教学内容表达完整和全面，有利于学生对知识的充分掌握。在教师复盘过程中和专家评课过程中，可以充分了解教师对教学内容的表达情况。

（三）教学方法

科学、恰当地使用教学方法，有利于激发学生的学习兴趣、调动学生的学习积极性，同时有利于教师更加清晰地呈现教学内容、达成教学目标。教学方法运用是否恰当，可以通过观察学生在课中的学习状态以及专家在评课过程中的反馈获取到。年轻教师可以通过观摩有经验教师授课过程以及参加教学能力的培训等方式，丰富自己的教学方法和教学经验，提高自己综合有效运用各种教学方法的能力。

（四）教学创新

在课堂实施过程中，教师和学生在不断交流的过程中，会不时迸发出灵感的火花。教师必须重视这些瞬间而来且转瞬即逝的灵感，因为，这是教师教学法的创新，是教师有效教学法的补充。同时，这些灵感极有可能是教师和学生对问题理解最合理的表述。遇到这种瞬间，教师要及时地记录下来，记下学生们的巧妙问答，对教学内容的质疑；记下这些临时增加而效用倍增的教学方法等。相信随着这些瞬间灵感的增加，教师的教学水平也会水涨船高。这些随机出现的灵感，值得教师时刻反思。

第七章 新时代高校继续教育的转型

第一节 现代继续教育的形式

一、成人高等教育定义及教育形式

（一）成人高等教育定义

成人高等教育属国民教育系列，是高等教育的重要组成部分。属国民教育系列，列入国家招生计划，国家承认学历，参加全国招生统一考试，各省、自治区统一组织录取。成人高等学历教育层次分为三种：专科起点升本科（简称专升本）、高中起点升本科（简称高起本）、高中起点升高职（高专）（简称高职、高专）。

（二）成人高等教育的教育形式及考试

1. 成人高等教育的学习形式

成人高等教育的三种学习形式：脱产、函授、业余（包括半脱产、夜大学）。脱产最短学习时间为：高起本四年、高起专和专升本两年；函授和业余最短学习时间为：高起本五年、高起专和专升本两年半。

2. 成人高等教育的考试

成人高等学校招生全国统一考试（简称"成人高考"）。考试分专科起点升本科（简称专升本）、高中起点升本科（简称高起本）和高中起点升专科（高升专）三个层次。全国成人高等学校招生统一考试成人高等教育属国民教育系列，列入国家招生计划，国家承认学历。

（三）成人高等教育的发展

随着社会的日益发展，成人高等教育的角色与使命得到进一步明确，这一领域的知识也更趋于丰富和成熟。同时，我们也看到，在有关涉及成人高等教育研究领域的文献中，教育、培训、开发等这些与学习有关的概念相互交叉重叠，使它们的含义多少有点模糊。为了便于分析成人高等教育问题，有必要对相关概念予以说明。

1. 教育

人们倾向于将教育视为一种有目的、有组织的、长久性的（或持续性的），以传授、诱导或获取知识、观点、价值或技能的社会活动。传统上，教育（或普通教育，以区别于成人教育或继续学习）的基本模式是这样：学校或学院把年轻人关在校园里，避开劳动力市场，为使他们将来成为社会的各个阶层而加以分类、选择，向他们灌输知识和价值，其主要目的：是为儿童和青年的成人生活做好准备。一般而言，教育的特点：在于教授一个领域和一个学科的基本知识和技能，而不是针对某一特定的工作或职业。教育从时间上看，周期更长，其追求的目标也更为深远与广泛。

2. 培训

在现实的职业领域，每一个职业或岗位都有其所需的知识或技能。由于人们自身的知识水平和能力与客观要求之间存在差距，因此，无法有效地扮演各自的角色；在此情况下，组织的绩效便会出现问题。因此，组织需要对相关人员进行培训教育。这种培训教育被视为有计划、有组织地学习，其目的在于使工作人员的知识、技能和态度，乃至行为有所改善，从而使其发挥最大的潜力，以提高工作的绩效。培训倾向于关注与工作有关的知识、技能或态度。这就是说，个人的培训教育关注工作人员现有的工作绩效水平与所欲达到的绩效水平的差距。简言之，培训教育被用于传授与实际工作联系密切，能够在特定环境中加以运用的各种技能和知识。

3. 改革、创新、发展

如今，人力资源发展、职业发展、组织发展、管理发展等名词广泛得到使用，特别是改革、创新、发展已成为政治家、政府官员、管理人员的口头禅。从本质上讲，成人高等教育改革创新与发展现代继续教育在很大程度上没有什么大的区别。成人高等教育改革、创新、发展是由雇主所提供有组织的学习经验，在某一特定的时间内，达到组织绩效改进或个人成长的可能性，即以工作中学习的在职培训和工作外训练为活动场所，学习有关与目前工作有关或与未来的工作有关的知识和技能，以促进工作改善和个人与组织成长。在许多文献中，人力资源的培训与发展是一个含义，泛指通过工作人员的学习，以增强员工的能力，或是改变员工的态度，或是增加其知识和技能，以期改变员工现在或将来的工作表现。有些人曾倾向于认为开发人力资源与发展现代继续教育着眼于眼前的工作需要，而发展则着眼于长远个人的职业发展。在今天，随着管理行为由短期转为长期，这种学科分类办法也失去了意义。

二、远程（网络）高等教育

（一）远程教育具体定义

网络远程教育是一种新兴的教育模式。远程网络教育和传统教学方式不同，主要通过远程教育实施教学，学生点击网上课件（或是光盘课件）来完成课程的学习，通过电子邮件或贴帖子的方式向教师提交作业或即时交流，另有一些集中面授。报名网络教育须参加所报学校的入学考试。

招生类型：专科、本科。

（二）远程教育屏幕上的师与生

学生与教育组织之间主要采取多种媒体方式进行系统教学和通信联系的教育形式，是将课程传送给校园外的一处或多处学生的教育。现代远程教育则是指通过音频、视频（直播或录像）以及包括实时和非实时在内的计算机技术把课程传送到校园外的教育。现代远程教育是随着现代信息技术的发展而产生的一种新型教育方式。计算机技术、多媒体技术、通信技术的发展，特别是互联网（Internet）的迅猛发展，使远程教育的手段有了质的飞跃，成为高新技术条件下的远程教育。现代远程教育是以现代远程教育手段为主，兼容面授、函授和自学等传统教学形式，多种媒体优化组合的教育方式。现代远程教育可以有效地发挥远程教育的特点，是一种相对于面授教育、师生分离、非面对面组织的教学活动，它是一种跨学校、跨地区的教育体制和教学模式，它的特点是：学生与教师分离；采用特定的传输系统和传播媒体进行教学；信息的传输方式多种多样；学习的场所和形式灵活多变。与面授教育相比，远距离教育的优势在于它可以突破时空的限制；提供更多的学习机会；扩大教学规模；提高教学质量；降低教学的成本。基于远程教育的特点和优势，许多有识之士已经认识到发展远程教育的重要意义和广阔前景。远程教育由于信息传送方式和手段不同，其发展经历了三个阶段，第一是以邮件传输的纸介质为主的函授教育阶段；第二是以广播电视、录音录像为主的广播电视教学阶段；第三是通过计算机、多媒体与远程通信技术相结合的网上远程教育阶段。随着电视、电话、计算机、互联网的逐步普及，网上远程教育离我们已越来越近，对处在大城市的我们来说其实它已经来到了我们身边。目前，参加网校学习的人员正在逐步增多，按学习的目标不同分为学历学位、职业培训、网上充电三种类型。学习方式目前主要分为集体开班和个体学习两种。另一方面，在互联网上各种各样的网校也到处可见，有正规大学开办的经过教育部认可其学历的攻读本科、研究生课程的网校；有全国知名重点中学在网上搞的针对高考辅导的以应试教育为主的网校；还有一些商业网站针对网上充电者举办的一些职业技术培训的网校等。

（三）远程教育人才培养模式

现代远程开放教育"人才培养模式"是依据现代远程开放教育思想和学习理论，为使教育对象达到确定的培养目标和质量规格要求，应用现代教育信息技术和多种媒体，对远程教育系统及要素进行优化设计，形成的以学生个体化自主学习为主的创新能力培养和素质教育方式。

（四）远程教育的优势与特点

远程教育实现育人模式和管理方式创新上的跨越，有助于培养一代具有现代信息意识及创新能力的人才，是现代文明发展的一种重要特征。

第一，远程教育具有突破时空限制、跨越教学时空的特点，学习者可根据自身条件和需要选择学习内容、方式和进程，随时随地、灵活有效，个人掌握学习主动权，有利于解决工学矛盾，特别适合于在职从业人员的业余学习。

第二，远程教育具有丰富的教学交互手段和突出的教学交互功能，通过信息技术在教学上的广泛应用，可以为学生与学生之间、学生与教师之间进行教学互动和协作学习提供网络学习交互环境和平台，有利于促进学习方式、教学方式、师生互动方式的变革。

第三，远程教育为各类社会成员提供多样化、多层次的教育服务，满足与知识经济发展相适应的学习终身化、学习社会化和学习国际化的需要。

第四，远程教育具有多种媒体学习资源以及资源共享途径，能够通过计算机、电信网络、卫星等多种教学信息传输形式，向学习者提供数字化、电子化等多种形式的优质学习资源，促进教育公平性原则的实现，促进弱势地区和弱势人群教育尤其是基础教育实现跨越式发展。

第五，远程教育可通过网络共享国内外其他大学的优质资源，实施多种媒体技术相结合、多种学习方式如远程与面授、独立学习与协作学习等相结合的混合型学习模式。使知识迅速地集聚、扩张，促进课程在校际、国际的自由流动。

远程网络教育是一种新兴的教育模式，是通过现代通信网络，开展学历教育和非学历教育。对达到本、专科毕业要求的学生，颁发高等教育学历证书，学历证书电子注册后，国家予以承认。

三、高等教育自学考试

(一) 高等教育自学考试定义

高等教育自学考试简称自学考试或自考,是一种对自学者进行以学历考试为主的,个人自学、社会助学和国家考试相结合的高等教育考试制度。

该制度创立于 20 世纪 80 年代初,是新型的开放式的社会化教育形式,参加考试者不受性别、年龄、职业、民族和已受教育程度的限制。

(二) 高等教育自学考试发展及趋势

随着我国经济建设步伐加快,社会需要大批专门人才,对学习愿望十分强烈,已有的高等教育形式难以满足社会需求。

高等教育自学考试简称"自考",是对自学者进行以学历考试为主的高等教育国家考试,是个人自学、社会助学和国家考试相结合的高等教育形式。属于一个全国性质的独立教育考试体系。自考制度自创立以来,已遍及全国 31 个省、自治区、直辖市及军队系统和港、澳、台地区,是我国规模最大的开放的高等教育形式。中华人民共和国公民不受性别、年龄、民族、种族和已受教育程度的限制,均可依照国务院的规定参加自学考试。类似于国外的高等教育形式。

高等教育自学考试具有双重性质:既是一种国家考试制度,又是一种新的教育形式。作为国家考试制度,它由国家建立,由政府考试机构代表国家行使考试权,按照国家规定的目标和标准,面向全体自学考生实施严格的国家考试,是国家承认的学历。

高等教育自学考试的任务,是通过国家考试促进广泛的个人自学,推进在职专业教育和出校门后继续教育,造就和选拔德才兼备的专门人才,提高全民族的思想道德、科学文化素质,适应社会主义现代化建设的需要。

我国高等教育自学考试的教育质量得到国际社会的普遍认可,全世界有 40 多个国家和地区承认我国的高等教育自学考试文凭,美国、日本、新西兰、新加坡、法国、印度、比利时、俄罗斯、马来西亚、菲律宾、西班牙、德国、乌克兰、南非、荷兰、波兰、丹麦、爱尔兰、瑞典、瑞士、韩国等国家及几乎所有英联邦国家的大学都承认我国的自考学历,对自考学历与普通高校的学历同等对待。

自学考试制度是世界上规模最大的、最能体现终身教育理念和学习型社会特点的开放式高等教育制度，它以国家考试为主导，以个人自主学习为基础，是富有中国特色的"没有围墙的大学"，是自学成才的摇篮。

自学考试学习方式灵活、工学矛盾小、费用低，实行"宽进严出"，"教考分离"，凡中华人民共和国公民，不受性别、年龄、民族、种族和已受教育程度的限制，均可参加自学考试。自学考试采用学分累计的方式逐步完成学业，学习者完成专业考试计划规定的全部课程并取得合格成绩，完成毕业论文或其他教学时间任务，思想品德鉴定合格者准予毕业取得相应毕业证书，国家承认其学历。符合学位条件的自学考试本科毕业生，由有学位授予权的主考学校依照有关规定，授予学士学位。

参加自学考试的群体十分广泛，涵盖了工人、农民、管理人员、少数民族、解放军、武警官兵、公安人员、残障人士和监狱服刑人员等。自学考试为人民群众平等接受高等教育提供了机会和制度保障，深受社会各界欢迎。

高等教育自学考试作为鼓励自学成才的学力检验制度是成功的，我们应给予充分的肯定。建立这项制度不是权宜之计，要长期坚持下去。

（三）高等教育自学考试法律政策

《中华人民共和国高等教育法》明确规定：国家实行高等教育自学考试制度，经考试合格的，发给相应的学历证书或者其他学业证书。以法律的形式规定了高等教育自学考试制度的性质，以及它在我国高等教育基本制度中的重要地位。

四、国家开放大学（电大）

国家开放大学（电大开放教育）是相对于封闭教育而言的一种教育形式，基本特征为：以学生和学习为中心，取消和突破对学习者的限制和障碍。比如开放教育对入学者的年龄、职业、地区、学习资历等方面没有太多的限制，凡有志向学习者，具备一定文化基础的，不需参加入学考试，均可以申请入学；学生对课程选择和媒体使用有一定的自主权，在学习方式、学习进度、时间和地点等方面也可以由学生根据需要决定；在教学上采用多种媒体教材和现代信息技术手段等。

招生类型：专科、本科

第二节　高校继续教育转型的理论基础

一、高校继续教育转型的理论

（一）终身学习理论

终身教育思想自法国教育家保罗·朗格朗，他系统地阐述了终身教育的原则。他将终身教育概念包括两个方面。

第一，终身教育是一个人从婴儿开始，经历少年、青年、老年直到死亡，这一生所接受的教育。

第二，终身教育是个人教育和社会教育的统一体。

国际成人委员会对此教育理念表示了充分的认可，联合国教科文组织也给予了充分支持。终身教育作为一种学习活动，贯穿人一生的教育理念，为人们的终身发展观念提供了有力的引导依据。

社会成员在其人生中的任何阶段都应获取所必备的职业技能与生活知识，并可以应用在所需要的场合中。终身学习具有灵活性、持续性、全民性特点，地方本科高校继续教育可以作为一种重要的载体，利用自身丰富的资源优势吸纳更多社会成员参加正规有效的教育及培训活动。由此可见，终身学习理论是地方本科高校继续教育转型发展的重要理论支撑。终身教育包括教育的一切方面，包括其中的每一件事情，整体大于部分的总和。换言之，终身教育并不是一个教育体系，而是建立一个体系的全面组织所根据的原则。

因此，终身教育是指一个人从出生一直到生命终结期间不断学习和发展的过程，是教育在人各发展阶段的有机联系，也是社会中各教育形态之间整合的一种完整体系。

终身教育理论是社会发展需要的重要产物，它推动着社会不断向前发展。终身教育理念给地方本科高校继续教育发展提供了有力支撑，是整个教育体系不可分割的部分。对于地方本科高校来说，终身教育具有它独特的属性，它强调教育在各区域的多样性。因此，终身教育理论可以作为地方本科高交继续教育转型发展的理论依据。

（二）社会转型理论

在当今社会迅速变革发展的关键阶段，政治、经济和文化的协调一致转型要求高校继续教育的发展革新，深层次的社会变迁就是社会转型，高校要对其继续教育进行转型，必然要以社会转型作为重要的参考依据。

社会转型理论是西方社会功能结构学派现代化理论的经典思想。是指人类社会从传统型向现代型的转变，包括社会物质与精神文明的转变，如人类社会从农业社会转向工业社会，再由工业社会转向知识社会，就是社会转型的典型体现。

社会转型是人类知识与技能的创新发展引起社会结构整体变动而成的，社会转型的具体内容包括社会结构、政策制度、运行机制等方面的更新。社会转型是人类社会进步发展的必然选择，社会转型会引起人们价值观念、生产动力、生活方式等诸多方面的革新，改变社会结构，促进社会的现代化发展。

通过对社会转型理论的内涵解读，我国地方本科高校继续教育转型的教育变革是多维度的，其肩负着社会多种类型转型发展和结构变迁的光荣使命，社会转型理论对探究高校继续教育转型实践有着十分重要的意义。

（三）人力资本理论

有着"人力资本理论之父"称谓的美国闻名经济学家西奥多·舒尔茨指出，国民经济要想实现持续增长，就必须借助人力资本。主要观点有以下几个方面。

第一，人力是一种资本，在经济社会发展中，劳动者的知识与技能起到决定性作用。

第二，人力资本需要投资，教育就是众多投资中重要的一类，它提升了人力资本质量，培养了高质量人才。

第三，学校教育和在职培训通过提高人力资源质量水平，有效地促进了社会经济增长。

第四，经济增长中，人力资本的收益远远大于物质资本。

从人力资源开发视角上看，人力资本理论对地方本科高校继续教育转型发展的影响表现在几个方面：

首先，地方本科高校继续教育转型发展必须坚持学校办学效益和社会发展效益并行提高。在市场经济发展下，高校继续教育应该坚持高校办学服务社会的基本职能，摒弃功利化办学模式，不能因财务收入而盲目扩大办学规模，把教育当作谋求利益的工具，坚持经济效益与社会效益相融合、相协调发展，使高校继续教育不偏离社会文化的发展要求。

其次，地方本科高校继续教育转型的目标在于更为科学地对社会成员进行培养，满足他们对知识更新、技能培训的需求，实现社会效益最大化，推动社会进步。

再次，地方本科高校继续教育转型的核心要素是人力，这也符合我国致力构建学习型社会与人力资源强国的诉求。

最后，社会转型的执行者、终身教育活动的对象都是社会成员。因此，人力资本理论的基础是必不可少的。

地方本科高校继续教育职业培训的功能属性实质上就是人力资本积累的一种过程，是高层次职业教育体系建设对促进经济社会发展的重要内涵的体现。

综上所述，人力资本理论内涵所涉及的人力资本质量、人力资本投资、人力资本与社会发展的关系等内容可以为地方本科高校继续教育转型发展提供理论支撑。

二、高校继续教育转型过程中的驱动力力场

（一）社会需求的拉动力

目前，我国社会正在飞速发展。在社会学意义上，我们可以称之为社会转型。这种转变包括经济形式的根本性转变、科技的不断创新和政治体制的不断改革。教育作为社会的一个分支，与社会和其他分支有着极其复杂的联系。社会的发展要求教育服务，社会制约着教育的发展和变化。这是社会发展的基本规律。教育，包括高校继续教育，必然会受到社会不断变化的影响。高校继续教育是以发展为动力的，高校不断转型也是时代的潮流。

1. 从我国经济形态发生根本性的改变来看

我国经济形态已经从改革开放前的计划经济体制转变为改革开放后的市场经济体制，从大胆自由的经济增长方式转变为集中简约的经济增长方式。随着市场经济发展，对社会需求较少的学科进行适当调整，逐年减少，直至取消最终招生计划。我国高校继续教育应紧密配合国家经济发展战略和社会发展需要，稳步发展学术性继续教育，大力发展非学术性继续教育，积极发展城乡社区教育，重视农村、边远贫困地区、民族地区和条件艰苦的行业群体等社会成员的继续教育，促进教育的公正公平。

2. 从我国科学技术的不断革新方面来看

今天是知识主宰经济的时代。随着人们感知到的知识量的增加，还有一个本质的飞跃。只有不断学习，才能触动时代的脉搏。现代化、网络化、智能化已成为现代信息技术的主流发展前景。它不仅改变了我们的生活，也深刻地改变了我们的学习方式。这就给传统的教学方法和教学思想带来了新的挑战与革命性变化。

现代信息技术融入高校继续教育之中时，人们的教育将突破必要的课堂和书本，打破高校继续教育的时空限制，使在高校接受继续教育的学生有良好的学习能力。脱离环境的

限制和自主的学习时间可以扩大招生范围和教育范围，提高教育效益。可以说，现代信息技术水平已经成为推动高校继续教育发展、促进高校继续教育转型的重要力量。

3. 从我国政治体制的改革发展来看

建设人民自由度高、法制相对完善、社会劳动效率高、人民生活活力充盈的社会主义民主法治社会是我国政治体制改革的最终目的。这一目标的实现不仅可以为经济发展提供有力保障，而且可以为高校继续教育的改革和发展提供有力支撑。当今社会正从传统的伦理社会向法治社会转型。在构建法学理论建设过程中，一大批立法、司法、执法监察等相关专业的高素质人才不可或缺，这需要高校继续教育部门的全力配合。同时，在法治社会建设过程中，在法律完善的前提下，国家法律为高校继续教育提供了有效保障。开展高校继续教育法治化进程是保证高校继续教育顺利转型、解决转型后问题的首要条件。

（二）终身教育的牵引力

对世界各国经济社会的发展进行研究发现，人力资源和科技进步始终是推动经济社会发展的重要力量。现阶段，我国社会正处于转型发展的关键时期。随着社会主义市场经济的蓬勃发展和各项制度的逐步建立和完善，教育不可或缺的因素正逐步进入市场化发展的浪潮，成为市场经济发展的重要动力。

在竞争日益激烈的今天，注册和毕业的非学历高等教育数量不断增长，成人高等教育的毕业生数量增长缓慢，说明人们对知识的关注程度高于文凭。现代社会的发展要求高校继续教育对原有的规章制度进行质的变革。不断创新和完善高校服务市场经济的模式是高校的必然要求。高校继续教育更多的是一种终身教育。在这一领域下，建设学习型社会的目标将是适应现实发展的需要，实现教育功能的创新，满足终身教育的需求，使高校继续教育可持续发展，获得更广阔的发展空间。

（三）教育竞争的外推力

物竞天择，适者生存。在一个高度竞争的社会里，不改变，就很难谋求发展。只有提高效率、收益和声誉，才能在快速发展中保持优势，在竞争环境中取得胜利。

现阶段，高校继续教育的竞争表现形式一般包括高校继续教育的相互竞争、高校继续教育与高等教育的相互竞争、高等学校的继续教育和其他类型继续教育的相互竞争。

1. 高校继续教育与普通高等教育之间的竞争

长期办学、条件优越与经验丰富是普通高等教育的优势和特点，也是其竞争力所在。

然而，由于受到内部资金、条件和影响等因素的限制，高校继续教育要想占据高等学历教育的优势是非常困难的。

2. 高校继续教育之间的竞争

不同高校继续教育呈现出相异的背景特征和学校特色，如何在竞争中不断借鉴优势、规避不足，最大化发挥本校继续教育的社会作用是各高校继续教育竞争的主体内容。

3. 高校继续教育与其他继续教育类型之间的竞争

高校继续教育与继续工程教育、职业教育和市场培训之间都有着竞争关系。依托高等学校的办学条件、资源实体和生源优势，高校继续教育有着最大的竞争特点，也是其在教育领域的重要竞争因素。

随着教育竞争时代的到来，高校继续教育要在第一时间调整战略目标和实施战略，实现科学转型，疏通渠道，逐步整合，在激烈的竞争中保持自身优势。

第三节　高校继续教育转型的目标取向和原则

一、高校继续教育转型的目标取向

（一）从传统阶段性教育转向适应终身教育体系构建

传统的继续教育一般集中在学历教育和职业技能提升方面。终身教育作为一种与时俱进的新理念和新思维，已成为欧美发达国家教育政策和世界教育改革的主要方向与主要驱动力。人们越来越认识到教育不再是一次性的、最后的过程，而是存在于生命的整个过程。21世纪之后我国教育思想的改变，最关键的是要突破传统的学校教育思想，明确提出终身学习和终身教育的理念。就我国整个教育体系而言，仍然是以正规教育为基础的，体现终身教育思想精髓的新型教育体系，如对学历进行淡化和非学历教育、正规和非正规教育还未建立起来。因此，高校继续教育的顺利转型，其第一步就要完成从传统阶段的学校教育模式向终身教育体系的转型。

高校继续教育的转型就是要探索促进继续教育与其他类型教育横向沟通和纵向衔接的有效途径，加强教育系统各组成部分之间的有机联系，使之连贯、畅通。例如，建立继续教育学分积累与转换制度，实现不同类型学习成果的相互承认、积累与融合；通过建立统一的国家标准，建立严格的评价体系，实行职业技能证书和学位证书的平行制度；通过实行更广泛的学分制、灵活的学制和灵活的管理制度，实现不同类型学分之间的相互承认。以及教育机构对于成年学生，联系、认证和承认过去的学习经验，以便学习者能够在普通教育和继续教育系统之间以及在教育系统的各个层次上畅通无阻地流动起来。

（二）人本性由教育需求转向需求教育

在传统意义上，继续教育的模式是满足教育需求，也就是建立在普通教育模式无法符合经济社会发展要求的基础上。因此，成人教育模式是在普通教育之外提出的，这是当时国家适应经济社会发展的需要，也是教育发展的需要。近年来，随着民办非学历继续教育模式的推进，高校开始适应个人自我管理和自我发展的需要，积极开展个性化、特色化的继续教育，使高校能够从教育需求出发开展继续教育，以需求教育为主进行主导转变。

随着社会的转型与发展，从传统的农业经济社会向工业经济社会再向现代知识经济社会的转型直接带来了学习者学习价值取向的深刻变化，即从"以教育为本""以专业为本""以学习为本"都在不断变化，从单一追求学历文凭转向多元化的学习需求。不断提高自身价值，提高自身技能，慢慢变为成人学习价值取向不可或缺的一部分。

随着我国经济社会综合改革的深入，随着学习型社会和终身学习理念的逐步发展，继续教育的形式将由以学历教育为主向非学历教育为主转变。这是我国高校继续教育未来发展的必然选择。高校继续教育的转型与发展必须适应从学术需求向专业需求向学习需求的转变，在实际意义上完成从"育才"向"育人"、从"教"向"学"的转变，从"能学"向"乐学"的彻底转变，其目的是实现以人为本的教育理念。

（三）构建各类学历继续教育互相沟通衔接的"立交桥"

我国高校继续教育要想顺利转变为终身教育体制，首先要统筹推进各类高等教育继续教育协调发展和综合改革，积极探索构建"立交桥"一体化高校继续教育，建设学历继续教育。要想建设学习型社会和终身教育，"立交桥"建设是必需的。我国成人教育主要由三部分组成，分别是：包括高等学历教育的成人教育、以现代远程教育为主的网络教育、自学考试。教育对象都是从业者，学习方法均为业余学习，采用训练指导。成人教育为我国社会主义现代化建设输送了大量人才，但在发展过程中也存在种种问题。新形势下，如何实现三大优势互补、融合发展，通过统一培养目标和标准、统一使用学分银行等手段，逐步建成成人继续教育的"立交桥"已成为当前急需研究的热点之一。

成人高等教育适用于有工作或无工作的成年人。它具有高等教育水平的继续教育水平。它的发展基本上贯穿我国高等教育发展的全过程。目前，夜大和函授是其最主要的两种形式。在线教育是现代远程教育的一种先进形式，它通过音频、视频（实时或视频）和计算机技术，包括实时和非实时技术，向校外教育提供课程。

只有将网络教育教学方法应用到成人教育和自学考试中，将成人教育的面对面优势嵌入网络教育中，将自学考试灵活的学分制和考试管理优势引入成人教育和网络教育中，实现三者的整合发展，实现学分互认、资源共享，才可以为成人教育搭建"立交桥"，最终建成全民学习、终身学习的学习型社会。

（四）非学历继续教育由管理转向市场化经营

教育管理是高校继续教育管理者为了实现教育目标，从管理的角度出发，对继续教育活动进行统筹、规划、组织、实施和过程控制，往往忽视市场规律的过程，是商品经济的产物。教育管理是教育目标的最大化。经营者在管理过程中，优化组合，合理配置和有效利用教育资源。它将计划、管理和运作这一理念渗透到继续教育活动的过程中，为组织构建了优化的管理机制。

高校继续教育必须树立以国家、社会、行业、企业和学习者个人需求为导向的经营理念、需求驱动、市场导向、公司化运作模式，解放思想，打破传统思维，树立服务意识和人本主义思想，树立品牌意识和正确的盈利理念，强化市场导向意识，积极研究服务目标，积极开展市场调研，了解社会需求，建立市场预测机制。面对继续教育市场的复杂竞争，只有强化内涵，突出特色，巩固精品，不断创新，才能满足学习者多样化的市场需求。同时，高校要不断发展自身继续教育市场的能力，努力实现市场化项目，逐项选课，带课选师，带师保质量，用质量创品牌，让高校继续教育良性循环与可持续发展。

（五）实现从传统教学手段到现代多媒体技术的信息化转向

现代远程教育是知识经济时代构建终身学习体系的主要手段，是在我国高等教育资源短缺的情况下实施大教育的战略举措。信息化是指信息的均衡分布和快速传播。新媒体技术和渠道的低成本、广覆盖深刻地改变了包括政府、社会组织和企业在内的传统组织模式和工作方式。信息技术的飞速发展为高校继续教育的发展注入了强大动力。物联网、5G技术、智能手机和平板电脑的出现使得无所不在的学习成为每个人都能学到的，可以在任何地方学到的，也可以在任何时候学到的。

信息化建设是高校继续教育发展的助推器。我国高校现代远程教育试点工作的开展有效地促进了我国远程教育由第一代函授教育、第二代广播电视教育向基于计算机现代远程教育的转变，卫星、多媒体和互联网是现代远程教育的基础。现代远程教育是适合在职人员在任何时间、任何地点自主学习和终身学习的教学支持服务体系。现代远程教育数字化支撑服务平台的建设正在取代传统的教学方式和学习方式。

高等学校特别是高水平大学要积极发展相关信息技术，重视新技术在继续教育中的创新应用。一些现代远程教育试点高校和公共服务体系积极参与或帮助地方、行业、企业、军队等建立现代远程教育平台，开展非学历现代远程教育；普通试点高校也积极参与地方学习型城市建设。建设开放、便捷、高效的终身学习服务平台和体系。教育行政部门要及时总结经验，促进福利事业的发展，大力推进高校继续教育事业的发展，努力营造一个集信息化、网络化、媒体化、数字化、智能化于一体的继续教育环境，保证教学内容的多媒体性。多元化的教学目标，教学资源共享，教学时空拓展，教学环境虚拟化，教学效果及时反馈，满足学习者多样化的学习需求，促进高校继续教育快速转型发展。

二、高校继续教育转型原则

我们应该意识到，分析高校继续教育的转型路径，最重要的是分析转型的影响域。提出科学合理的建设性意见，首先要明确高校继续教育转型的宏观保障体系——三位一体的原则，即转变观念为导向，转变制度为保障，转变质量评价为根本。

（一）理念转型为先导

教育理念来自教育实践意识的提高，也将应用于教育实践的全过程。在历史上，任何教育改革都是从新的教育理念中诞生的。任何教育转型的困境都源于内在教育观念的束缚。任何社会改革，包括教育改革的发展和变革，都是新旧观念冲突的结果。教育观念的质的更新必然带来高校继续教育的转型，高校继续教育的转型也将聚焦教育观念的重建。

1. 宏观视角从"育才"转变为"育人"

高等教育和继续教育是高校继续教育具有的双重属性。从根本上讲，它是为了培养具有更高能力和水平、更具适应能力的人。它是高校教育和社会服务的最直接途径。

高校继续教育是培养知识、道德、社会责任和公民道德的终身教育过程。除了提高传统学校教育所欠缺的职业能力外，德育、素质、责任也是高校的继续教育，应该承担重要的责任。

作为高等教育的有机组成部分，高校继续教育理念的转变，从学历补偿到实现终身教育的目标，从教育手段的"才"到人性的"人"，在智育的同时，它特别注重德育与美育的融合，促进了高校教育的转型。

2. 中观视角上实现从"旨教"向"旨学"的转变

素质教育要作为转变观念的载体和契机，转变观念，彻底摆脱传统教育意义上以教师为中心的教育模式，从重教轻学的"教"到重学轻教的"学"。

从传统的"填鸭式"教师教学向现代"自主式"学生主体教育理念的转变既符合后现代教育理论发展的现实，也符合高校继续教育转型的实际要求。

与其他类型的教育相比，特别是在普通的校园教育中，高校继续教育更注重学生在教学过程中的主动性、积极性和创造性。这集中体现在以下几点。

（1）"旨学"转向取决于高校继续教育的育人指向

高校继续教育将担负起培养各类继续教育积极性的重任，培养高素质的社会公民。实施终身教育是高校继续教育发展的主要目的，强调成人继续教育目标的实现。积极主动是树立终身教育理念的重要条件。

（2）高校继续教育对象的特点决定了"旨学"转向的必要性

高校继续教育以成人为主要教育对象，与普通学生相比，他们有着丰富的实践活动经验，他们已经具备了独立学习的能力和责任，但他们面临着工学矛盾和学时矛盾。教育对象必须选择通过各种类型的自主学习活动来实现学习目标。

在这种平等对话的师生互动中，教师和学生以教育活动为中介，构建双向教育关系，使学习者获得知识，提高能力，发展才智，从而推动高校继续教育由学历走向职业，通往转变和学习的道路。

3. 微观视角上从"能学"转变为"乐学"

从学习者标准出发，以学习为核心，根据各高校继续教育学习方式的多样性和学术重点，努力实现从"能学"到"乐学"的转变。

高校继续教育对象具有先验性的特殊性，具有丰富的社会实践经验，其学习是一种体验性学习，相对关注学习者"学习"的情感和习惯。

要真正实现从学术到职业，再到学习的转变，高校必须着眼转变"能学"的旧观念，积极引导教育工作者树立正确的学习态度，养成良好的学习习惯，而掌握先进的学习方法则是以游刃有余的"学习"态度，从而实现一个由浅到深、逐步积累的螺旋式学习过程，保证学习者自身的可持续发展。

（二）制度转型为保障

对现代教育制度来说，法律制度是首要的强制力量，功利主义是基础的推动力，权利是重要的平衡，包容性是实体价值。同样，高校继续教育的制度转型也要特别注意法制性、功利性、权利性、包容性四大现代教育体系的特点。

1. 高校继续教育制度转型的法制性要素

（1）在受众对象方面

与传统教育系统更直观的班级性质相比，它具有范围更大的通用性和适用性。

（2）在作用方式方面

法制还体现在教育秩序的调整和教育模式的调整上，表现为教育法等形式。在制度前提下，调整方式更倾向间接调节。

（3）在价值导向方面

现代教育制度的法律特征体现在立法上，它更好地追求法律面前人人平等的原则，较少偏袒占主导地位的利益集团或阶层的利益，更充分地考虑了群众主体的要求。

（4）在推行实践方面

现代教育制度的合法性首先也体现了公开性和公平性、它具有可预见性和可靠性，消除了传统教育体制的隐性、特权和偏见性。法律制度要求任何现代教育制度的运作要把强制力纳入教育条例的总体纲要，更好地发挥法律效力，促进高校继续教育的发展。并不是让教育条例完全强制性地阻碍高校继续教育的健康发展。

2. 高校继续教育制度转型的实利性要素

任何一种教育制度的变革，最现实的目标都是建立适应现代社会发展的现代教育制度。在大学继续教育制度的一般渊源中，它是社会上某些阶层、社会群体和个人追求自身教育利益的理性过程。当然，在高校继续教育体制转型过程中，关注个人利益，特别是关注个人在生活过程中对全面发展的追求，显得尤为重要。这也是高校继续教育的起源。

此外，我们还应看到，高校继续教育制度的制定不仅要着眼于个人教育的利益，更要特别注重个人教育利益和公共教育利益的提升。只有终身教育，教育的个人利益才能实现，公共教育的有效性才能有效，大学继续教育体系的实质性作用才能实现。

3. 高校继续教育制度转型的权利性要素

所有教育制度都是由各种教育关系的动态发展而产生的，然后通过一定制度规则来规范特定的教育关系。高校继续教育体制的转型是在市场经济相对成熟的条件下进行的。在法治条件下，在法律相对健全的地方，权利制度有着基本的实现因素。

（1）高校继续教育制度要具备权利性是市场经济的发展要求

在市场经济条件下，发展继续教育可以合理配置资源，整合资源，共享资源，根据市场经济的基本特点，如资源的合理配置和商品交换的原则，优化人才资源和培训资源。在市场条件下，社会主体享有的权利更加透明、公开、平等。可以说，在自由竞争的市场经济条件下建立起来的社会生活是平等和自由的，因此，在市场经济环境下建立起来的教育制度也必须具有先前的权利。

（2）法治社会下的背景为高校继续教育制度的权利性提供了有效保障

教育制度和教育法治是相互依附的。法治制度和法治理念的完善保证了受教育权意识的增强，相应地促进了各种教育制度权利的提升。因此，高校继续教育权是保证人们有机会获得终身学习和自由发展的重要前提。

4. 高校继续教育制度转型的包容性要素

从高校继续教育的角度来看，现代教育制度各种特征的现代意义，归根结底，是着眼人民终身学习利益的双重保障和制度有效性的实现。与传统教育体制一元论相反，现代教育体制，特别是高校继续教育体制，本质上就要求多元包容。

（1）现代教育制度本身具备宽容性

作为一种自由制度，现代教育制度本身是宽容的，具有一定开放性。从某种教育制度的立场来看，这并不是一种排斥其他立场的制度。

同样，在转型过程中，大学继续教育制度也应强调包容性，即不同教育对象、不同教育类型、不同教育方法的包容性和涵盖性。

（2）制度的宽容内涵是现代教育制度形式上的体现

具体来说，现代教育体系的价值观具有中性或中立的特征。与传统的教育体制相比，它融合了多种教育主体和教育理念，使之更加温和。

高校继续教育体制改革的包容性还体现在纳入了与其他教育体制不同的更加多样化的学科和资源。

（三）质量评价转型为根本

高校继续教育质量评估的转型是高校继续教育转型的核心支撑，也是高校继续教育转型能否取得实质性意义的重要组成部分。政府、社会、市场、高校、学习者是高校继续教育的五大基本要素，也是形成高校继续教育质量评价体系的五大保障主体。

1. 充分发挥政府在宏观质量调控方面的作用

在高校继续教育层面，国家为高等学校继续教育质量保障体系建设提供了政府层面的支持。因此，在宏观经济政策制定和政策出台的同时，政府在高校继续教育质量体系建设中应发挥其宏观调控作用。

2. 大力加强社会对整体质量的弹性监控力度

高校继续教育质量的实现，政府是指导员，社会是牵引者。社会转型过程中日常更新的需要和变化是高校继续教育与时俱进、保持活力的指南针。高校继续教育培养的人才素质只有吸纳更多优秀的人力资源，才能适应社会发展的需要，才能获得更多市场支持，才能科学合理地体现社会服务功能。

作为监督者，社会需求是高校继续教育质量的监督者。社会通过建立大众传媒、新媒体、舆论、焦点话题和各种社会评价组织对高校继续教育进行监督、教育行为是合理的预警，起到调节晴雨表的作用，更好地引导高校继续教育的发展。

3. 有效推进市场调节的无形调适作用

高校继续教育的市场特征实际上是利用市场供求关系进一步优化当前教育资源配置，使教育更具自主性和适应性。市场机制对高校继续教育整体质量的影响是不可见的，这反映在对办学质量的影响、对经营模式的影响以及对人才素质的影响。从招生市场化到专业课程市场化，本质上是对高校继续教育质量的隐性监控。

4. 强化办学实体高校的自主管控作用

在众多实体因素中，高校作为学校的主体，处于整个教育质量体系的前列。高等学校是高校继续教育发展的土壤。没有高校的教育机构和现有的资源，高校就不可能继续教育。学校是一切教学工作的前提基础。学校自上而下的政策推进和自下而上的推进都是确保学校继续教育政策落实、有序发展、质量优良的有效途径。此外，政府调控、市场适应、社会调节的作用将要求高校机构内部化，才能从内到外发挥外部环境的质量监督作用，才能实现社会化、市场化等。可以说，主体在高校继续教育中的作用是从监督控制的作用出发，对政府和市场的质量进行选择和再加工的过程。

5. 实现学习者质量反馈测控的助力作用

学校要充分发挥自我监控和自我管理的作用，就要对社会服务负责，直接产生教育质量，对教育主体的学习者负责，提高教学质量和培养质量。高校在人才质量管理中具有重要作用。坚持以人为本的原则就是充分调动学习者的主动性和积极性，确保各项工作和各个环节的质量。相应地，作为学习的主体，学习者对学习质量、教学质量和训练质量有着最直观的认识。学习者在高校继续教育质量的抽样测量和控制中更有发言权，也可以间接反映学校整体教育水平和对高校继续教育的总体认识。因此，要构建一个全球性的质量评价体系，学习者的质量反馈测量与控制应该受到更多关注。

第四节　高校继续教育转型的路径

一、革新发展理念，明确高校继续教育办学定位

应用型高校是现代职业教育体系建设的重要组成部分，因而其继续教育主要是以"应用"为办学导向，对地方经济社会的发展、社会服务和群众文化方面都起到了积极的促进作用，它既是推进学习型社会建设的重要平台，也是高校发挥服务社会职能的重要窗口。因此国内地方本科高校在转型为应用型高校过程中，应该端正对继续教育的认识、提高对继续教育的重视，不应该把它纯粹地看作一种创收工具。

（一）宏观定位：高校继续教育促进社会发展

1. 定位于服务地方经济发展

地方本科院校继续教育要面向社会发展需要，以地方企业和产业为主要服务对象，服务区域经济发展。地方本科高校继续教育的办学理念要充分考虑它所在地方经济发展的特点，不同地方，其产业特色不同，经济发展模式也不同，要抓住地方特色，创造办学优势，才能突破地方高校继续教育发展瓶颈。

2. 定位于学习型社会的建设

学习型社会是在终身教育思想的影响下形成的一种新的教育理念，是人类文明与进步的崭新社会发展模式，基本特征是实现教育社会化、社会学习化，在整个社会发展过程中起着积极的推动作用。地方本科高校继续教育总是与其所在区域存在一种服务关系，因此，地方本科高校继续教育应定位于学习型社会的建设，依托高校平台丰富的资源优势，建立以全体社会成员终身学习为基础的教育体系，为其自身的可持续发展创造机遇。

（二）微观定位：高校继续教育的个性化发展

1. 人才培养方面

地方本科院校继续教育以人才培养为目标，具体体现在人才培养规格和类型的界定和规范，即应用型人才的培养。地方本科高校继续教育必然要体现其特点，注重应用型和技能型教育，立足区域经济社会发展需求，明确教育对象特点，进而为在职人员提供知识更

新、技能补充的教育培训，保证教育的实用性。生源的素质不同，这意味着教育者应该对每个学生的个性进行分析，按照不同学生的不同学习条件与特点而采取定制化的教育内容与手段。此外，地方本科高校继续教育还应认清新形势下地方社会对新型人才专业技能和科学知识的新要求，从而对其人才培养目标进行准确定位。

2. 品牌建设方面

高校继续教育是动态的、竞争的。关键是有没有办学特色。地方本科院校继续教育品牌建设应定位于区域经济发展的需要，结合地方产业发展，充分利用其丰富资源，大力发展特色人才培养，以特色求生存，以特色求发展。

打造一个良好的品牌，要做到以下几点。

（1）设计特色教育项目

结合各自所在区域社会发展需求以及各校办学优势设计出该校特色教育项目，突出对行业发展的针对性和实用性。

（2）稳抓质量

人们选择好的教育，在很大程度上相当于在商场里选择质量好的产品。质量很好，自然很有名。会有更多人可以选择。

（3）加大内涵建设

内涵建设需要对教育资源进行深入研究，学校的专业设置应与经济社会发展建立起非常紧密的联系。

因此，可以通过调研了解地方产业特点，并依托自身学科建设优势来创造特色品牌效应，如通过教材开发、实训基地合作、培训宣传等方式来增加内涵建设。

二、非学历继续教育取代原先学历教育的发展重心

国内高等教育大众化的推进致使高校学历继续教育发展势头减弱，社会转型、产业结构转型升级及学习型社会构建理念的深入，为非学历继续教育提供了巨大的发展空间。

（一）学历继续教育的职业导向性改革

高校学历继续教育作为国家承认文凭的一种正规的教育类型，满足了广大人民群众提升学历层次的需求，同时也是培养社会主义建设人才的重要途径，其存在的价值受到社会普遍关注和认可。

为了确保学历继续教育的长久健康发展，建设新型职业教育体系，完善终身教育体系和构建学习型社会，有必要采取一些有效方法来抓好学历继续教育的发展。

1. 科学设置专业

首先，国内各地方本科高校要积极开拓生源市场，并合理控制办学规模、在招生工作上，要紧扣市场变化，本着"服务市场、开拓市场、抢占市场"的原则，深入市场调研，研究市场发展规律和企业发展需要，科学设置专业研究结果，开发合适的继续教育课程。

2. 改革人才培养方向

人才培养环节要朝着应用型方向改革，改变过去在学历补偿教育阶段的"学科导向"，优化学科专业布局，建立专业管理和课程建设的新机制，完善工学结合、产学研结合的培养模式，健全宽进严出、灵活开放的教与学制度。

3. 开设新专业

集合学校各方力量，通过多种形式进行招生宣传，同时以职业发展为导向，注重新专业的开设也是招生的一大亮点。

4. 开展校企合作

重点瞄准区域内的重点人群及企业，并试图开发培训项目，开展校企合作。

（二）鼓励并大力发展非学历继续教育

随着经济的发展、市场发展需求以及各岗位的素质要求，非学历继续教育具有实用性、实效性和前沿性特点，近年来得到了各教育主管部门、企事业单位及继续教育办学主体的重视，而且规模越来越大。非学历继续教育的发展有着重要意义。

1. 有利于满足社会成员全面发展的需要

个体成员通过参加非学历继续教育可以全面提升自我素质，紧跟时代的发展需求，为社会发展注入新的动力，从而实现自身可持续性发展。

2. 有利于提升服务地方经济发展的适应能力

非学历继续教育的市场性特点决定了地方本科高校非学历继续教育只有以市场需求为导向，才能更好地服务社会经济。

3. 有利于构建终身教育体系

要构建终身学习体系，仅靠学历继续教育是远远不够的，而非学历继续教育灵活、自由的办学特点可以有效地促进社会成员参与终身学习。

三、创新办学模式，转变继续教育发展模式

（一）加强地方本科高校继续教育合作办学

地方本科高校继续教育在发展过程中面临许多制约因素，这些制约来源于办学场地不足、师资不够多元、资金投入不够等因素，这就使得高校不得不选择合作办学这种模式来扩大办学空间，这样既解决了自身短缺，同时也精确培养出合作方所需要的规格人才。

地方本科高校可以通过合作办学解决的瓶颈问题包括以下几个方面。

1．从国家政策层面上看

继续教育合作办学可以加大民办力量对继续教育发展的支持。国家政策鼓励民办企业与高校合作办学，有利于推动继续教育的发展，促进经济社会的建设。

2．从地方本科高校的资源上看

继续教育合作办学可以使高校获得相应人财物力的支持。我国地方本科高校继续教育的顺利发展离不开大量师资、场地、资金的支持，合作办学可以有效为高校提供这些资源。从某种特殊含义来看，继续教育与合作办学两者可以形成共赢模式。

3．从继续教育的项目研发上看

合作办学结合继续教育能够使其研发项目进一步符合市场需求。行业的发展离不开经济的支持，经济的繁荣少不了技术的支撑。

一直以来，高校继续教育在研发上偏理论教育，而在应用方面则略显短板。合作办学以全新的办学模式把市场需求融入继续教育的项目中。

（二）加大高校信息化教学的力度

信息技术的快速发展和普及给继续教育发展带来了无限可能，为学员自主学习、个性化学习提供便捷的支撑。信息技术对教育发展具有革命性影响，必须予以高度重视。加快数字化教育设施的普及，实现继续教育信息化教学，给继续教育现代化教学带来许多益处。

地方本科高校继续教育信息化建设的实施主要从以下几个方面着手。

1．抓好网络基础的建设

继续教育的学员包括校内脱产学习者，也包含校外非脱产学习者，还有一批分布在国内外各地受教育的学生，这就要求继续教育信息化发展保证网络基础建设过硬。校内信息

化基础建设可以通过多媒体教室、资源中心机房、学生宿舍、办公场所等加强建设。对于校外信息化建设，学校可以通过互联网技术，把优质的教学资源开放化，为外地学生提供便捷的学习方式。

2. 加强教学资源的建设

继续教育信息化教学资源是教学的核心内容，是地方本科高校继续教育研究的知识集成，这些丰富的资源是继续教育信息化的基础。教学资源的集成不应该局限于校内，在教学资源自主研发和不断更新的同时，也要加强校内外、国内外的资源引进和共享。

3. 运行机制建设

继续教育信息化是一项系统工程，其设计、技术实现和管理等方面需要一个完善的运行机制来支撑。因此，地方本科高校在建设信息化技术时要重视对每一个环节的把控，使其规范化，朝着有序的方向发展。

四、强化办学保障，促进高校继续教育健康发展

（一）打造师资队伍，保障教学质量

地方本科高校继续教育师资队伍建设的好坏决定了其教学质量的优劣，直接影响到其继续教育办学的发展水平。因此，良好的师资力量是地方本科高校继续教育发展的重要保障，关乎其继续教育的生存。以质量求生存，从长远的发展目光上看，高校继续教育稳定、和谐、健康发展，需要一支结构合理、素质过硬、专兼职结合的稳定性高的教师队伍。完善教师资源的方法可以从以下几个角度考虑。

1. 多元化建设师资队伍

高校要严格按照教育对象和经济社会发展的实际需要，设定多种渠道的教师人才引进制度，从不同渠道引进一批高素质人才，形成多元化的师资队伍。

2. 定期对教师的授课模式进行考核

考核方面要涉及教师的教学方法、专业知识和实践技能水平，还要注重学生对教师授课的反馈，探索和制定有效可行的教师考核体系有利于促进师资水平的提高。

3. 专业化的师资建设

对某一学科领域的专业是一名教师教学能力的基础。不是本行的人就不懂这一行业的做事方法，内行人更要把他精通的事业做好，教育也一样，非学历教育需要由专业技术强的人来做教育培训，才能保障教育培训的质量。

（二）完善管理模式，保障办学有序

为确保高校继续教育适应新时期的社会需求，必须根据新时期产生的新形势不断完善地方本科院校继续教育管理模式。

地方本科高校继续教育创新管理模式具体可以从以下几方面进行。

1. 提高管理认识

继续教育的重要性决定了其管理的意义，继续教育持续健康地发展离不开一套行之有效的管理系统，积极维护管理工作，才能保障继续教育井然有序地运行。

2. 紧跟市场需求

根据新形势下经济社会对应用型人才的需求，制订具体的培养方案，加强对校企合作的管理，为继续教育的稳定发展打下坚实基础。

3. 优化监督管理

组织理论水平高的教授和具有实践技能的专家成立教学管理组，及时对教学管理工作进行监管和改进，逐步形成一套系统、科学的继续教育管理制度。

4. 优化分配激励机制

科学的分配激励机制有助于促进各学院、部门工作人员强烈的工作积极性，使他们坚定地朝着工作目标行动。根据现代激励理论，按照多劳多得、职责与权利一致的原则实行分配制度。

另外，还要考虑健全财务管理办法，明确各职能部门、各专业院系在继续教育事业承担的角色与责任，确保继续教育管理体制的健全。管理制度中的激励策略是高校继续教育管理体制的重要内容，应该引起高校重视。

（三）完善政策法规，保障有法可依

国外许多发达国家高度重视继续教育立法工作，确保继续教育的发展有法可依。教育部颁布了《高等学历继续教育专业设置管理办法》。这是我国第一个统筹高等教育继续教育专业教育、简政放权的文件，规范管理，制定各类高等教育继续教育专业的管理政策；转变管理方式，明确职责和管理程序，加强信息服务和过程监督，具有重要意义。

呼吁有关部门领导加强继续教育政策法规建设。在加强政府调控的基础上，约束继续教育方向、发展模式、规范管理，提高地方本科院校继续教育意识，形成完善的继续教育制度，提供更加公平、优质的继续教育，规范办学，为继续教育顺利过渡提供坚实的制度保障。

完善高校继续教育的法律法规是国家对高校继续教育提供的最坚实的后盾。不仅仅体现出国家对高校继续教育发展的认可，更能将高校继续教育办学深入人心。

第五节 "互联网+"背景下高校继续教育的转型发展

一、"互联网+"将新机遇带给高校继续教育

（一）高校继续教育资源配置借助"互联网+"进行优化

现阶段，我国继续教育取得了显著成绩，为国民经济和社会培养了大批人才。但也存在继续教育优质资源分布不均等问题。高质量教学需要优秀教师和优质的教学资源。但是，我国优秀教师和教学资源分布不均，发达地区也不少。在边远学校和相对较低水平的学校，优质教师和教学资源相对匮乏。这将导致地区之间和学校之间继续教育差距的扩大，阻碍这些地区和学校继续教育的发展。"互联网+"使得重新配置教育资源成为可能。互联网可以最大限度地利用优质的教育资源，拓展优质教育资源的使用，使不同地区的人们都能享受到优质的教育资源的价值。进一步促进教育公平，促进终身学习的实现。

（二）继续教育个性化借助"互联网+"加速发展

在我国普通高等学校继续教育学习中，"填鸭式"教学普遍存在，多样化教育、个性化学习发展并不乐观。"互联网+"继续教育的发展、大数据在继续教育领域的应用使得学习者根据自己的时间、兴趣和偏好进行个性化学习成为可能，鼓励学生自主学习和合作学习。"大数据"的核心是人们的行为信息得以数据化存储、读取和应用，人们可以通过这些数据预测每个人的学习需求，从而使培训内容与人的学习需求无缝对接成为可能。

（三）教学模式借助"互联网+"进行创新

传统的教学模式是以教师为中心、以书本为中心、以课堂为中心的教学模式。"互联网+"继续教育的发展使传统的教学模式融入信息技术的元素中，线上线下的混合教学模式得以进一步发展。网络教育将着力丰富教学资源，进一步提高学习的便利性，从而提高教与学的效率。线上教育与线下教育相结合，将提高教学内容和教学方法，促进教学模式

的不断创新。混合教学模式使教学方法等多样化，使枯燥的课堂教学更加生动具体，受到更多学生的推崇。

（四）"互联网+"有利于学分银行的实现

传统的方法很难实现不同学校、不同教育形式之间的学分互认和学分积累，"互联网+"为学分银行的实现创造了有利条件。通过建立高等教育学分存储、识别和转化公共服务平台，将其纳入高等学校学历和学位授予标准、学分认定和转化方式、不同渠道取得的学习成果等，有效监督在线平台的课程质量、教与学过程、学分认定和转换结果。"互联网+"在继续教育领域发展。信息技术对继续教育的影响将继续扩大，信息技术的发展将促进信用的积累和转换，促进学分银行的实现，有利于实现终身学习并为其发展作出更多贡献。

二、"互联网+"背景下高校继续教育转型发展策略

（一）继续教育发展需要更新办学理念的 OBE 理念引领

成果导向教育，简称 OBE，指教学设计和教学实施的目标是学生在教育过程中最终实现的学习成果。教育理念强调组织课程开发，安排教学时间，围绕学习成果设计关键资源。

OBE 教育理念已应用于人才培养实践。在网络时代继续教育的发展中，必须加强实地调研，切实提高专业实践性，淘汰不符合社会实际的专业，增加实践性专业的招生数量；在课程设置上，根据学习结果安排课程。切实提高课程的实用性；在教学实践中，要注重实践环节的安排，提高学生的操作能力，使学生尽快适应工作环境。OBE 教育理念对继续教育的专业设置和课程设置具有指导意义。继续教育培养社会急需的高素质复合型人才符合 OBE 教育理念，对继续教育的发展具有重要意义。

（二）资源共建共享推进需要构建现代化继续教育服务平台

建立现代继续教育服务平台是促进继续教育资源建设和共享，促进继续教育发展的重要途径之一。现代继续教育服务平台的建设可以解决教学资源冗余建设和低水平建设的问题。它可以制定统一的资源生产标准，促进数字资源共享的进程。同时，构建一个集学习、教学、管理于一体的现代继续教育服务平台，学生学习、教师教学和管理者管理都可以在这个平台上实现，可以进一步提高学习效率和工作效率，促进继续教育的发展。

（三） 在国家资历框架的基础上构建继续教育桥梁

国际上的资历框架也被称为学习成果框架。根据欧洲议会的定义，资格框架是指在知识、技能和能力的基础上建立一个连续的公认资格阶梯。国家政策为地方资格指明了道路。为构建继续教育立交桥，构建学分银行体系，真正实现不同学校、不同教育形式的沟通衔接，进而识别、积累、转化各级各类资质，我国需要在国家层面研究和引入一个资格框架，以实现各级教育的融合。同时，在制定国家学历框架内的学历标准过程中，要考虑国际对接，并能实现与国外高校的学分转换，实现教育国际化。

（四） 在教育质量提高的基础上塑造继续教育品牌

"互联网+"继续教育的发展使学生的学习摆脱了时间和空间的束缚，带来了时间和空间的自由，也将导致继续教育的扩张。这就要求继续教育的主体必须坚持高质量的继续教育，不能以牺牲质量来赢得规模。高校要围绕"互联网+"时代的特点，以及继续教育人的发展规律和特点，探索建立和不断更新符合"互联网+"时代特点的继续教育质量标准。

继续教育质量评价指标体系可以考虑指导思想和办学定位、师资队伍和办学条件、专业和课程、教学资源、学习支持服务体系、教学管理、教学效果七个影响继续教育质量的基本因素。将此七个因素当作一级指标。一级指标确定后，可根据一级指标内容细化二级指标，全方位、全过程确定继续教育指标体系。全程监控继续教育发展，进一步提高继续教育质量。提高人才培养质量，努力实现继续教育质量和规模的共同进步，为国家发展培养更多高素质复合型人才。在提高质量的同时，打造继续教育品牌，努力消除社会对继续教育的不良印象，赢得更多社会对继续教育的认可和尊重，推动继续教育跨越式发展。

第八章\促进我国高等学历继续教育改革发展建议

第一节　采取区域推进方式进行差异化改革

一、第一方阵：重点探索教育引领创新，拓展办学发展空间

（一）加大教育政策资源输入，催生终身学习大学种群

欧洲终身学习时代已经到来，大学应作出更加有力的承诺，在欧洲应对终身学习时代挑战的过程中发挥中流砥柱的作用，为建设"知识欧洲"作出应有贡献。欧洲大学联合会项目报告提出大学发展新目标，即成为终身学习大学。随着高等教育大众化战略的推进，我国进入高等教育普及化阶段。位于高等学历继续教育第一发展方阵的北京、上海等城市，应该积极借鉴国际高等教育办学经验，开展高等学历继续教育综合改革试点工作，鼓励部分高校向终身学习大学转型。为了推动第一方阵探索高等学历继续教育引领创新，我国教育主管部门也要给予这些地区更多政策和办学自主权。

一是出台或修订地方性《终身学习法》。通过立法使高等学历继续教育改革与创新有法可依，按章办事。各国高等继续教育的发展历史也充分证明了这一点。从我国高等学历继续教育办学诞生之日起，办学者和管理者一直期望有成人教育、继续教育或终身教育领域的立法。

二是建立区域资历框架和学分银行制度。我国在学习成果认证方面已经作了一些积极探索，虽然积累了一些经验，但是类似欧盟、澳大利亚、新西兰等国家（地区）的资历框架制度还没有真正建立。通过试点建立区域性资历框架，才能在高等继续教育、职业高等教育、普通高等教育之间架起桥梁，促进不同教育形式的互利共生，共同融入终身教育体系，进而促进终身学习大学产生。

三是赋予高校依据市场确定学费标准的权利。无论是成人本专科教育、自考本科教

育, 还是网络本专科教育都没有政府提供的生均教育补贴, 而且学费标准和普通高等教育、高等职业教育还有较大的差距。学费标准偏低严重制约了很多地区高校继续教育教学改革的积极性。因此, 应该借鉴国际高等继续教育办学经验, 基于市场需求和实际培养成本核算, 确定高等学历继续教育学费标准, 以激发第一发展方阵高校继续教育改革的动力。

(二) 优化系统办学组织结构, 不同办学形式融合统一

根据我国高等学历继续教育发展趋势分析, 成人本专科、自考本专科、网络本专科教育三足鼎立的办学局面将会走向融合统一。在第一发展方阵, 为了加快这一发展趋势, 关键就是办学管理组织的优化和改革。

一是教育主管部门的合并。在省 (区、市) 层面, 成人教育、自考教育、网络教育的教育主管部门都可以整合到教育厅的一个职能部门中去, 如高等继续教育处。便于政策的顶层设计和具体推进实施, 协调各种办学形式从无序恶性竞争到有序协同发展, 促使继续教育系统整体功能大于各子系统的部分之和。在教育机构整合的基础上, 试点统一成人本专科、自考本专科、网络本专科教育的招生录取门槛, 统一教学形式为 "面授+网络助学", 统一专业与课程的考核标准, 统一毕业证书样式。

二是院校管理部门的整合。教务处 (部) 是高校日常运行的核心机构, 高校开展高等学历继续教育, 主要是由处于 "第二教务处" 角色的继续教育学院 (网络学院) 的教务科 (部) 负责日常教学教务管理工作, 与高校教务处 (部) 并行, 即高等学历继续教育与普通高等教育的双轨并行。高等学历继续教育属于 "准公共产品", 其质量提升只有纳入高校的整体办学战略才能够实现。我国函授、夜大学初创时, 很多学校都是在教务处 (部) 下面设立一个函授部, 国外很多院校学历继续教育的职责由大学的各专业学院承担, 由教务处 (部) 统一管理, 继续教育学院 (网络学院) 则主要面向市场, 开展非学历继续教育培训, 不再负责学历继续教育。为此, 高等学历继续教育办学的日常管理职能应该重新划归为教务处 (部), 这样有利于高等教育课程资源、师资队伍、评价标准、质量保障体系的共建共享, 缩小 "同校异质" 的办学差距。

三是助学机构的撤并。随着信息技术的快速发展, 函授站、学习中心的教学和管理职能在逐渐弱化, 主要任务就是招生。现在高等学历继续教育招生市场混乱的主要原因就是函授站或网络学习中心只把利益放在首位, 搞虚假宣传和不规范招生。不从源头解决招生市场竞争混乱问题, 就没有办法真正解决办学内在的教学、管理、考核评价等问题。为此, 处于第一发展方阵的省份, 应该对高校的函授站、网络学习中心等助学机构进行严格

的撤并，原则上只有具备高等学历教育办学资质的学校才有资格作为其他院校的助学中心。

二、第二方阵：重点聚焦教育质量保障，提升院校办学水平

（一）加大办学经费输入，建立质量优先发展模式

从生态视角来看，人才培养质量不高是高等学历继续教育发展的关键制约因素，也是高等学历继续教育系统办学长期生态失衡的重要原因。而办学经费严重不足成为制约人才培养质量提升的关键所在，也是高等学历继续教育办学者普遍反映的问题，但是长时间难以解决。处于第二发展方阵的地区，人口总量、高校数量、地区生产总值全国排名靠前，因此这些地区的高等学历继续教育办学规模很大，也具备经费投入基础，有条件推动高等学历继续教育由传统的规模优先的对策发展模式向质量优先的对策发展模式转型。

一是要加强继续教育经费信息公开。目前各高校学历继续教育办学经费收入与支出不透明，成为审计的重点区域，"钱袋子"现象严重影响了高等学历继续教育的社会公信力和办学形象，提高学费标准的要求难以得到国家和社会的认可和理解。建议国家教育主管部门强制要求各办学院校做到年度继续教育办学经费信息公开，使之成为高等学校继续教育发展年度报告的重要内容，向全社会公布。同时做到规范办学，保障继续教育学费收入有效投入到办学中去，提升人才培养质量，这样在申请提升学费标准时，才能得到社会大众的理解和支持。

二是要合理科学测算高等学历继续教育生均学费标准。

三是要建立动态调整高等学历继续教育学费标准的长效机制。高等学历继续教育作为大众化教育，办学经费来源更多地需要依靠学费收入。各省区市物价主管部门和教育主管部门要根据物价消费水平的变化和办学成本核算，在考虑缺少国家生均学费补贴的因素后，按照同类普通全日制专业学费标准的一定比例，对高等学历继续教育学费标准进行定价，这样才能科学反映出合理的生均培养成本。

四是要出台一些带有资金支持的学历继续教育扶持性政策和项目。国家补助一定金额的教育经费以教育券的形式发给成人学习者，只能用于个人学历继续教育，以保障其参加高等学历继续教育的机会。随着"同校同质"办学战略的推进，人才培养质量的提高，国家关于高等教育生均拨款政策，应该适时考虑高等学历继续教育办学形式，以体现教育公平理念和高等学历继续教育的准公共产品性质。

（二）引入慕课推动教学改革，试点继续教育专业认证

随着慕课的快速发展，高校的师资构成也发生了显著变化，既包括每一位一线教师，也包括本校、外校知名专家、学者讲授的网络视频资源。利用好这些视频资源，可以有效解决高等学历继续教育的师资瓶颈和教学质量提升问题。慕课特点就是可以把更多的优秀师资进行拷贝、共享，以精品课程形式展现出来。即使教学水平一般的一线教师，借助这些优质教学资源，也可以较好地完成继续教育教学任务。一旦"教"的问题由优质视频资源来解决，"学"的问题由一线教师带领和引导学生一起来学习和讨论，充分体现以成人学习者为中心的教学理念，就能在一定程度上解决从事一线教学以及教师的教学能力不足问题，同时可以增强一线教师的服务意识和丰富服务内容。既可以通过名师的教学视频和师生互动做到教学相长，又可以获得合理的工作报酬，教师参与继续教育的积极性将会增加，很多研究生或者年轻教师信息素养较高，就可以胜任高等学历继续教育教学工作，从而有利于师资队伍的构建以及教学方式的多样化。

此外，第二发展方阵的院校也要注意高等学历继续教育专业认证探索。专业认证可以促进专业建设和人才培养质量提升。我国普通高等教育也正在全面开展专业认证，主要分为基本质量标准认证（合格）、国家质量标准认证（优质）、国际质量标准认证（卓越）三个级别，形成了完善的专业认证体系。很多高校的工程类、医学类、师范类专业都通过了专业认证。为了提升高等学历继续教育人才培养质量，可以考虑将继续教育专业纳入普通高等教育专业认证体系。一方面，依托全国高校教学基本状态数据平台，对各高校高等学历继续教育办学数据进行采集，实现常态化检测；另一方面，由各高校自主申请，采取专家进校考查方式，对各高校学历继续教育专业进行周期性认证，评估既参考普通高等教育专业认证标准，也要考虑继续教育办学特点，对于达到标准的专业给予认证。建议在工程类、医学类、师范类继续教育专业率先进行试点探索。对于通过认证的专业在招生计划数、学费标准方面可以按一定比例进行提高，以激发院校参与继续教育专业认证的积极性。

（三）及时反馈市场需求变化，推动供给侧教学改革

高等学历继续教育系统对于市场需求信息反馈不及时、办学定位不准确是人才培养质量低下的一个重要原因。高等学历继续教育系统主要是满足了成人学习者的初级需求，即获得一张学历文凭，而没有关注成人学习者知识、技能及应用能力的提升，系统输出的人力资源自然得不到劳动力市场的认可。要提升高等学历继续教育人才培养质量，必须对接

市场需求，及时获取市场的反馈信息，进行供给侧结构性改革。要以能力水平为本位衡量学习成果，以能力标准倒逼课程目标的革新，与行业、企业联合开发人才培养标准，进而调整自身的教学计划、专业与课程体系。最有效的途径就是构建校企继续教育联盟，以订单式方式，校企合作联合培养企业急需的各类人才。

三、第三方阵：重点推进信息技术应用，改善现有办学生态

（一）加大信息技术资源输入，提升教育信息化水平

位于第三发展方阵的地区，经济发展水平相对落后，高等教育资源相对匮乏，人口区域密度相对较小，高等学历继续教育综合办学水平相对较低，在政策、师资、资金、人口等方面都不具有优势，因此推动高等学历继续教育的综合改革难度很大。信息技术对未来教育的发展具有革命性影响，特别是人工智能、大数据技术的快速发展，将重塑我国高等学历继续教育的办学生态，所以可以利用信息技术推动这些地区的高等学历继续教育改革发展，提升管理信息化水平。促进高等学历继续教育的招生、报名、注册、缴费、个人自学、网上辅导、学籍管理、毕业管理等各环节逐步实现信息化、网络化、智能化。减少办学经费的流通环节和二次分配，降低人工管理成本，提高工作效率，减少人为干预的机会，保证管理规范。

考虑到教育信息化、智能化建设投入巨大，建议以各省区市为单位开展高等学历继续教育网络学习与管理平台建设，通过共建共享的方式，减少办学院校的继续教育信息化投入，减少信息孤岛，为学分银行和资历框架建设进一步创造条件。

（二）共建共享优质学习资源，增加与普通高等教育合作

我国高等学历继续教育，特别是举办网络教育和开放教育的院校，开发建设了大量网络课程资源，但是课程资源重复建设、内容陈旧与更新缓慢、开发方式相对落后的现象比较突出。此外，网络课程资源建设不均衡现象也比较突出，位于第三发展方阵的很多院校由于缺乏优秀师资和建设经费，网络课程建设水平还相对比较薄弱。目前，网络课程已经成为开展高等学历继续教育的重要学习载体。成人学习者具有很强的信息筛选、学习及再组织能力，喜欢互动交流，偏好于对实际工作有用的知识，仅靠高等学历继续教育领域现有的这些"三分屏"模式的网络课程资源很难满足成人学习者的需求。在普通高等教育领域，我国已经启动一流课程建设计划，要建设大量的国家精品在线开放课程、国家虚拟仿真实验教学项目，这类"金课"主要由教学名师开发，建设成本非常昂贵，是成人教育网

络课程成本的几倍甚至几十倍。课程建设经费是很多学校必须面对和关心的问题，因此高等学历继续教育可以基于共建共享原则，参加普通高等教育课程建设项目，通过资金投入、课程推广与学习反馈，获得这些优质课程的使用权。随着成人学习者综合水平的不断提升，可以与普通高等教育学生共用这些资源，进行翻转课堂学习。这样既可以有效解决网络课程建设经费不足问题，又可以帮助优质网络课程得到应用与完善，拓展教学名师的服务范围，也可以增加优质师资参与成人继续教育的积极性，从而使院校、授课老师、继续教育管理者、成人学习者多方受益，实现普通高等教育与高等学历继续教育互利共赢。

（三）构建校友网上精神家园，营造终身学习氛围

高等学历继续教育系统从建立至今，已经为社会输送了大批毕业生，促进了我国人力资源建设，为经济社会发展作出了重大贡献，也使大批成人学习者圆了大学梦，在职称晋升、工作岗位变动等个人发展方面获得了更好的机会。但是这些成人学习者对毕业院校和继续教育学历文凭的认同感普遍不强，在高等学历继续教育办学影响力和社会口碑营造方面缺少正能量。这涉及院校对成人学习者在籍学习时的重视与关心程度问题，也和院校忽视继续教育的校友资源开发与利用有很大关系。因此，在校友资源开发与利用方面，高等学历继续教育需要做更多改进。通过建立校友会，开设校情、校史类免费网络公开课程，打造网上精神家园等方式，增加与在籍学生、毕业校友的联系与沟通，使之对学校有归属感和认同感，这将为高等学历继续教育办学带来更多的社会资源和美誉度。在终身学习理念日益普及的情况下，也将增加校友回母校再次接受继续教育的机会，使高等学历继续教育逐步演变成为一个循环再生产的终身学习系统。

第二节　明确高等学历继续教育系统办学生态位

一、生源输入：建立基于师生比的规模生态位

办学规模是高等学历继续教育发展水平的一个重要指标，全纳和包容是规模生态位的重要特征。合适的办学规模生态位是优化高等学历继续教育结构生态位、提升质量生态位以及发挥效益生态位的基本条件。由我国高等学历继续教育系统外部环境变化及其影响分析可知，在未来一段时期，虽然人口出生率整体呈下降走势，我国劳动年龄人口基数和规模很大的国情不会根本改变，人口素质偏低对经济社会发展的压力不会根本改变，人口分

布与优质教育资源的紧张关系不会根本改变。因此高等学历继续教育整体上仍将保持一定的办学规模，不同地区的院校高等学历继续教育办学差距很大。

对于大多数高校来说，成人学习者的学费是主要的办学收入来源，适度的办学规模有利于其进行教学改革，提升教学质量。办学规模太小，生均学费又偏低，没有办学经济效益，高校没有动力投入经费进行教学改革；办学规模过大，师资条件跟不上，仅仅依托网络学习平台，让成人学习者自主学习，实践表明效果并不好。中国现代远程教育从起步开始，就借鉴了远程教育工业化理论，采取了超大规模招生、低生均成本、低学费定价的办学模式。该理论已经不适应网络时代远程教育的发展，工业化模式的代价就是大大降低了师生之间持续而直接的教学交流。因此，在学费标准没有大幅度提升的情况下，为了保障教学质量，国家层面必须根据一定的师生比，控制各高校学历继续教育总的招生名额，推动高等学历继续教育由规模优先的对策发展模式向质量优先的对策发展模式转型；院校也必须建立适度的办学规模观，既注重经济效益，也充分考虑人才培养的质量和社会效益。对于适度规模如何确定，一些院校继续教育学院负责人有一个共识：基于师生比，一所高校原则上每年学历继续教育招生规模不能超过普通全日制的招生数（含研究生），学生数计入国家规定的各高校在校生规模，作为测算学校办学条件和高校评估的基础数据之一。

二、办学群落：优化结构生态位和质量生态位

（一）建立扁平化办学的结构生态位

高等教育结构，就是高等教育诸要素（内部要素、外部要素与结合部要素）在特定时间与空间上普遍联系与变化发展的状态与过程，呈现以时间、空间为轴线，以各层次、各维度为基建的复杂结构。高等教育宏观结构主要涵盖体制结构、形式结构、区域结构、层次结构、能级结构、科类结构等，微观结构主要包括学科专业结构、课程结构、教材结构、队伍结构、各类人员的知识结构等。基于可持续发展的办学理念，新时期我国高等学历继续教育系统的体制结构、形式结构和区域结构等急需重新定位，结构的优化有利于高等学历继续教育人才培养质量的提升。在体制结构上，新时期需要进一步加强与普通本科教育、高等职业教育的互利共生机制，弱化双轨制办学模式，融入高等教育整体发展战略，凸显终身教育特色，成为普通高等教育改革发展的综合试验区和先行者，而不仅仅是被人们所熟知的"钱袋子"。在形式结构上，高等学历继续教育发展历程表明，该系统一直在做"加法"，不断增加新的办学物种和种群，新时期需要进一步优化办学组织，实现系统结构扁平化。随着成人高校数量不断萎缩，自考主考院校办学意愿下降，部分网络教

育试点院校退出，高等学历继续教育属于"老城改造"，现在也需要做"减法"，加快推动成人本专科教育、自考本专科教育、网络本专科教育的融合，最终成为一种统一的办学形式。根据我国高等学历继续教育系统结构，不同教育形式融合统一需要自上而下进行，教育主管部门的继续教育职能首先要进行整合统一，然后院校办学职能进行合并，函授站点、学习中心、公共服务体系的数量和规模会随之改变。在区域结构上，新时期高等学历继续教育办学要充分考虑区域发展的差异性，不再进行"大锅饭"办学，鼓励处于第一方阵、第二方阵、第三方阵的各省区市根据地方的实际需求，进行高等学历继续教育改革，激活地方教育主管部门的工作动力和院校办学的活力。

（二）实施分三步走的质量生态位

质量生态位是我国高等学历继续教育能否保持可持续发展的关键素，是结构生态位、规模生态位、效益生态位的全部归属。当前高等继续教育办学主要矛盾已经演变为人民群众和经济社会对多层次、多样化、高质量继续教育需要与继续教育不强、不优、不活之间的矛盾。人才培养质量水平低已经成为高等学历继续教育发展历史的标签。在新时期，我国高等学历继续教育的质量生态位如何制定？无论是发展质量观、适应性质量观，还是多元质量观、特色质量观都还十分抽象，需要有一个明确的目标。这个目标就是需要达到办学院校普通全日制毕业生的通用水平，即"同校同质"。该目标的确立有其政策历史渊源、国内现实情境需要，同时也受国际高等教育发展影响。从高等学历继续教育发展历程和区域演化来看，一直以"同校异质"的形式与普通高等教育双轨并行发展，办学实践表明高等学历继续教育投入的生均师资和办学经费都明显不足，各种质量保障措施难以改进高等学历继续教育人才培养质量，甚至是办学规范性都很难保障。因此，落实原有成人本专科教育政策文件提出"同校同质"的办学质量标准，可能是破解现有高等学历继续教育发展难题的有效之法。此外，从国际高等教育发展趋势来看，"同校同质"是世界各国高校开展高等学历继续教育的普遍做法，充分体现了教育公平，保障了成人学习者的培养质量。

新时期高等学历继续教育质量生态位制定，比较符合现实情况的方案是以"同校同质"为最终目标，实施三步走的发展战略。

第一步是"规范办学"阶段，优化规模生态位。实现各院校按一定的师生比进行招生，成人本专科和网络本专科教育融合，不再作为独立的教育形式，而是作为不同的继续教育学习形式而存在。

第二步是"统一办学"阶段，优化结构生态位。实现成人本专科、网络本专科、自考本专科等继续教育形式的融合统一，统一毕业证书样式，高等学历继续教育质量保障和评估纳入整个高等教育体系，在专科层次探索"同校同质"办学。

第三步是"同质办学"阶段，优化效益生态位。在专科层次全面实行"同校同质"办学，在本科层次部分专业试点"同校同质"办学，然后经过较长的一段时期试点，来推动高等学历继续教育与普通高等教育相互促进改革，协同共生发展，最终全面实现"同校同质"，顺应国际高等教育发展趋势。

三、资源输出：形成基于多维评价的效益生态位

效益生态位主要是指高校办学投入与产出之间的比较，它既有经济效益含义，也有社会效益含义。高等学历继续教育效益生态位体现了一所院校在特定时期和特定环境中的影响力和支配力，是一种整体性、多维度概念。从高等学历继续教育发展历程和区域演化来看，很多学校把高等继续教育定位于社会服务，对于高校自身来说，产生了一定的经济效益，但是由于人才培养质量较低，导致社会效益偏弱。在新时期，需要拓宽和扩充高等学历继续教育的办学生态位，经济效益和社会效益并重。从国内外高等学历继续教育发展规律来看，无论是应用型和技能型人才，还是研究型人才，都需要参加继续教育，不断地进行终身学习。所以高等学历继续教育在人才培养、科学研究、国际交流合作、文化传承、社会服务等方面，都可以发挥重要作用，可以成为高等教育改革发展的试验区，可以提升高校的办学影响力和对社会资源的支配力，可以创造更大的社会效益。

第三节　实施高等学历继续教育可持续发展战略

一、办学理念：坚持可持续发展

办学理念为教育理念的下位概念，是引领高等学历继续教育未来发展的灵魂，需要回答新时期办什么样的高等学历继续教育和怎样办好高等学历继续教育。近年来，国际上普遍认识到教育是推动可持续发展变革，提高人们将社会理想转变成现实能力的主要力量。在成人继续教育领域，可持续发展作为一种教育理念已经得到世界多数国家的认同，正在作为一种教育原则，形成相应的教育政策，来指导各国终身教育的发展。为此，我国高等学历继续教育要树立可持续发展的办学理念，从传统的"学历导向型"向"学力导向型"转型，为成人学习者提供全纳、公平的优质教育，使其享有终身学习机会，在高等教育领域形成具有继续教育特色的办学生态位。

二、办学群落：应用可持续发展模型

基于高等学历继续教育生态演变规律可知，可持续发展一直是我国高等学历继续教育追求的发展目标。为此，可以借鉴国际高等教育最新发展理念，构建我国高等学历继续教育可持续发展模型，用来指导新时期我国高等继续教育的综合改革。该模型反映出我国高等学历继续教育可持续发展路径：首先，在资源输入、系统办学、资源输出等环节明确可持续发展指标；其次，系统内部群落的物种由原来的互斥竞争向互利共生演变，种群关系由原来规模优先的对策发展模式向质量优先的对策发展模式演变，系统具有清晰的办学生态位，办学群落与外部环境交互追求生态平衡；最后，该系统注重信息及时反馈，强调循环再生产，对成人学习者实施终身教育。该模型有助于我国教育政策制定者调控高等学历继续教育办学格局和发展速度；有助于院校等办学机构的管理者优化人才培养模式与提升办学质量，能够促进高等学历继续教育的生态可持续发展。

（一）增强高等学历继续教育的自然生态系统特性

高等学历继续教育是一个具有自然生态系统和社会生态系统双重特征的复合生态系统。从我国高等学历继续教育生态系统已发生的演替历程来看，每次的演替都是异发演替，具体表现为国家教育政策的出台或调整，促使高等学历继续教育系统内部的教育形式类型增加，进而导致系统的整个办学网络结构和功能发生变化，院校种群之间的关系日益复杂。这表明作为一个社会生态系统，高等学历继续教育系统容易受到外部环境因素的干预和影响，具有易变性强的特点。依据生态系统理论和可持续发展理论，系统内部结构相对稳定有利于高等学历继续教育系统办学生态平衡，而结构性、相对稳定性正是自然生态系统的特征。为此，可持续发展模型在资源输入和系统办学环节坚持公平性原则，强调各类学历继续教育政策文件保持一致性和公平性，办学过程规范管理和学习考核差异评价，促使院校种群采用质量优先的对策发展模式进行公平竞争，办学群落的网络结构保持相对稳定和简单化，进而减少办学经费的流通环节和无用损耗。

（二）优化高等学历继续教育的社会生态系统特性

在社会生态系统特点方面，高等学历继续教育主要具有社会性、易变性、开放性、目的性等特征。通过我国高等学历继续教育生态系统的演替历程来看，从最初的扫盲教育起步，到青工双补教育，再到面向知青的学历补偿教育，再到给高考落榜生提供上大学的机会，再到面向所有成人学习者的终身教育，该生态系统的社会性和目的性非常明确，不断随着社会经济发展的需要而发生变化，整体上办学定位由"补偿教育"向"终身教育"转变。依据生态系统理论和可持续发展理论，高等学历继续教育系统办学长期生态失衡主要是资源供给不足、不优，外部环境信息反馈不及时、不准确所导致的。为此，可持续发展模型在资源输入输出环节坚持优质性原则，强调优质师资持续输入和办学经费充足，资源输出环节与外部环境加快信息交流反馈，推动系统办学从生态失衡走向生态平衡。

（三）提升高等学历继续教育系统可持续发展水平

该模型基于可持续发展理念设定了四个评价指标，将有效地促进我国高等学历继续教育综合发展水平的评价指标体系建设。由我国高等学历继续教育演变历程可知，从"一枝独秀"到"双雄并举"，再到"三足鼎立"，可持续发展水平得到一定的改善，"全纳""终身学习"等指标得到了显著提高，但是"公平""优质"等指标提升效果不明显，限制了高等学历继续教育的可持续发展。依据高等学历继续教育演变规律，可持续发展模型将"优质性"这一指标贯穿于资源输入、系统办学、资源输出三个环节，强调优质师资、办学经费的充足输入，质量保障体系建设，与外部环境的信息交流反馈。同时进一步保障资源输入环节、办学环节的公平性，资源输入输出环节的终身性，促进成人本专科教育、自考本专科教育、网络本专科教育从无序恶性竞争走向有序良性融合，实现与普通高等教育互利共生发展。

三、办学行动：提升可持续发展能力

为了将"确保全纳、公平、有质量的教育，增进全民终身学习机会"这一教育理念有效贯穿于高等学历继续教育人才培养的全过程，推动高等学历继续教育可持续发展战略由理念转变为具体行动，基于可持续发展模型，建议资源输入、系统办学、资源输出三个环节的可持续发展指标进一步明确和提升。

（一）资源输入环节

1. 全纳性

从我国高等学历继续教育生态系统发展历程来看，系统输入资源的全纳性主要体现在对各类生源的包容吸纳。全纳性发展具有坚实的伦理学基础，核心要义是实现全体社会成员的差异性与公平性的和谐统一与共享发展。高等学历继续教育生态系统是我国最能体现包容性、全纳性的终身学习系统，系统输入环节全纳性指标的高低，反映出我国高等学历继续教育入学门槛的高低。虽然高等教育自学考试面向所有人开放，成人本专科、网络本专科教育入学资格考试难度较低，但还是有一定数量的人群缺乏自学能力和学习机会，受教育年限偏低。随着高等教育普及化阶段的到来，我国高等学历继续教育系统要进一步增强其全纳性，充分体现出自身的办学优势。

2. 公平性

从我国高等学历继续教育生态系统发展历程来看，系统输入资源的公平性主要体现于各类学历继续教育政策文件的一致性和公平性。教育政策公平是高等学历继续教育可持续发展的重要保障。长期以来，我国成人本专科教育、网络本专科教育、自考本专科教育面向同一类学习群体，却分别制定政策进行指导管理，招生录取政策存在较大差异，入学方式和考核标准不一，学费标准差距很大，容易导致不同类型高等学历继续教育的不公平竞争，也不利于各类高等学历继续教育融合发展。随着信息技术的快速发展，很难区分网络教育试点院校与其他学校之间信息化教学的差距。网络教育逐渐演变为一种教育手段和学习方式，作为一种学历教育形式，网络教育试点办学政策的公平性很难体现。终身学习社会的到来，成人学习者由原来对入学机会和文凭的追求逐渐转变为对教育公平及质量的需要，对教育获得感的重视。因此，要进一步提升资源输入环节公平性指标，加快我国高等学历继续教育现有利益格局调整，推进多种办学形式融合统一。

3. 优质性

从我国高等学历继续教育生态系统发展历程来看，系统输入资源的优质性主要体现在优质师资持续输入和办学经费充足两个方面。高等继续教育办学机构师资力量薄弱和办学经费投入不足是教学质量低下的一个重要原因。对于高等教育领域的优质师资来说，首选是普通高校，其次才是开放大学、电大以及其他成人高校。即使在普通高校内部，优质师资也很少参与高等学历继续教育教学。随着我国高等教育大众化战略的实施，每所学校普通高等教育招生规模逐步扩大，导致师资进一步紧张。

4. 终身性

从我国高等学历继续教育发展历程来看，系统输入资源的终身性主要体现在加大信息技术应用和终身教育理念的传播。一方面，要利用信息技术构建随时随地开放学习的空间，推动高等继续教育信息化建设。软件、硬件建设并重发展，利用人工智能技术加强学习支持服务，提升继续教育领域工作人员信息素养。另一方面，要加强终身教育理念的传播，推动成人学习形成新的学习文化，不再"唯文凭是举"，从阶段性学习转向终身学习，更多地关注自身兴趣、爱好与职业生涯发展，进而推动高等学历继续教育系统教学过程进行改革，吸引更多的成人学习者参与继续教育。因此，建议通过资源输入环节终身性指标的提升，拓展我国高等学历继续教育系统办学生态位的宽度。

（二）系统办学环节

1. 全纳性

对于高等学历继续教育系统而言，办学环节的全纳性主要体现在院校办学的差异性和课程教学的包容性。不同学校学历继续教育的办学目标、办学类型、专业设置、教学内容等"同质化"严重，个性缺失、"千校一面"，缺乏办学特色。因此，要增强对成人学习者职业能力与职业素养提升的重视，充分体现出继续教育的特点，与不同地域的社会、经济发展紧密联系。目前，我国不同地区、城乡、行业的成人群体教育水平和收入差距明显，各高校继续教育办学相互竞争有余，合作不足，缺乏包容性。而教育是一个人提升社会地位和职业发展空间的重要手段。为此，高等学历继续教育系统需要对城镇社区、农村地区的低收入群体、残障人士进行更多的关爱和教育支持，开设一些适合城镇社区、农村地区治理以及残障人士群体成长的课程，增强教学媒介多元化的支持，与普通高等教育、高等职业教育错位发展。通过系统办学环节全纳性指标的提升，凸显我国高等学历继续教育系统生态位错位发展程度和办学特色。

2. 公平性

对于高等学历继续教育系统而言，办学环节公平性主要体现在办学过程规范管理和学习考核差异评价。在我国高等学历继续教育办学过程中，教师浮躁化、学生功利化、院校短视化的趋势明显。建议遵循高等学历继续教育固有办学规律，出台一系列鼓励措施，引导教师真正将精力放在教学上，回归初心，尽到教师应有的职责，关心和积极参与继续教育专业建设；强化教学过程管理，重视考核评价环节，对学习过程和考试结果进行差异化评价，激发成人学习者学习的积极性，引导成人学习者学以致用，减少功利性学习倾向，严格遵守教学规章制度，认真学习。通过提升系统办学环节公平性指标，凸显我国高等学历继续教育办学的规范性和严肃性，增强高等学历继续教育系统办学生态位的稳固度。

3. 优质性

对于高等学历继续教育系统而言，办学环节优质性主要体现在高等学历继续教育质量保障体系建设。与很多国家不同，我国实行高等教育双轨制办学模式，普通高等教育质量保障体系并未涵盖本专科层次的高等继续教育。因此，对于外部质量保障，建议建立政府宏观监控、社会质量评价、学校自主质量管理的三者共同协调、互为一体的高等学历继续教育质量保障体系，将成人本专科教育、网络本专科教育、自考本专科教育全部纳入其中，该质量保障体系要充分借鉴或者直接融入现有的普通高等教育质量保障体系。对于内部质量保障，建议增强成人本专科教育、自考本专科教育、网络本专科教育现有质量保障的标准统一性和执行力，做到有规可依、有规必依。通过提升系统办学环节优质性指标，来遏制办学质量不断下滑的局面，维持高等学历继续教育系统现有的办学生态位。

（三）资源输出环节

1. 优质性

对于高等学历继续教育系统来说，资源输出环节优质性主要体现在外部环境和系统办学之间及时准确地信息反馈与交流。随着我国经济社会的快速发展，产业布局和经济结构都在快速调整。传统产业不断萎缩，新兴产业日益兴起，科学技术应用越来越广，社会对于创新型人才、实用技能型人才的需求不断凸显。创新能力、综合素质和文凭一样，也逐渐成为劳动力市场衡量人才的重要指标。因此，资源输出环节要加强与外部环境的互动交流，准确获取外部环境的教育政策、市场需求和生源变化情况，以及信息技术进展、学习文化的转变，及时反馈给资源输入环节和系统办学环节。高等学历继续教育相对于普通高等教育来说，更接近市场，要及时根据国家、社会和市场需求的变化，调整招生专业与计划，实现就业与劳动力市场的无缝对接，学以致用是继续教育的本意，更是新时期我国高等学历继续教育教学改革发展的目标。因此，要通过提升资源输出环节优质性指标，加快我国高等学历继续教育市场化办学。

2. 终身性

对于高等学历继续教育系统来说，资源输出环节终身性主要体现为终身学习资源推广和成人学习者继续教育。终身性指标的高低，反映出我国高等学历继续教育可持续办学的能力。构建服务全民的终身学习体系已成为《中国教育现代化 2035》的十大战略任务之一。该体系的构建需要制度框架、办学机构、学习资源来支撑。目前，我国区域性资历框架和学分银行建设已经进入试点运行阶段。随着终身学习体系制度框架的完善，学分银行的运营，建议进一步加大优质的、丰富的终身学习资源开发、推广与应用力度，使之成为终身教育体系构建的核心内容。同时，重视终身学习理念的宣传，完善学分互认机制，进一步激发成人学习者继续进行学历提升的动力，不断增加外部环境对高等学历继续教育系统的资源输入和人才需求。

参考文献

[1] 徐向伟，姚建涛. 新形势下高等工程教育实践教学体系构建与实践［M］. 秦皇岛：燕山大学出版社，2022：5.

[2] 刘邦春，蔡金胜，刘玉甜. 高等院校教师岗前培训高等教育理论通识300问［M］. 上海：上海社会科学院出版社，2022：1.

[3] 祝朝伟，严功军，刘玉梅. 高等教育教学改革研究（第8辑）［M］. 成都：四川大学出版社有限责任公司，2021：12.

[4] 毕剑. 在创新中发展高等教育教学改革探索与实践［M］. 成都：四川大学出版社有限责任公司，2021：5.

[5] 薛钢. 高等教育教学改革融合创新型教材中国税制［M］. 沈阳：东北财经大学出版社，2021：1.

[6] 彭静，刘皓. 高等教育循证教学［M］. 重庆：重庆大学出版社，2021：9.

[7] 李腊生. 高等教育基本规律视阈下的思政课教学改革与创新［M］. 武汉：武汉大学出版社，2021：09.

[8] 张露汀，杨锐. 高校教育教学创新研究［M］. 长春：吉林人民出版社，2021：7.

[9] 王建华. 高等教育学的持续探究［M］. 福州：福建教育出版社有限责任公司，2021：3.

[10] 陈虹，赵志强. 高等教育改革与建设［M］. 北京：文化发展出版社，2021：12.

[11] 李庆. 高等教育多维评价体系构建研究［M］. 北京：中国纺织出版社，2021：9.

[12] 祝朝伟. 高等教育教学改革研究（第7辑）［M］. 成都：四川大学出版社，2020：12.

[13] 计国君. 高等教育教学实践探索厦门大学解决方案2020版［M］. 厦门：厦门大学出版社有限责任公司，2020：12.

[14] 刘欣，王媛媛. 高等院校教育教学质量评价与监控研究［M］. 秦皇岛：燕山大学出版社，2020：11.

［15］张楚廷. 高等教育研究精粹［M］. 长沙：湖南师范大学出版社，2020：9.

［16］李宜江. 高等教育法规概论［M］. 合肥：中国科学技术大学出版社，2020：8.

［17］吴爱萍. 高等教育的发展与管理实践［M］. 长春：吉林出版集团股份有限公司，2020：5.

［18］冯维. 高等教育心理学［M］. 重庆：西南师范大学出版社，2020：5.

［19］王洪才. 中国高等教育评论（第12卷）［M］. 厦门：厦门大学出版社，2020：7.

［20］雷炜. 高等教育质量保障体系研究［M］. 杭州：浙江工商大学出版社，2020：1.

［21］邝邦洪. 高等教育的实践与探索［M］. 广州：广东高等教育出版社，2020：1.

［22］杜小丹. 大数据背景下高等教育信息技术全方位探究［M］. 长春：吉林大学出版社，2020：3.

［23］祝朝伟. 高等教育教学改革研究［M］. 成都：四川大学出版社，2019：11.

［24］张桓，柯亮. 当代高等教育管理与教学研究［M］. 北京：北京工业大学出版社有限责任公司，2019：11.

［25］滕跃民. 新时代出版印刷高等职业教育教学研究与实践［M］. 上海：上海三联书店，2019：5.

［26］夏建国. 论应用型高等教育［M］. 上海：上海交通大学出版社，2019：9.

［27］杨洋，王辉. 高等教育课程改革与人才培养研究［M］. 长春：吉林文史出版社，2019：8.

［28］李仁涵. 智能时代高等教育模式研究［M］. 上海：上海大学出版社，2019：11.

［29］郭媛媛. 高等教育教学与传播专业人才培养［M］. 北京：首都经济贸易大学出版社，2018：7.

［30］靳占忠，王同坤. 高等教育教学改革研究［M］. 秦皇岛：燕山大学出版社，2018：5.

［31］梁延秋. 高等教育教学评估与发展研究［M］. 北京：中国商务出版社，2018：10.